HISTOIRE
DES RÉVOLUTIONS
DE
POLOGNE.

TOME PREMIER.

HISTOIRE
DES RÉVOLUTIONS
DE POLOGNE,

Depuis la mort D'AUGUSTE III,
jusqu'à nos jours.

Avec des détails curieux & importants sur les
différenets situations de ce Royaume, & toutes
les Pieces justificatives qui y ont rapport.

TOME PREMIER.

A WARSOVIE;

Et se trouve à PARIS,

Chez JEAN-FRANÇOIS BASTIEN, Libraire, rue
du Petit-Lion, Fauxbourg Saint-Germain.

M. DCC. LXXVIII.

INTRODUCTION.

Dans presque toutes les révolutions qu'ont subi les diverses Monarchies qui nous sont les plus connues, on n'apperçoit qu'une usurpation de l'autorité légitime; qu'un désir d'une vengeance effrénée; que des intrigues, conduites heureusement à leurs fins, pour recouvrer un patrimoine, dont une Puissance formidable s'étoit emparé; que l'envie de secouer le joug intolérable de la tyrannie; qu'une révolte aussi audacieuse que criminelle, voilée sous le prétexte de la Religion. C'est ainsi, que pendant la foiblesse de nos premiers Rois, des sujets puissans rendirent héréditaires des fiefs qui étoient amovibles dans leur origine; que pour se venger d'une insulte, qu'il prétendoit lui avoir été faite, un particulier (*a*) osa déchirer le sein de sa propre patrie & y appeller les Maures, qui s'incorporerent avec les naturels du pays, démembrerent les États de son Maître & établirent plusieurs Royaumes dans les Espagnes; que la Maison de *Bragance* remonta sur le Trône de ses ancêtres, dont l'ambitieux *Philippe II* s'étoit emparé; que malgré qu'un Ministre (*b*) cruel fit couler des flots de sang, remplit d'horreur & de carnage les Villes qui soupiroient après leur liberté, dix-sept Provinces s'érigerent en République, sous le titre de Provinces-Unies & formerent un Peuple libre, qui devint formidable à ses Maîtres; & qu'enfin la Maison d'*Hanovre* a succédé à celle de *Stuart*.

Quelques considérables qu'aient été toutes ces révolutions, il paroit, que concentrées dans les États, où elles ont été excitées, elles n'ont point influé sur la

---

(*a*) Le Comte Roderic.
(*b*) Le Duc d'Albe.

tranquillité de leurs voisins, & que peu-à-peu, l'orage s'est dissipé dans le même endroit où il s'étoit formé. Il n'en est pas ainsi de la révolution dont nous donnons l'Histoire. Foible dans ses commencemens, on n'a pas craint pour ses suites; mais semblable à une étincelle, qui cause un incendie considérable, elle menace aujourd'hui toute l'Europe d'un embrâsement général.

La révolution actuelle de la Pologne forme une époque dont l'Histoire ne nous fournit point d'exemple. Depuis plus de dix ans, un Peuple libre fait de vains efforts pour empêcher que des voisins puissans lui donnent des fers, ou s'emparent de son patrimoine. Sous prétexte de le protéger on a enfreint ses libertés; on a supposé son gouvernement vicieux, pour avoir le plaisir d'en changer la forme; on a prétendu être l'arbître des différens de cette Nation & on s'en est rendu l'oppresseur.

Quelles que soient les raisons des Cours de *Vienne*, de *Pétersbourg* & de *Berlin*, pour justifier leurs conquêtes, l'Europe doit voir avec étonnement que ces trois Puissances rivales se soient réunies pour le démembrement de la Pologne; que presque dans le même instant ce Royaume ait été couvert de troupes de diverses Nations; que ce Peuple se soit servi de ses propres mains pour déchirer ses entrailles; que les alliés de *Stanislas Auguste* se soient partagés ses États; & que la même main, qui a mis la couronne sur sa tête en ait arraché les plus beaux fleurons.

Pendant tout le tems que la Pologne est sans chef, ce Royaume est le théâtre d'une guerre civile. Les pillages, les meurtres, les incendies, les excès les plus violens & les plus criminels, paroissent permis. On n'y punit rien dans un tems où l'anarchie semble autoriser tout. Les Seigneurs, désunis entr'eux, contribuent par leurs divisions à la ruine de cet État. Tous les jours on y voit s'élever des partis différens. Le plus foible se trouvant détruit par le plus fort, les Puissances voisines profitent ordinairement des troubles qui agitent cette République, & les vainqueurs n'en sont pas moins accablés que les vaincus. Dans les diverses confédérations qui se forment, l'État en proie à une espece de guerre civile, le devient bientôt d'un ennemi étranger, & se trouve dans une situation à ne pouvoir presque plus se défendre de son invasion. Si pour faire cesser l'anarchie & ramener les beaux jours de la République, le peuple s'accorde enfin à nommer un Souverain, il reclame en vain son secours. Le Prince, encore trop foible, est forcé de voir d'un œil tranquille les révolutions les plus funestes, & de laisser ses sujets exposés à la violence, ou à la cupidité de ceux qui cherchent à s'en rendre les maîtres. Au lieu de se réunir pour la conservation de leur liberté, mutuellement ennemis, les Polonois se détruisent les uns les autres, & versent dans leurs querelles le sang qu'ils devroient réserver pour leur propre défense. Dans ces confédérations, malheureusement trop multipliées, ennemies les unes des autres, & qu'on voit éclore à chaque instant, les roturiers, accablés par les taxes que leur imposent les nobles, implorent inutilement la protection d'une autorité légitime; & c'est en vain que pour se défendre de l'oppression, ils prennent des armes qu'ils devroient réserver pour repousser leur ennemi commun. Les païsans frustrés de la jouissance des fruits de leurs travaux, s'attroupent pour soutenir leur brigandage, la sureté des chemins est violée, rien n'est à l'abri de leurs déprédations, & les bourgades n'en sont pas plus exemptes que les villes. Le soldat, dont la licence est effrénée, assouvit sa brutalité & son avarice. Les Églises sont prophanées, & les autels renversés. Dans tous les endroits que parcourent les nouveaux confédérés, ils y font éprouver tout ce que la guerre a de plus terrible & de plus affreux. Le commerce est interrompu. Les campagnes deviennent désertes par la fuite des Colons. Les principales villes sont ruinées ou incendiées. Les Puissances voisines pénétrent dans un État dévasté par ses propres enfans, & y entrent comme dans un païs de conquête.

En profitant des querelles domestiques des Polonois, quelqu'attention qu'aient les Souverains, qui se sont emparés de la plus grande partie de leurs États, à réparer les maux que la mésintelligence y a occasionnés, quel tems ne faudra-t-il pas pour que les païsans rétablissent l'agriculture dans son premier éclat, que les Marchands fassent refleurir le commerce, que chacun rentre dans son devoir, que les villes se repeuplent, que la société civile se retablisse, & que les loix reprennent leur ancienne vigueur; tant il est difficile d'apprivoiser des esprits que la violence ou la terreur ont effarouchés.

A peine le dernier Roi de Pologne, Électeur de Saxe, avoit payé à la nature le tribut qu'il lui devoit, que les Seigneurs Polonois, mécontens de voir les rênes de leur gouvernement en des mains étrangeres, s'assemblerent dans une Diète générale pour y élire quelqu'un d'entr'eux. Les Puissances voisines, qui avoient leurs vues pour placer sur le Trône un Candidat qui fût dans leur intérêt, employerent tous leurs efforts pour y réussir. *Catherine II d'Anhalt-Zerbst*, Impératrice de *Russie*, s'étant rendue maîtresse des suffrages par le nombre de ses troupes qui imposoient la loi aux votans, eut la satisfaction de mettre la couronne de Pologne sur la tête d'un Seigneur, qu'elle affectionnoit depuis long-tems. Ce fut ainsi qu'à l'âge de trente-deux ans, le jeune *Poniatouski* se vit couronné.

Ceux qui aspiroient à l'honneur du diadême, prétendirent que les suffrages n'avoient pas été libres, réclamerent contre l'élection qu'on venoit de faire. Si quelques-uns parurent se soumettre, en cédant à la force qui leur imposoit des loix, plusieurs aimerent mieux s'expatrier & abandonner leurs biens à la discrétion de leurs ennemis, que de reconnoître pour leur Souverain un de leurs compatriotes, qui devoit son élevation à l'oppression des armes.

Ces élections, plus souvent forcées que libres, ont toujours été la cause des diverses calamités que la Pologne a soufferres. Ce Royaume est le foyer continuel des intrigues & des pratiques secretes des Puissances étrangeres, qui veulent favoriser leur protégé; & après tant de violentes éruptions, ce volcan est prêt de s'affaisser & de s'écrouler sur ses propres ruines.

Malgré les démembremens considérables qui ont été occasionnés par différentes révolutions, ce Royaume est encore très-vaste. Borné au nord par la mer Baltique, qui le sépare de la Suéde, il est confiné à l'orient par la Tartarie & la Russie; il a au midi le Pont-Euxin, la Valachie, la Moldavie, la Transilvanie & la Hongrie; au couchant, la Poméranie, le Brandebourg, la Silésie & la Moravie. Depuis le Brandebourg jusqu'aux frontieres de la Russie, sa longueur est de deux cents dix lieues Polonoises, & depuis la Pocutie jusqu'à la Livonie, sa largeur est de près de deux cents lieues.

Quoique la langue esclavone soit la principale des Polonois, il n'est pas étonnant qu'elle souffre quelque altération dans un Royaume d'une étendue aussi considérable. Dans la partie qui avoisine la Hongrie, l'Esclavon differe peu de celui qui est en usage dans ce Royaume, ainsi que dans la Dalmatie, la Bohême, la Valachie, & la Moldavie. La Cujavie, la Mazovie, la Pomérélie & la Prusse Polonoise, ont leur dialecte, mêlé d'un peu d'Allemand. En Lithuanie on se sert d'un Esclavon, dans lequel il entre plusieurs termes des anciens Scythes ; celui de l'Ukraine & de la Podolie, est corrompu par un mauvais idiôme grec.

Le Peuple qui habite ces différentes Provinces, descend originairement des Sarmates Européans, ou *Venedes*. Avant le sixieme siécle, ce n'étoit qu'une société d'hommes grossiers & barbares, qui se nourrissoit d'herbes, de racines & de bêtes fauves. Ce ne fût que vers l'an 550 que le Sarmate *Leck* entreprit de le civiliser. Pour y parvenir, il bâtit une cabane dans un endroit qu'il choisit pour sa résidence ;

s'étant concilié l'amitié de ses compatriotes, ceux-ci en éleverent bientôt de semblables autour de la sienne, & ce fut ainsi que *Gnesne*, la premiere ville qu'eut la Pologne, prit peu-à-peu la place d'une forêt.

Les Polonois, ayant quitté leurs bois, pour se réunir en un corps civil, formerent d'abord une espece de gouvernement qui fut plus ou moins permanent, suivant les diverses révolutions qu'il subit. A leurs premiers Ducs, succéderent des Vaivodes, des Rois, des Reines, des régences & des interregnes. Si l'histoire remarque quelque grand Prince parmi leurs Ducs & leurs Rois, de combien n'en fait-elle pas mention, qui ne furent que des guerriers ou des tyrans. Le regne de leurs Reines a été si court, qu'à peine se sont-elles montrées; leurs régences se sont fait détester, & leurs interregnes ont été autant d'anarchies funestes à leur État.

Dès que cette Nation commença à se donner un Roi, elle remit toute l'autorité entre ses mains; son Souverain disposoit de la paix & de la guerre, faisoit lui seul toutes les loix; changeoit les coutumes, abrogeoit les constitutions, établissoit les impôts, & disposoit à son gré du trésor public. Les Vaivodes étant parvenus à partager l'autorité royale, l'usurperent insensiblement en entier, & l'État fut ébranlé jusques dans ses fondemens. *Micislas*, devenu Duc de Pologne, après la destruction des Vaivodes, fut remplacé par son fils, *Boleslas I*, qui lui succéda sous le titre de Roi. Ce Prince, vainqueur des Moraves, qu'il rendit ses tributaires, zélé pour la religion chrétienne, uniquement occupé du bonheur de ses sujets, absolu, & en quelque façon despote, fut assez mauvais politique, pour borner lui-même son autorité & celle de ses successeurs, en établissant un conseil de Sénateurs, à qui il donna un pouvoir assez grand pour balancer le sien.

Les Polonois ayant lutté contre la puissance absolue pendant plus de trois siécles, trouverent enfin les moyens de s'en délivrer

vrer & de se rendre libres, firent descendre du trône plusieurs de leurs Rois, ou de leurs tyrans, & vécurent dans le désordre de l'anarchie. Las d'une liberté chimérique, qui tendoit à leur destruction, ils imaginerent, dans le quatrieme siécle, d'établir une Monarchie, temperée d'une démocratie aristocratique. Quoiqu'ils eussent adopté la Loi salique dans le huitieme siécle, ils voulurent bien y renoncer en faveur de *Hedwige*, fille de leur dernier Roi, & petite-nièce du Grand *Casimir*, à condition qu'elle épouseroit celui que les Grands du Royaume lui désigneroient. *Jagellon*, Duc de Lithuanie, ayant été choisi pour son époux, à condition de souscrire à la forme républicaine, qui étoit déja établie, on le proclama Roi de Pologne en 1386, sous le nom de *Ladislas* IV. Les Lithuaniens, ses anciens sujets, s'étant soustraits à son obéissance par l'instigation des Chevaliers de Prusse, ce Souverain réunit pour toujours ce Duché à la Pologne, & lui conserva ses loix, ses dignités & toutes ses prérogatives.

Tome I.   B

Sigismond Auguste, sous le regne duquel la République avoit établi comme une loi sacrée & inviolable, de ne pas regarder comme Roi légitime, celui qui auroit été élu pendant le séjour des troupes étrangeres dans le Royaume, étant mort sans enfans en 1573, la Nation fit la révision de ses anciennes loix, en abolit plusieurs, en modifia quelques-unes, en étendit d'autres, & fit un décret par lequel il étoit expressément porté que le Roi ne tenteroit aucune voie pour se nommer un successeur; qu'il ne prendroit jamais la qualité d'héritier du Royaume; qu'il auroit toujours auprès de sa personne un certain nombre de Sénateurs pour lui servir de conseil, & que sans leur aveu, il ne pourroit recevoir de Ministres étrangers, ni en envoyer chez d'autres Princes; qu'il ne leveroit point de nouvelles troupes, & qu'il n'ordonneroit jamais à la Noblesse de monter à cheval sans le consentement de tous les ordres de la République; qu'il n'admetroit aucun étranger au conseil de la Nation, qu'il ne lui conféreroit aucune charge, dignité & Starostie, & qu'il ne pourroit se marier sans la permission du Sénat, & de l'ordre Équestre.

Ces articles, que les Polonois regardent comme les loix fondamentales de leur État, qu'ils augmentent ou diminuent à chaque nouvelle élection, & qu'ils nomment leur *Paëla conventa*, sont jurés solemnellement au sacre de chaque Roi, qui, en même-tems, dispense ses sujets du serment de fidélité, au cas qu'il vienne à les violer. L'autorité du Roi très-limitée par ces conventions, ne consiste aujourd'hui qu'à nommer à toutes les charges & dignités du Royaume, pourvu qu'il les confere à des Polonois; à jouir de gros revenus, & à pouvoir accorder la grace à un criminel, qui a été jugé à mort par quelque tribunal que ce soit.

Depuis que *Henri de Valois*, connu en France sous le nom de *Henri* III, quitta secretement la couronne de Pologne, pour monter sur le Trône des François après la mort de son frere, *Charles* IX, cette couronne a passé d'une Maison dans une autre, sans se fixer dans aucune.

La République de Pologne, telle qu'elle existe aujourd'hui, est composée de trois Ordres : du Roi, du Sénat, & de l'ordre Équestre, qui comprend toute la Noblesse, & qui se fait représenter dans les Diètes par ses *Tribuns*, ou Nonces. Les deux derniers de ces Ordres se soutiennent reciproquement, & se prêtent une force mutuelle. Ils ne peuvent agir l'un sans l'autre; leur réunion constitue la République, & c'est ce pouvoir intermédiaire qui fait que le gouvernement de la Pologne est plus aristocratique que monarchique. Les prérogatives de la Noblesse Polonoise sont si considérables, qu'elle partage la souveraine puissance avec le Roi qu'elle s'est choisi. Elle fait des loix auxquelles le Souverain est obligé de se soumettre; elle est l'arbitre de la guerre ou de la paix; elle change à son gré les constitutions qui établiffent les impofitions, & elle en regle la perception. Le Roi n'a que le droit de préfider aux affemblées, d'approuver, de faire publier & exécuter les décrets qui en font émanés, il n'eft en quelque façon que l'organe de la République.

Quoique le Clergé tienne le premier rang dans le Sénat, cette prééminence lui a été moins accordée par un droit conftant que par un principe de piété, parce que la Nation a imaginé trouver dans ces chefs de la Religion, des défenfeurs plus zélés pour la maintenir dans toute fa force.

Les feconds repréfentans du Sénat, font les Palatins, les Caftellans, & les grands Officiers de la Couronne. Les premiers font à la tête de la Nobleffe, les feconds font leurs Lieutenans, & les troifiemes font les grands Maréchaux, les grands Chanceliers & Vice-Chancelier de la Couronne, & du grand Duché de Lithuanie.

Pendant l'interregne, l'Archevêque de *Gnefnie*, en fa qualité de premier Sénateur

& de Primat né, exerce les fonctions de Vicaire du Royaume, fait faire l'expédition des *Universaux*, ou lettres circulaires, pour la convocation des Diétines provinciales, qui doivent fixer le tems auquel se doit tenir la Diète d'élection, pour proclamer un nouveau Roi, lorsque les suffrages des votans ont été recueillis.

Lorsque le Monarque est élu, il indique tous les ans deux Diètes, qui doivent se tenir l'une à *Warsovie*, & l'autre à *Grodno*, dans le Duché de Lithuanie. On divise les Diètes en ordinaires & extraordinaires. Les premieres se tiennent tous les deux ans, & ne durent que six semaines, à moins que les Ordres assemblés ne jugent à propos de les prolonger. La durée des extraordinaires est fixée à trois semaines, on ne les tient que dans des cas imprévus & très-rares. La puissance absolue & législative réside essentiellement dans la Diète ordinaire. Les Diétines des Palatinats doivent toujours la précéder, préparer les matières qui doivent y être traitées, & choisir les représentans de l'ordre Équestre, qui forment la chambre des Nonces. Le Sénat est l'ame de cette assemblée générale ; l'Archevêque de *Gnesne*, Primat du Royaume, en est le chef; les Évêques, les Palatins & les Castellans en sont les membres. Chaque Palatin est le chef de la Noblesse de son Palatinat, il préside à ses assemblées, il la conduit au champ électoral, pour faire les Rois, il la mene à la guerre, & lorsqu'il assemble la *Pospolite*, ou l'arriere-ban, c'est lui qui fixe le prix des denrées, qui regle les poids & les mesures de sa Province.

Dans ces Diètes générales & ordinaires, qui durent six semaines, & qu'on peut comparer à nos anciens États généraux, on procede à la nomination des dignités vacantes; à la disposition des biens royaux en faveur des militaires qui ont servi avec distinction; à la reddition des comptes du grand Trésorier; à la diminution ou à l'augmentation des impôts; à faire rendre compte aux

Ambassadeurs de la République du succès de leurs négociations; à décider les alliances qu'on doit faire, ou qu'on veut rompre; à traiter de la paix ou de la guerre; à examiner les loix qu'il faut abroger ou promulguer; à travailler à l'affermissement de l'autorité publique; à accorder aux étrangers le droit de noblesse, avec cette réserve expresse de ne pouvoir posséder aucun bien consistorial, ni occuper aucune charge importante avant la troisieme génération.

Les Diètes à cheval se tiennent en rase campagne; les Nonces y paroissent armés, & il est rare qu'elles se terminent sans effusion de sang. Comme ces Diètes n'ont lieu que pendant les tems orageux de la République, la Pologne ressemble alors à une mer agitée, dont les flots s'entrechoquent & se brisent mutuellement. Dès que la Diète est terminée, la tempête cesse, le calme renaît, & l'État reprend une surface tranquille pour s'agiter de nouveau à la premiere occasion.

INTRODUCTION.

Le gouvernement Polonois regarde comme un trait de bonne politique, pour contrebalancer l'autorité souveraine, & empêcher l'établissement du despotisme, de faire en sorte que l'élection du Roi ne soit jamais unanime, afin d'avoir occasion d'entretenir dans son sein deux partis, qui se méfient l'un de l'autre, & desquels naissent presque toujours quelques confédérations, qui agissent au nom du Roi, & jamais pour son intérêt. Mais cette politique est vue d'un œil bien différent par les Puissances voisines, qui entretiennent la mésintelligence pour diviser les forces de la Pologne, qu'une intimité d'union rendroit trop formidable à ses voisins, comme elle l'étoit dans les beaux jours de la République, où les *Sobieski* & quelques autres Souverains tenoient les rênes du gouvernement.

On distingue en Pologne quatre espèces de confédérations. La premiere, formée par le consentement du Sénat & de l'ordre Équestre, tend toujours au bien public. La rebellion, ou l'excès d'un zele mal entendu, servent de motif à la seconde & à la troisieme espèce, & le Royaume est alors dans l'anarchie. La quatrieme espèce de confédération, qu'on nomme *Rokoz*, est la plus terrible & la plus dangereuse de toutes, parce qu'elle est contre le Roi ou le Sénat, & que tous les Nobles sont obligés de prendre les armes. Telles ont été à-peu-près les diverses confédérations, qui ont paru dans ces derniers troubles, & qui n'ont pas peu contribué à la dévastation de ce Royaume.

Lorsqu'une confédération est formée, elle a le droit de se nommer un *Maréchal* ou Chef suprême, qui doit toujours être un des Nonces, qu'on a choisi alternativement dans la grande & petite Pologne, & le grand Duché de Lithuanie. L'autorité qu'on lui donne est sans bornes. Il jouit de tous les droits qu'avoient les Dictateurs de l'ancienne Rome, ses volontés sont absolues. Il a droit de vie & de mort. Le Roi est obligé de lui déférer en tout ce qui concerne le bien de la République. Il peut recevoir des Ambassadeurs, commander dans tous les Tribunaux, disposer à son gré de tous les revenus ecclésiastiques ou séculiers. Il préside aux assemblées des Nonces, termine leurs querelles, a le droit d'ordonner qu'on parle, & d'imposer silence, de résumer toutes les plaintes générales & particulieres, de les porter aux pieds du Trône, & de poursuivre dans le Sénat le redressement des griefs dont on se plaint. Dans cette place, un homme de tête & entreprenant, est en état de faire beaucoup de bien, ou beaucoup de mal. Il peut faire chanceler le Roi sur son Trône, & quelquefois l'en faire descendre.

Quelque immense & quelque redoutable que soit ce pouvoir, les Polonois savent cependant le tempérer par la nomination d'un Lieutenant de Maréchal, sans lequel le chef de la confédération ne peut faire un pas, & qui est chargé de veiller sur tout ce qu'il fait, ou sur ce qu'il a envie d'entreprendre.

Avant l'année 1652, il n'étoit jamais entré dans l'esprit d'aucun Polonois, que l'opposition d'un seul Nonce eût assez de force pour arrêter l'activité d'une Diète assemblée, anéantir les délibérations les mieux concertées, & annuller toutes les résolutions qu'elle pourroit avoir prises précédemment. *Sidzinski*, Nonce *d'Upita*, en Lithuanie, fut le premier qui donna ce funeste exemple de l'abus de la liberté Polonoise : exemple que la confédération générale de 1696, eut la foiblesse de nommer, *unicum & specialissimum jus Cardinale*, & de regarder une prérogative aussi opposée à la tranquillité de ce Royaume, comme la base & le fondement de sa liberté. Croiroit-on en effet que le seul mot *veto*, prononcé par un Nonce, est suffisant pour dissoudre une Diète. C'est de ce prétendu beau droit que sont nées toutes les guerres intestines, qui ont déchiré & qui déchireront dans la suite le corps de cet État. C'est ce fatal, *liberum veto* (une des principales époques de la décadence de la République) qui a ouvert la porte aux dissentions qui ont bouleversé l'État, & qui l'ont réduit à l'anarchie, dans laquelle il se trouve.

La nation Polonoise n'a jamais voulu permettre qu'on élevât chez elle beaucoup de forteresses, pour la garantir, ou la défendre des incursions de ses ennemis; parce que la Noblesse se regarde comme le rempart le plus fort qu'on puisse opposer pour la défense de la patrie. Ses troupes forment deux armées, dont l'une, qui appartient à la Pologne, est composée de vingt-quatre mille hommes, & l'autre, qui est à la Lithuanie, n'a que douze mille hommes, dont les deux tiers consistent en cavalerie. Les deux Officiers généraux, commandans ces deux armées & nommés par le Sénat, sont indépendans l'un de l'autre, & ne sont comptables de leurs opérations qu'à la République.

Indépendamment de ces deux armées, la Pologne en a encore une troisiéme, qui est la plus redoutable de toutes, & qui consiste en deux cens mille gentilhommes à cheval ; ce qu'on nomme la *Pospolite*. Ce corps, très-difficile à se mouvoir, ne se rassemble que dans des dangers éminents, & par ordre des Diètes.

Malgré les Puissances formidables qui enclavent la Pologne, elle n'auroit rien à craindre d'elles, si elle ne portoit dans son sein des ennemis plus cruels que ceux du dehors, & qui la déchirent sans cesse sous le spécieux prétexte d'en soutenir les droits. C'est à ces oppresseurs de leur propre patrie, que ce Royaume doit l'état déplorable dans lequel il est plongé ; c'est ce peuple, toujours inconséquent dans sa conduite, toujours prêt à rejetter le Souverain qu'il a choisi, toujours protestant contre les meilleurs établissemens, qui est la cause que les trois Puissances alliées ont mis fin à toutes ses dissentions, en sapant ses constitutions dans leurs fondemens, &

en envahissant les plus belles de ses Provinces.

Les paysans, cette classe d'hommes que l'utilité rend respectables, dont les travaux multipliés procurent sans cesse les seuls & les véritables biens, sont esclaves en Pologne. Regardés comme des êtres, qui ne sont propres qu'à porter le joug de la servitude, déchus par état du droit que l'humanité reclame en leur faveur, ces malheureux font la richesse des Nobles ; ils travaillent cinq jours de la semaine pour leur Seigneur, & n'ont qu'un seul jour pour procurer à leur famille l'absolu nécessaire. Quelque indispensable que soit la conservation de ces individus pour le bien de la société, les loix autorisent ces maîtres vains & fastueux à tuer leur esclave, moyennant quinze livres d'amende, applicable au fisc, ou à remplacer simplement celui d'un autre Seigneur, lorsqu'un de ces tyrans a eu la fantaisie de le tuer.

Un Gentilhomme accusé d'assassinat, ne peut être jugé que par la Nation assemblée, comme il ne peut être mis dans les fers qu'après avoir été atteint & convaincu de ses crimes ; cette formalité laisse presque toujours le forfait impuni.

On ne parlera ni de la maniere dont on rend justice en Pologne, ni de cette autorité illimitée qu'un Général d'armée a durant la guerre, & où l'autorité royale n'entre presque pour rien. On dira seulement que quoique la Religion catholique romaine soit la dominante dans cet État, il y a cependant beaucoup de Luthériens, de Calvinistes, de Grecs schismatiques, de Sociniens, d'Ariens, d'Anabaptistes, de Juifs, d'Arminiens & d'autres hérétiques, qui sont compris sous le nom général de *Dissidens*, auxquels les loix fondamentales du pays accordent une tolérance entiere.

Les Polonois sont ordinairement grands, bien faits, robustes, braves & intrépides jusqu'à jusqu'à la témérité. Ils seroient peut-être indomptables si la docilité & la subordination militaire étoient mieux observées chez eux. Fiers, généreux, francs, jaloux d'une liberté chimérique, qui est la cause de tous leurs malheurs, ils obscurcissent toutes ces belles qualités par l'abus qu'ils en font; ils se croient esclaves, lorsqu'ils ne sont pas indépendans. Leur générosité dégénere quelque fois en prodigalité, leur franchise n'est accompagnée, ni de cette politesse prévenante, ni de cette prudence nécessaire qu'on doit sur-tout employer lorsqu'il s'agit de l'intérêt public. Leur fierté, peut-être leur entêtement, ne leur permet de céder qu'à ceux dont la noblesse est supérieure à la leur. Ces illustres Républicains qui avoient conservé jusqu'au regne *de Sobieski*, la frugalité & la simplicité des Sarmates leurs ancêtres, se sont livrés à la somptuosité depuis le règne *d'Auguste II*, & les modes Françoises sont venues se mêler au luxe asiatique. Pour peindre les Polonois d'un seul trait, on peut dire d'eux qu'il n'y a point de Peuple qui offre des contrastes plus frappans. La dignité Royale est absorbée dans l'autorité républicaine ; quelques loix justes paroissent sortir de l'anarchie féodale ; leur gouvernement est un mélange bisarre de celui des Romains avec la barbarie gothique, & l'abondance est presque toujours à côté de la pauvreté.

HISTOIRE
DES RÉVOLUTIONS
DE
POLOGNE,
*Depuis la mort d'*AUGUSTE III, *jusques à l'année 1775.*

LIVRE PREMIER;
DE L'INTERREGNE.

AUGUSTE III, Roi de Pologne, Grand Duc de Lithuanie & Electeur de Saxe, étant mort à Dresde, le 5 Octobre 1763, la Cour de Saxe fit part de cet événement à l'Archevêque de Gnesne, qui est le chef de la République pendant l'interregne, & dont le pouvoir est si grand

An. 1763.

C 2

qu'on l'a vu quelquefois faire des Rois, ou les détrôner.

A peine ce Prélat fut informé de cette nouvelle, qu'il convoqua les Sénateurs, pour délibérer sur le parti que la République devoit prendre dans une conjoncture aussi critique. L'avis du Conseil fut qu'on se conformeroit à l'usage établi en Pologne, de ne point accorder d'audience à aucun Ministre étranger que la vacance du Trône ne fût rendue publique ; que toutes les Jurisdictions, qui exerçoient au nom du dernier Roi, suspendroient leurs pouvoirs ; que pour cet effet le Prince Primat écriroit à tous les Tribunaux de la Couronne & du grand Duché de Lithuanie, qu'ils eussent à cesser leurs fonctions.

On renvoya en Saxe tous les régimens, tant Saxons que Ulhans ; on fit un inventaire de tout ce qui étoit dans les appartemens du Château royal ; on répandit des Universaux pour annoncer la mort du Roi ; on fixa la convocation d'une Diète générale ; on fit prêter serment de fidélité à tous ceux qui étoient attachés au service de la République ; &, pour conserver la tranquillité dans le Royaume, on fit publier à son de trompe, que tous ceux qui, pendant l'interregne, se rendroient coupables des moindres excès, seroient punis de mort dans les vingt-quatre heures.

L'Archevêque de Gnefne qui tient les rênes du Gouvernement pendant l'interregne, créa un nouveau Chancelier du Royaume, un Secrétaire, un Affeffeur du Souverain Tribunal de Juftice & un Référendaire, pour être chargés de l'adminiftration des affaires publiques pendant la vacance du Trône. An. 1763.

Le Grand Maréchal de la Couronne, qui n'avoit pas moins à cœur que le Prince Primat, le bien être de la Pologne, la tranquillité & la fureté publique, fit défendre de paroître dans les rues de Warfovie fans avoir une lanterne à la main après la retraite battue, & de tenir des propos licentieux fur le Gouvernement, à peine d'une amende pécuniaire & d'être mis en prifon.

Il fut auffi décidé dans un autre Confeil du Sénat qu'on pourvoiroit à la fureté des frontieres; qu'on enverroit des Miniftres à différentes Cours; qu'on fixeroit la convocation de la Diète générale, ainfi que celle des Diétines qui devoient la précéder. On convint auffi que les Officiers généraux de la Couronne, fecondés par les Sénateurs, maintiendroient la tranquillité, tant audedans qu'au dehors de l'État, & affoupiroient les différens qui pourroient y furvenir; que le Tréforier & les Prélats de la République fourniroient aux dépenfes des Ambaffadeurs auprès

C 3

des Cours étrangeres; que l'on posteroit des gardes de troupes reglées aux douanes, aux dépôts du trésor & à l'épargne Royale. Il fut encore décidé que les obséques du feu Roi seroient célébrées dans la Collégiale de Warsovie; que les Diétines seroient fixées au mois de Février prochain & la convocation de la Diète générale au mois de Mai suivant. Cette Diète ne devoit durer que quinze jours. Dans les Universaux, le Prince Primat exhortoit les Palatinats à faire en sorte que la tenue ne fût pas interrompue.

Il fut également convenu que de concert avec Son Altesse, les Sénateurs & les Ministres regleroient les matières qui devoient être le sujet des délibérations de l'assemblée générale. Le Trésorier devoit rembourser au Grand-Maréchal de la Couronne & à plusieurs autres Seigneurs les sommes considérables qu'ils avoient payées aux Tartares. On accordoit à la Czarine le titre d'Impératrice, & à l'Électeur de Brandebourg, celui de Roi de Prusse, à condition que ces deux Puissances donneroient des reversales, par lesquelles elles s'engageroient, en considération de ces titres que la République n'avoit pas encore reconnus, à ne former aucune prétention; la première, sur la Lithuanie Russienne; & la seconde, sur la Prusse Polonoise.

L'Impératrice de Russie, que le Prince Primat An. 1763. avoit informée de la mort d'Auguste III, écrivit à ce Prélat qu'elle renouvelloit les lettres de créance de son Ambassadeur (*) [1], qu'elle enverroit en Pologne un Ministre Plénipotentiaire & qu'elle assuroit la République qu'elle employeroit tous les moyens possibles pour empêcher que le premier & le plus précieux de ses droits (la libre élection de ses Rois) ne souffrît aucune atteinte.

En remettant ses lettres de créance au Prince Primat, le Comte de Keyserling, Ambassadeur de Russie, fit un discours [2] dans lequel il confirma tout ce que sa Souveraine avoit écrit. Dans sa réponse [3] à l'Ambassadeur, ce Prince remercia l'Impératrice de ses bontés, dans la persuasion où étoit la République que Sa Majesté Impériale ne donneroit aucune atteinte aux loix fondamentales du Royaume de Pologne.

Le Roi de Prusse, flatté de ce que la République le reconnoissoit pour Roi, voulut paroître contribuer au maintien de la tranquillité intérieure de la Pologne dans les circonstances critiques où

___

(*) Ces chiffres [1] entre deux crochets désignent le numéro des Pièces justificatives qui se trouvent à la fin de chaque volume.

An. 1763. ce Royaume se trouvoit ; pour cet effet, il fit publier une Ordonnance [4], par laquelle il défendoit à tous ses sujets, qui avoisinoient les États de cette République, de commettre aucune violence & d'user d'aucune voie de fait contre les Polonois, sur-tout pendant la vacance actuelle du Trône.

Après des assurances aussi positives de ces deux Puissances, de leur inaction sur la Pologne, le Prince Primat, voulant faire rendre au dernier Roi les devoirs funèbres qui lui étoient dus, assembla dans le Conseil les Sénateurs & les Ministres de la Couronne, & leur dit, en faisant l'éloge des vertus d'Auguste III : « Il étoit » notre Roi, notre Souverain, celui qui nous » avoit gouverné pendant trente années ; celui » qu'on pouvoit appeler à juste titre le meilleur » des Princes, dont le regne nous avoit procuré » les fruits de la paix ; ce bienfaiteur, qui avoit » si largement répandu sur nous ses faveurs & » & ses graces, n'est plus. Voilà donc la Pa» trie sans Père, la Royauté sans Roi, le Sénat » sans Chef, la Couronne sans tête, le Sceptre » sans main, les Sujets sans Maître, le Corps » de la République sans âme, & nous tous des » orphelins désolés «.

Dans les Universaux, pour la tenue des Diétines, que son Altesse fit publier pour exhorter

les principaux membres de la République à être unis de sentimens, à se conformer à la loi, à maintenir la tranquillité dans le Royaume, & à prévenir toute interruption dans l'administration de la Justice, il sembloit qu'elle prévît ce qui est arrivé dix ans après par le démembrement de la Pologne. « Ils feront attention pendant l'inter-
» regne, leur disoit ce Régent du Royaume, à
» l'état présent de la Patrie, dont non-seulement
» tout citoyen, mais encore tout étranger peut
» aisément prévoir que la ruine entiere ne sauroit
» être bien éloignée. Nous avons vu depuis trente-
» sept ans toutes les Diètes rompues. Ce vaste
» Empire, qu'environnent de toutes parts des
» voisins agguerris & puissans, est abandonné, de-
» puis près d'un demi-siécle, à sa propre destinée.
» Les loix sont sans exécution, la justice sans
» vigueur, la liberté est opprimée, le commerce
» presque entierement éteint, les bourgs & les
» villages ruinés, le trésor public sans argent, &
» l'argent sans valeur intrinseque.

» Cette situation, dont l'histoire offre peu
» d'exemples, doit nous faire craindre que la Ré-
» publique touche à son dernier moment, &
» qu'enfin elle vienne à se dissoudre, ou à être
» envahie par l'ennemi. L'unique remede à ces
» maux, est que les bons citoyens choisissent des
» Nonces pour l'assemblée générale des différens

An. 1763.

» ordres de l'État, assemblée que je fixe, en
» vertu du Conseil du Sénat, au septieme jour
» du mois de Janvier 1764, à Warsovie. En consé-
» quence, j'invite au nom de la Patrie les Séna-
» teurs & les Nonces, à ne point négliger de se
» rendre à tems, pour délibérer, non-seule-
» ment sur l'élection d'un Roi, sur le tems de cette
» élection, sur l'établissement des Tribunaux que
» la sureté publique rend nécessaires pendant l'in-
» terregne, mais encore sur la disposition des
» actes, relativement aux contrats & aux autres
» transactions, ainsi que sur les soins qu'il con-
» vient d'apporter, tant à la sureté des limites du
» Royaume & du grand Duché de Lithuanie,
» qu'au maintien des traités d'alliance & d'amitié
» que nous avons faits avec les Puissances voisines.
» Il faut que les Diétines examinent attentive-
» ment tout ce que contiennent les Universaux
» que nous leur adressons, & qu'elles indiquent
» dans leurs instructions les moyens de ne plus
» perdre à l'avenir un tems précieux, & d'em-
» ployer plus utilement les dépenses onéreuses
» qu'entraîne la convocation des Diètes «.

An. 1764.

Comme les loix de la Pologne accordent à la Noblesse de ce Royaume le droit d'aspirer au Trône, lorsqu'il est vacant, le Prince Czarto-rinski, le Comte Poniatowski & le Général Bra-nicki, se mirent d'abord sur les rangs. A ces trois

Candidats se joignit le Prince Xavier de Saxe qui, An. 1764. du vivant d'Auguste III, son pere, s'étoit concilié l'amitié de plusieurs Magnats. Il avoit même fait connoître ses intentions à ce sujet, non-seulement à toute la Noblesse du Royaume, mais aussi aux diverses Cours, dont il désiroit obtenir l'appui.

Le bruit s'étant répandu dans le Public, que l'Impératrice de Russie & le Roi de Prusse, vouloient soutenir de toutes leurs forces l'élection d'un Candidat qui leur étoit dévoué, dans la vue de s'approprier une partie de la Pologne, ou de la Lithuanie, & de détacher de la République ce grand Duché pour l'annexer à la Couronne de Russie. Ces deux Puissances publierent chacune une déclaration conçues à-peu-près dans les mêmes termes, & où Elles annonçoient formellement que leur intention étoit de maintenir la République dans la possession de ses droits, libertés, prérogatives, statuts & domaines, en conformité du traité de 1686 ; que bien loin de souffrir que personne entreprît de leur porter atteinte, elles s'intéresseroient à la conservation de tous les droits affectés à la Couronne de Pologne, & au grand Duché de Lithuanie. Pour faire connoître l'amitié sincere & le bon voisinage, qui régnoient entr'Elles & la République, elles souhaitoient que le ciel daignât

An. 1764. réunir les suffrages, pour l'élection d'un Roi, en faveur d'un Candidat Polonois, issu d'une des plus nobles Maisons de ce Royaume, & qui, animé de sentimens paternels, gouvernât la Pologne avec douceur & équité. Il devoit, par son origine & son éducation, avoir acquis une connoissance profonde des loix fondamentales, sous lesquelles il étoit né & élevé, & auxquelles il auroit appris à se conformer par l'habitude d'une obéissance journaliere.

Un tel chef, continuoient-elles, ne pourra que justifier la bonté de son élection, en prenant à cœur les intérêts naturels du Royaume; & que sous son regne, personne n'aura à souffrir aucun préjudice, soit par le mélange d'affaires extérieures, & l'introduction de nouvelles maximes, ou par la conclusion d'alliances étrangeres; puisqu'un Roi, élu au sein de sa propre Nation, ne sauroit naturellement qu'en affermir le repos, & en augmenter la prospérité.

Malgré l'indifférence que ces deux Puissances affectoient publiquement pour l'élevation du Comte Poniatowski, & son élection au Trône de Pologne, Sa Majesté Impériale de Russie lui fit remettre, par son Ambassadeur, le collier de l'ordre de Saint-André, avec une épée richement garnie de brillans, & une somme de neuf mille ducats.

La Pologne ne souffrant chez elle aucunes troupes étrangeres pendant l'interregne, les Russes promirent d'évacuer la Prusse Polonoise dès que la République y enverroit des troupes pour couvrir leurs magasins. En conséquence le Comte Branicki, Castellan de Cracovie & grand Maréchal de la Couronne envoya huit cents hommes de gardes à pied dans cette Province, pour ôter aux Russes tout prétexte de demeurer plus long-tems dans ce Royaume & pour se conformer aux constitutions de la République, qui défendent à tous soldats étrangers de demeurer en Pologne pendant la durée de l'interregne & la Diète générale de convocation pour l'élection d'un Roi.

Il est aussi d'usage, lorsqu'on veut procéder à l'élection d'un nouveau Roi, de s'assembler en pleine campagne près de Warsovie, dans un lieu environné de fossés, & couvert de planches, que les Polonois nomment le *Szopa*, ou le *Colo*. Pour cet effet la République donna ordre à un Officier du régiment d'artillerie de la Couronne, de faire abattre dix mille arbres dans la forêt de Koziémilz, pour servir à former un pont sur la Wistule, & à construire une sale d'élection.

Le tems de l'interregne est celui où il se commet ordinairement le plus d'abus. La Pologne vit, pendant celui-ci, une si grande quantité de monnoies étrangeres de mauvais aloi, que le

An. 1764. Prince Primat, en ayant eu connoissance, fit savoir aux États d'où elles venoient, que si l'on continuoit plus longtems d'en répandre dans les districts de la République, il ordonneroit aux Starostes de les confisquer.

Après avoir donné ses ordres pour remédier à un abus aussi ruineux, Son Altesse expédia des Universaux à tous les Palatinats de la République pour la convocation de la Diète générale. Il y joignit une lettre circulaire dans laquelle il exhortoit la Nation à la concorde, & lui rappelloit le souvenir des abus pernicieux qui s'étoient glissés insensiblement dans l'État.

Dans ces Universaux, qui contenoient des instructions relatives à la tenue des Diétines qui devoient précéder la Diète générale, il étoit dit qu'afin que la liberté de l'élection ne fût point troublée, il importoit beaucoup que l'union y présidât, & que les États s'obligeassent, par un serment solemnel, à être d'un commun accord; que ceux, qui, par un esprit de discorde, s'aviseroient de nommer un Roi, seroient déclarés ennemis publics de la Patrie; que chaque Palatin n'auroit dans le champ d'élection qu'une suite de gens & de domestiques proportionnée à son rang, & que par conséquent il étoit nécessaire de déterminer à un certain nombre les trains des uns & des autres, jusqu'à la derniere classe.

Non-seulement on renouvelloit les traités conclus avec les Puissances voisines, mais aussi on renouoit les conférences avec leurs Ministres respectifs. En conformité des statuts concernant l'élection, on recommandoit aux Maréchaux de Pologne & de Lithuanie de veiller à la sureté des frontieres, de s'assurer des vagabonds qui les parcourrent, de livrer sans scrupule à la rigueur des Tribunaux ceux de la Noblesse, qui participoient à de pareils brigandages. On devoit saisir & remettre entre les mains de la Justice ceux qui, de leur autorité privée & sans la permission de la République, auroient levé des troupes, & créé des compagnies, sans même en excepter les soldats, déjà enrôlés à leur service. Il fut ordonné aux Starostes, secondés par les troupes de l'État, de se saisir de quiconque voudroit introduire en Pologne des marchandises prohibées, & de les faire conduire en prison avec leurs complices. En fixant le tems de l'élection d'un Roi, on détermina les moyens les plus propres à établir la sureté du champ de cette élection. On jugea qu'il seroit à propos de maintenir les habitans de Cracovie dans la Religion Protestante, suivant le dispositif des loix, & de munir cette Ville (lieu du couronnement des Rois de Pologne) d'une garnison suffisante. À l'occasion de la prochaine élection, les Palatinats devoient délibérer personnellement, ou les

An. 1764. Nobles, homme pour homme, ou leurs Plénipotentiaires, dont on jugeroit d'augmenter le nombre pour cette fois. Il fut résolu aussi que pendant l'interregne, on seroit attentif à donner un libre cours au commerce, afin que les finances ne souffrissent aucune interruption, dans un tems où les dépenses du trésor de la Couronne sont si onéreuses & si multipliées. La Noblesse devoit se souvenir des tristes suites dont fut accompagné le dernier interregne, & on invitoit tous les Votans à réunir leurs suffrages en faveur d'un Roi, qui fît la gloire & le bien de la République.

Quelque sages que fussent ces instructions, le Prince Primat craignoit cependant qu'elles ne rencontrassent de grandes difficultés dans la Diète générale. L'événement justifia que ses craintes n'étoient que trop fondées.

Lorsqu'il fut question de la nomination des Nonces pour la prochaine Diète générale, tous les suffrages de la Noblesse du Palatinat de Warsovie se réunirent en faveur du Comte de Poniatowski, Grand-Maître d'Hôtel de Lithuanie, & de Szydkowski, Juge du district de cette ville. Par les instructions qu'on leur remit, il leur étoit enjoint d'abolir la coutume qui accordoit aux femmes la propriété des Starosties & autres biens, exceptés par la loi salique; de faire dans l'armée de la Couronne

ronne une augmentation de troupes, proportionnée à l'exigence des circonstances ; de prendre des mesures contre la ruine ultérieure des villes, en empêchant que désormais on y assignât des quartiers francs aux Nonces, ou Députés des Palatinats respectifs. On avertissoit ceux-ci que la cérémonie du prochain couronnement du Roi se feroit dans Warsovie, sans que néanmoins la chose pût tirer à conséquence pour l'avenir, ni porter la moindre atteinte aux droits de celle de Cracovie.

An. 1764.

Dans ce même tems, le Comte de Keyserling, Ambassadeur de Russie, publia une lettre du Grand Seigneur [5], par laquelle Sa Hautesse déclaroit vouloir se conformer aux vues de Sa Majesté Impériale de Russie & de Sa Majesté le Roi de Prusse, pour maintenir la liberté des Polonois dans l'élection de leur Roi.

Godomoki, qui avoit été député à la Cour de Berlin, comme Ministre extraordinaire de Pologne, fit aussi insérer dans les papiers publics, que le Roi de Prusse l'avoit chargé d'assurer ses compatriotes, à son retour en Pologne, que Sa Majesté approuveroit entièrement tout ce que son Résident avoit déclaré en son nom. Elle souhaitoit que dans l'élection d'un Roi, la République fût d'un même sentiment, afin que les troubles domestiques & les factions ne donnassent aucune occasion aux troupes étrangeres d'entrer en Pologne, & que Sa Majesté ne fût pas obligée d'y faire marcher une partie des siennes.

Malgré les belles promesses que paroissoient faire à l'envi les Puissances voisines, les Grands de la République n'étoient point d'accord avec la Porte, & les Cours de Pétersbourg & de Berlin sur l'exclusion des étrangers au Trône de Pologne, parce qu'il prétendoient que c'étoit contraindre les suffrages, & porter atteinte à la liberté Polonoise. De tous les écrits que les Souverains, interessés à la nomination d'un Roi de Pologne, firent paroître pour lors, il n'y eut que les déclarations [6 & 7] des Cours de Vienne & de Versailles remises au Prince Primat par leurs Ambassadeurs, qui parurent conformes aux sentiments des Magnats, & bien opposées aux desirs de la Czarine & du Roi de Prusse.

Cependant il se présentoit de nouveaux candidats pour le Trône de Pologne. Dans une visite que le Prince Lubomirski fit au Prince Primat, ce Seigneur se recommanda au bon souvenir du Prélat, & lui déclara ouvertement qu'il se proposoit pour un des concurrents au Trône. En même-tems le Vaivode de Kiovie protesta qu'il appuieroit ce nouveau candidat de tout son crédit & des forces de la famille.

Quelque précaution qu'on affectât de prendre An.1764. pour maintenir le bon ordre, la diſſention s'étant emparée des eſprits de la Nobleſſe, qui s'étoit aſſemblée à Graudentz pour la Diète générale, l'Evêque de Cujavie & le Comte Poniatowski, général au ſervice de l'Impératrice Reine, ſe mirent en chemin pour cette ville, afin de réunir les partis diviſés, & de contribuer par leurs bons offices au ſuccès de la Diète générale de la Pruſſe Polonoiſe.

La quantité de Seigneurs Polonois & Lithuaniens, qui s'étoient rendus à Graudentz avec de gros corps de milice, obligea la République à y envoyer des troupes reglées pour empêcher qu'il n'y arrivât du déſordre.

Quoique les Diétines de la Pruſſe Polonoiſe ſe fuſſent terminées aſſez tranquillement, la Diète générale de cette province n'eut pas le même ſort. Les troupes Ruſſes, qui s'étoient retirées à deux milles de Graudentz, pour ne pas interrompre les déliberations des Magnats, des Vaivodes, des Staroſtes, des Députés de Thorn & d'Elbing, revinrent dans cette ville la veille de l'ouverture de la Diète, & ſe poſtèrent à differentes portes de cette ville. Le général Ruſſe ayant refuſé de ſe retirer avec ſon monde, cette démarche mécontenta tellement les Seigneurs Polonois, qu'au lieu d'entrer en conférence, ſous la protection & aux

An. 1764. yeux des troupes étrangeres, ils réfolurent de quitter la ville. Leur retraite fut même suivie d'une vive efcarmouche entre les Polonois & les Ruffes, avec perte de quelques hommes de part & d'autre.

Pendant ces altercations, le Comte Poniatowski, grand Pannetier de Lithuanie, & l'un des compétiteurs au Trône, écrivit au Roi de Pruffe pour lui être favorable dans fes démarches. Sa Majefté Pruffienne lui répondit qu'en conféquence des explications qu'il avoit eues avec Benoît, fon Réfident à Warfovie, il feroit tout ce qui dépendroit de lui pour faciliter l'exécution de fes projets. Cette lettre [8] lui fut remife par le Miniftre de la Cour de Berlin avec les marques de l'Ordre de l'Aigle noir.

Deux motifs firent rompre la Diétine générale de Graudentz, la plus importante de toutes celles de la Nation, à caufe du droit qu'elle a d'envoyer un plus grand nombre de Députés à la Diète de convocation. Le premier fut que les troupes Ruffes, qui l'inveftiffoient de toutes parts, ne lui permettoient pas de délibérer librement. Le fecond fut l'entrée, en Pologne, de deux divifions de ces mêmes troupes, de vingt mille hommes chacune. Celle qui pénétroit dans l'intérieur du Royaume, avoit pour Chef le Prince Wolkowski; & l'autre qui marchoit en Lithuanie, étoit aux ordres du Général d'Afchkow.

La plus grande partie des Seigneurs Polonois, qui étoient venus pour affifter à cette Diétine, & qui ne pouvoient fouffrir qu'une Puiffance étrangere violât impunément les loix de leur pays, fe réunit pour délibérer fur le parti qu'elle avoit à prendre dans une circonftance femblable. Ces Nobles appuyés des Évêques de Culm & de Kaminieck; des Palatins de Marienbourg, de Pofnanie & de Kiovie; des Caftellans de Culm & Dantzic; du Chambellan de Culm; de près de trois cens Sénateurs; des Officiers de la Couronne, & des Gentilhommes des principales familles, tels que les Potocki, les Radziwil, les Jablonowski, les Krafinski & les Offolinski, publierent un manifefte [9], dans lequel ils fe plaignirent hautement des violences que les troupes Ruffes leur avoient faites, relativement à la liberté des affemblées.

Pour remédier à la diffolution de cette Diétine, quelques Seigneurs de la Pruffe Polonoife fupplierent le Prince Primat de vouloir bien en convoquer une nouvelle; mais ce Prélat leur déclara, d'une maniere très expreffe, qu'il n'en expédieroit point les Univerfaux.

L'entrée des troupes Ruffes fur le territoire de la République fit tant d'impreffion fur les efprits, que tous les Magnats qui étoient à Warfovie, fe rendirent avec le Caftellan de Cracovie, Général de la Couronne, auprès du Prince Primat, pour le prier de vouloir faire fur tous ces objets des repréſentations à l'Impératrice de Ruſſie, attendu les inconvéniens qui réſultoient des doubles élections des Nonces dans quelques Diétines. Le mauvais ſucès de la Diète de la Pruſſe Polonoiſe les avoit engagés dans cette démarche, parce que le tems approchoit pour la tenue de la Diète générale. Mais ce Prélat, qui n'étoit point de de leur avis, leur répondit qu'il ſeroit plus convenable de s'adreſſer aux Ambaſſadeurs de Sa Majeſté Impériale des Ruſſies, & il les aſſura qu'il leur feroit remettre de ſa part une note [10] dans laquelle il leur peindroit les inquietudes de la nation Polonoiſe au ſujet des troupes Ruſſes.

Cette note fut à peine remiſe au Comte de Keyſerling & au Prince Repnin, Ambaſſadeurs de la Cour de Péterſbourg, que ces Miniſtres y répondirent [11] le lendemain, de maniere à donner le change à la République, en déclarant, à la face de toute l'Europe, que leur Souveraine étoit bien éloignée de vouloir troubler le repos des Polonois, & de faire violence à leurs loix, à leurs priviléges & à leur liberté; qu'au contraire elle étoit dans le deſſein de les protéger & de les maintenir contre tout attentat.

Si les Ruſſes avoient beaucoup d'ennemis, ils ne manquoient pas de partiſans. Moskowski, Palatin de Poméranie, muni de la ſignature de deux cent ſoixante dix perſonnes, fit publier un Manifeſte

sur la rupture de la Diète de Graudentz [12], An.1764.
dans lequel il paroissoit que c'étoit plutôt les dissentions intestines de ceux qui s'étoient rendus à la Diète, que la présence des troupes Russes, qui en avoient empêché la tenue. Il n'est pas étonnant que ce Palatin fût favorable aux Russes, puisque la Lithuanie vit former dans le même tems une confédération de plus de cinq mille Gentilhommes, dont le Grand Ecuyer de ce Duché étoit le Maréchal. Ces confédérés, s'étant assemblés à Wilna, y firent publier leur acte de confédération, & ne dissimulerent point qu'ils se flattoient d'être soutenus par les Russes.

Dans le même tems la Grand Visir envoya un Exprès de Constantinople au Prince Primat & au Grand Maréchal de la Couronne, pour leur notifier par sa lettre [13], que les intentions de la Porte sur la future élection d'un Roi de Pologne, étoient que la République élût un chef de la Nation sans que d'autres Puissances s'en mêlassent.

En retirant ses troupes de Graudentz, pour les faire marcher vers Warsovie, le Général Major Komotow, qui les commandoit, fit répandre un Manifeste [14] dans le public pour justifier ses démarches & les motifs qui l'avoient engagé à entrer dans cette Ville. Il y protestoit solemnellement qu'il n'étoit point la cause de la rupture de la Diète générale qu'on y devoit tenir.

D 4

An. 1764. Pendant que le Public étoit inondé de ces Manifestes dont les Polonois étoient la dupe, le Roi de Prusse, qui avoit des vues d'intérêt sur la Pologne, conclut un traité d'alliance avec l'Impératrice de Russie, & comme s'il eût été en droit d'intimer ses ordres à la Pologne, il fit dire à cette République, par le Prince de Carolath, son Ambassadeur à Warsovie, que ses intentions au sujet de l'élection d'un Roi, étoient qu'on élût un Piaste, c'est-à-dire, un naturel du pays, & non un étranger.

Le tems de l'ouverture de la Diète générale approchoit. Le nombre des Seigneurs & des Nonces de différens Palatinats devenoit de jour en jour si considérable, que non-seulement, Warsovie, mais encore ses fauxbourgs & les endroits qui en étoient voisins, fourmilloient de troupes qui avoient suivi les Magnats des deux partis, c'est-à-dire, de ceux qui favorisoient les zélés pour la patrie, & de ceux qui composoient la confédération, qui s'étoit formée après l'affaire de Graudentz.

Pour rendre plus supportable aux Polonois la présence des troupes Russes, le Comte de Keyserling fit défendre sous de rigoureuses peines à celles qui étoient aux ordres du Général Daschkow, campées à vingt-cinq milles de la capitale, ainsi qu'à celles qui s'étoient cantonnées dans le voisinage de Blonie, d'arrêter aucun étranger allant à Warsovie, & d'intercepter le transport des vivres & des fourages. Dans l'espoir de donner le change à la République, & de faire accroire à ses sujets, que les troupes Russes qui entroient continuellement dans leurs pays, n'étoient destinées que pour le maintien de leur liberté & de leurs prérogatives, le Comte remit au Prince Primat une déclaration [15] relative à ce sujet. Cette précaution n'empêcha pas que pour procurer aux négociants de cette ville une plus grande sureté, le Grand Maréchal de la Couronne ne leur ordonnât de tenir leurs magasins & leurs boutiques fermées, dès le premier jour de la tenue de la prochaine Diète générale. On craignoit d'autant plus qu'elle ne fût entamée avec beaucoup de désordre, que les Seigneurs étoient environnés d'un nombreux corps de troupes à leur service, & qu'au lieu d'aller en carosse, ils ne parussent en public qu'à cheval.

Les ennemis du bon ordre & de la tranquillité publique donnerent dans cette occasion une nouvelle preuve des extrémités auxquelles ils étoient capables de se porter pour parvenir à l'exécution de leurs projets. Ce qui s'étoit passé dans les Diétines des autres Provinces, où l'on avoit eu recours à la violence pour déposer les Nonces légitimement élus, & supprimer les tribunaux de capture qui avoient été établis,

An 1764. leur ayant fait voir, que quoiqu'ils fussent soutenus par des intrigues étrangeres, ils ne l'emporteroient pas dans l'esprit de la Noblesse, sur la considération du vrai bien être de la République, ils jugerent que les moyens violens, dont ils s'étoient servis jusqu'alors, étoient les seuls dont ils devoient se promettre quelques succès.

Pour balancer l'élection des Nonces, qui, malgré leurs attentats, avoit été faite par la plus grande partie de la Nation, ils se prévalurent de la coutume, qui autorise la province de Prusse à envoyer à la Diète générale un nombre illimité de Nonces. Assurés par ce moyen de la pluralité des suffrages, ils choisirent, parmi leurs adhérens, ceux qu'ils jugerent à propos, & ne se firent aucun scrupule d'assembler un corps nombreux, tant de leurs propres soldats que des troupes étrangeres, auxquelles ils prêtoient leurs noms. La maniere dont ils s'y prirent pour se donner quelque considération, ne leur réussit pas mieux que ce qu'ils tenterent dans la suite. Le seul succès, dont ils purent se flatter, se réduisit à empêcher le bien qui auroit résulté d'une assemblée libre, & de voir que malgré leur prétexte d'être prêts à se sacrifier pour la conservation de la liberté de leur patrie, les mieux intentionnés pour la République qui avoient deviné leurs desseins, ne cessoient de s'opposer

aux efforts qu'ils faisoient de renverser le bon An 1764.
ordre.

Le jour de l'ouverture de la Diète générale, on plaça plusieurs piquets de Cosaques dans les carrefours de la ville, ainsi que dans les environs du château où l'on devoit s'assembler. Quoique plusieurs Sénateurs, les Ministres & les Nonces ne fussent pas d'avis qu'on ouvrît la Diète dans les circonstances actuelles, tout s'y passa assez tranquillement, & le Maréchal de la Diète fut heureusement élu.

Après le service divin & les formalités ordinaires, le Prince Primat s'étant rendu au château avec tous les Sénateurs & les Nonces, à l'exception du Grand Maréchal de la Couronne & de quelques autres Magnats, son Altesse permit à Malackowski, Maréchal de la derniere Diète, d'ouvrir la Chambre des Nonces, & de procéder à l'élection d'un nouveau Maréchal. En vertu de cette commission, Malackowski se rendit à la Chambre, & y ouvrit les séances ; mais il se retira lorsqu'il vit que chacun mettoit le sabre à la main. Après sa retraite, Kossowski, Starosta de Siradie, prit, comme Nonce, le bâton de Maréchal, & pacifia si bien les esprits qu'on suspendit jusqu'après l'élection d'un nouveau Maréchal, à examiner si les élections des Nonces, faites par deux partis, dans deux Diètes opposées, étoient

An. 1764. légales ou non. On élut ensuite pour Maréchal le Prince Adam Czartorinski, qui prêta sur le champ le serment ordinaire, sans que, conformément à l'usage, l'ancien Maréchal lui eût préalablement remis le bâton de Commandement.

Cette élection d'un nouveau Maréchal, n'ayant pas été faite dans les regles, les Nonces s'assemblerent dans leur salle ordinaire, où il s'étoit glissé beaucoup de gens de guerre & sur-tout de Russes, qui avoient pris place dans les tribunes au-dessus des bancs destinés aux Nonces, ce qui rendit cette assemblée tumultueuse.

Dès qu'on y eut proposé l'élection d'un nouveau Maréchal de la Diète, plusieurs personnes réprésenterent qu'il convenoit auparavant d'en faire exercer l'emploi par le Maréchal de la derniere Diète. Cet avis ayant prévalu, on fut chercher le vieux Comte Malachowski, qui prit possession du bâton de Maréchal. Au lieu de le lever pour donner la voix aux Nonces qui devoient parler les premiers, il déclara qu'il ne le feroit qu'après que les troupes étrangeres seroient sorties, & que la Diète auroit toute sa liberté.

Après cet acte de fermeté, le Général Mokranowski, Nonce de Cracovie, s'étant levé, il appuya, par un discours très-énergique, la proposition du Maréchal. Mais à peine eut-il parlé, qu'on vit dans tous les coins de la chambre les sabres

& les épées en l'air. L'emeute fut si grande que ce nouvel orateur fut obligé de se mettre en défense pour garantir sa vie. Le Prince Adam Czartorinski & quelques autres Nonces de son parti, se jetterent précipitamment au-devant du Général; & dans deux différentes reprises arrêterent par leurs efforts la fureur des séditieux, qui, du haut des tribunes, vouloient se jetter sur lui. Mokranowski, tranquille au milieu d'un danger aussi imminent, remit son épée dans le fourreau, & en se présentant les bras croisés à ceux qui le menaçoient : *S'il vous faut une victime, leur dit-il, me voilà, mais au moins je mourrai libre ainsi que j'ai vécu.*

An. 1764.

A peine le Prince Czartorinski eut rétabli le calme dans la Chambre des Nonces, que ce Maréchal déclara que puisqu'il étoit impossible de procéder suivant les regles, il alloit se retirer; ce qu'il fit en emportant le bâton de Maréchal dont on l'avoit déja honoré. On eut beau s'opposer à sa résolution, il fut inébranlable & perça à travers la foule, malgré la garde qui s'étoit emparée de la porte de la salle. C'est ainsi que sa retraite rompit la Diète avant qu'elle pût avoir son activité.

En conséquence du désordre qui venoit d'arriver, la Nation se trouva divisée en deux partis. Celui du grand Général sortit de la Ville, & ce Seigneur suivi de l'armée de la Couronne, du

An. 1764. Prince Radzivil, Palatin de Wilna & de plusieurs autres Polonois qui avoient des troupes à leurs ordres, se retira à Piacezno, village à trois milles de Warsovie.

L'inquiétude que donna cette scission commença à réaliser les troubles qu'on avoit prévus depuis long-tems. Les mystères se développerent, & on s'apperçut bien-tôt quelles étoient les vues de chaque parti. Celui du grand Maréchal de la Couronne, distingué par le nom de *Parti Saxon*, avoit de son côté la plus grande partie des forces de la République, qui occupoient le voisinage de Kosiniec, avec un train d'artillerie tiré des arsenaux de la capitale. Cependant la faction de Poniatowski se trouvoit la plus forte par le grand nombre de Magnats, attachés à la Maison de Czartorinski ; par l'appui des Puissances étrangeres & par les avantages qu'elle avoit eus dans la Diète générale. Il y avoit encore un troisième parti, qui paroissoit ne former quelque prétention que pour faire pencher la balance, en s'unissant à l'un ou à l'autre des deux partis précédens.

Dans l'assemblée du quatorze Mai, le Prince Primat se plaignit au Sénat de ce que le grand Maréchal de la Couronne avoit congédié les Députés de l'assemblée, & refusé d'envoyer la garde ordinaire aux Chambres des Sénateurs & des

Nonces. Ces plaintes ayant été trouvées justes, il fut résolu, après plusieurs délibérations, que le Colonel de la garde du grand Maréchal de la Couronne seroit sommé par un écrit de la part du Sénat de se rendre dans la capitale, d'y prêter le serment de fidélité entre les mains du grand Maréchal actuel de Lithuanie & du Maréchal de la Diète générale, d'obéir à cet ordre avec tout son monde & de procurer à la Diète les gardes ordinaires; ce qui fut exécuté.

A l'égard de ce qui avoit été proposé dans cette même assemblée de protéger & d'étendre de plus en plus la Religion dominante & de restreindre dans certaines bornes la Communion Réformée, Son Altesse représenta que pendant la continuation de la Diète, on dresseroit un article particulier concernant les Protestans.

Il fut ensuite question de la sureté du Royaume & de publier d'autres Universaux pour la tenue d'une nouvelle Diète, parce que le grand Maréchal de la Couronne & ceux qui s'étoient ligués avec lui, reconnoissoient pour illégale celle qu'on tenoit actuellement. On prévoyoit aussi que ce Seigneur, ayant sous son commandement les troupes de la République, pourroit susciter des événemens fâcheux qu'il importoit de prévenir. Comme la faction de Poniatowski dominoit dans cette Diète, il fut résolu, à la pluralité des voix, d'esta-

An. 1764.

An 1764. dire, de trente-un Sénateurs contre six, & de cent quatre Nonces contre trois, que les États de la République assemblés, sous pacte d'union, donneroient au Prince Czartorinski, Vaivode de Russie, une patente de Général en chef des troupes de la Couronne ; que dès-à-présent ces troupes n'obéiroient qu'à lui seul ; que l'on en donneroit incessamment avis par écrit aux Commandans des régimens, & que sous peine d'être privés de leurs charges & de subir d'autres châtimens en cas de désobéissance, ils eussent à se rendre sur le champ à Warsovie pour y recevoir tels ordres qu'il plairoit au nouveau Général de leur donner.

Conséquemment à cette délibération & à sa nouvelle dignité, ce Général fit expédier ses ordres à l'armée de la Couronne & fit ramener à Warsovie l'artillerie que le Comte Branicki, son prédécesseur, avoit tirée de l'arsenal de cette Ville. Celui-ci ne se croyant pas destitué de son grade par la nomination du Prince Czartorinski, fut camper avec son armée derrière la Pilite ; mais il eut le désagrément de voir que tous les jours il désertoit quelque régiment ou quelque compagnie pour venir joindre leur nouveau chef.

Les Sénateurs & les Nonces qui regardoient la Diète comme illégale, publierent un manifeste dans lequel ils prétendoient que la Diète ne pouvoit

pouvoit avoir lieu en préfence des troupes étrangeres, qui entouroient la Ville ; & que c'étoit renverfer les loix fondamentales de l'État. Les Sénateurs n'avoient ni demandé le fecours des Ruffes, ni remercié leur Souveraine de les avoir envoyés, & ils n'avoient aucune part à leur entrée en Pologne. Ces troupes étrangeres avoient d'ailleurs exercé un acte de violence dans la Lithuanie, en favorifant une confpiration pernicieufe & faite pour troubler le repos public. Le mémoire préfenté par les Miniftres Ruffes péchoit contre la vérité, en accufant les troupes de la Couronne de s'être mélées des Diétines & des autres actes publics; & c'étoit fe jouer des Polonois, que d'inviter tous les bons patriotes à fe réunir en commun pour le foutien de leur liberté, pendant que, par des procédés injuftes les troupes Ruffes étoient la caufe de la rupture de la Diétine générale de Pruffe.

La confédération, qui s'étoit déja formée en Lithuanie, ayant envoyé deux de fes Députés à la Diète générale, pour obtenir fa confirmation, ceux-ci repréfenterent avec les expreffions les plus pathétiques, les oppreffions, les violences, le peu de fureté, & les injuftices que leur Patrie avoit foufferte de la part du Prince Radzivil, par l'érection du dernier Tribunal, & par la création de celui de capture; qu'une force

Tome I. E

An. 1764. supérieure avoit établis. Tous les bien intentionnés de Lithuanie, témoins de toutes les voyes de fait qu'on avoit exercées, s'étoient mutuellement engagés par leur confédération de maintenir leur liberté, les droits & la sureté de leur Patrie, au prix de leurs biens & de leur sang. Ils supplioient les États assemblés d'approuver l'acte de leur confédération; & d'augmenter non-seulement les forces de l'armée de Lithuanie, dont les deux Maréchaux étoient au nombre des Confédérés, mais encore de leur envoyer d'autres secours pour s'en servir dans le besoin.

Les États ayant jugé que les plaintes des Confédérés étoient aussi bien fondées que leurs demandes, déciderent que la République devoit approuver cette confédération, & acquiescer aux demandes de ces deux Députés. Ils déclarerent que les Tribunaux que le Prince Radzivil, Vaivode de Vilda, avoit érigés dans le grand Duché, n'avoient point été créés conformément aux Loix, & ils casserent tous les décrets qui y avoient été rendus. Ils ordonnerent que les Tartares qui habitoient la Lithuanie, & dont la plûpart avoient été pris pour former les Régimens d'Ulhans Saxons, quittassent le service de tout Prince étranger, & ne s'enrolassent pas sous d'autres enseignes que celles du grand Maréchal de Lithuanie, sous peine de perdre leurs biens & leur droit de domicile.

Ils ſtatuerent auſſi que tous les Magnats, Miniſtres, Gentilhommes & Employés, tant du grand Duché de Lithuanie que de la Pologne, qui n'avoient pas encore conſenti à la confédération générale, la ſigneroient & préteroient ſerment de fidélité. Pour leur en donner l'exemple, l'acte de cette confédération fut d'abord ſigné par le Prince Primat, comme premier Prince de Pologne & de Lithuanie, & enſuite par les principaux Seigneurs Polonois & Lithuaniens qui ſe trouverent à Warſovie.

Après avoir délibéré ſur les moyens de retirer les troupes qui étoient encore ſous le commandement du grand Maréchal de la Couronne, ſur la maniere dont il ſeroit procédé à la pluralité des ſuffrages dans les futures Dietes, dans les Tribunaux & les Cours de Juſtice, & ſur les expédiens dont on ſe ſerviroit pour ſupprimer en matiere eccléſiaſtique les appels du Royaume au Saint Siége, le Prince Primat propoſa à la Diete de convocation de traiter des moyens les plus propres à maintenir dans le Royaume la Religion catholique romaine, & à augmenter en ceux qui la profeſſent, le zele de la défendre. On deſiroit pourvoir efficacement à la tranquillité intérieure de la République, & entamer des conférences avec les Miniſtres des Puiſſances voiſines, afin d'entretenir

An. 1764. & d'affermir davantage la sureté au dehors, & de rétablir la République dans son premier degré de puissance & de splendeur.

Ces articles ayant été examinés, son Altesse en proposa d'autres, & demanda de quelle manière & en quel tems on éliroit un Roi? Si l'élection devoit en être faite par l'arriere-ban de toute la Noblesse, ou par les Nonces des Palatinats? Si dans l'élection d'un sujet pour le Trône, on auroit plus d'égard pour sa personne, que pour les vertus royales dont il devoit être doué? Si lorsqu'on seroit convenu des points, qui doivent entrer dans les *Pacta conventa*, on les communiqueroit aux États pendant la convocation de la Diète, ou si les Commissaires qui auroient à les rédiger, n'en dresseroient seulement qu'un projet pour être présenté à la prochaine Diète générale?

Son Altesse proposa encore de convoquer par Universaux les Diétines de Relation, ou de les réunir à la Diète présente. La Province de Prusse qui n'avoit point envoyé de Nonces à Warsovie, étoit en état de tenir de pareilles Diétines & l'on pensoit qu'elle avoit le droit d'indiquer une assemblée générale de Nobles, afin qu'ils convinssent entre eux de la manière dont ils assisteroient à l'élection, & dont ils éliroient les Juges des Tribunaux de capture. Le tems de la Diète d'élection devoit être fixé à six semaines, ou réduit à un terme plus court, comme cela se pratiquoit autrefois.

Le Prince Primat fit voir la nécessité de confir- An. 1764.
mer ou de rejetter les conclusions de la Diète ;
de mettre fin aux disputes concernant les Tribunaux de capture; de moderer les dépenses & de
pourvoir au payement de l'armée, dont la solde,
quoique fixée par les loix, étoit néanmoins fort
médiocre de l'aveu de tout le monde.

Il prouva qu'il falloit ouvrir incessamment les Tribunaux du Grod, & faire en sorte que les écrits qui,
en vertu des loix, doivent être enregistrés dans ce
Tribunal, y fussent reçus & insérés avec unanimité. Il conseilloit de remettre en bon état les
villes capitales de Warsovie, Lemberg, Posnanie, Elbing, Thorn, Lublin, Paterkow, Radom &
plusieurs autres qui commençoient à tomber en
décadence, particulierement celle de Warsovie,
comme étant la plus convenable pour la résidence
du Roi. L'ordre de la tenue de la Diète générale &
des autres Diètes particulieres ; le maintien des
droits des Cours de Justice ; le reglement des finances de la République, soit par rapport à leur totalité
actuelle, ou à l'accroissement de ses revenus, étoient
les choses sur lesquelles il appuyoit fortement.

Il conseilloit d'établir des commissions pour ce
qui concerne les monnoies, & d'avertir la Diète des
dispositions faites à cet égard ; de faire rendre
compte aux deux grands Maréchaux de Pologne &
de Lithuanie, ainsi qu'aux héritiers du feu grand

E 3

An. 1764. Maréchal; d'établir un Tribunal rigoureux pour punir les perturbateurs de la République; d'affermir la sûreté publique & de mettre la Pologne dans un état convenable de grandeur & de puissance.

Après l'examen de tous ces articles, il fut résolu qu'on se conformeroit entierement à la constitution de 1633, à la confédération de 1644, à celle de 1733, & à la constitution de 1736. On auroit préféré que les Députés des Palatinats respectifs assistassent à l'élection; il fut cependant libre aux Vaivodes d'y comparoître en personne. Le choix d'un Maréchal de la future Diète devoit se faire par un certain nombre de Palatins; & il fut décidé qu'on chargeroit quelques membres du Sénat & de la Noblesse pour dresser un projet relatif à la maniere de procéder suivant la pluralité des suffrages; qu'on nommeroit des Commissaires pour examiner les mémoires des Villes qu'il y avoit à réparer.

On insista ensuite sur les qualifications qu'on donneroit à l'Impératrice de Russie & au Roi de Prusse, attendu que les Ministres de ces deux Puissances étoient prêts à signer le Reversal requis.

Par rapport à la question: quel Roi on avoit à élire? L'assemblée prononça d'une voix unanime, qu'il s'agissoit de l'élection d'un Prince, né de parens Polonois, dévoué à l'Église romaine, élevé dans le droit & dans les statuts du Royaume, doué des qualités requises & non trop avancé en âge, & que le Roi futur s'habilleroit toujours à la Polonoise.

Quant à ce dernier article, il ne fut point possible de convenir sur le champ sur la façon des vêtemens que porteroit le futur Monarque. On recommanda seulement à ceux qui étoient chargés de la rédaction des *Pacta conventa* d'y insérer cet article.

On décida aussi qu'on dresseroit un état des archives, des joyaux, de l'épargne & des salines de la Couronne; qu'on construiroit sur la Wistule un pont solide & durable, & qu'on y imposeroit une taxe sur tous les passans; qu'on ordonneroit les préparatifs nécessaires pour le champ d'élection; que quiconque tenteroit de placer sur le Trône un Prince étranger, seroit regardé comme ennemi de la Patrie & frustré de tous ses biens.

En même tems on renouvella & on confirma les prérogatives attachées à la dignité du Prince Primat, relativement à l'élection d'un Roi, avec défense à tout Prélat & à tout autre quelqu'il fût, d'empiéter sur ses droits, & encore sous condition expresse, qu'au cas de maladie, ou de mort du Primat actuel, le reglement, établi depuis long-tems entre les Évêques du Royaume seroit inviolablement observé, & que toutes les Diétines se tiendroient dorénavant dans un seul & même tems.

An. 1764.

Après ces reglemens, les États s'occuperent de la future administration de la Couronne, fixerent les appointemens du Trésorier, & ordonnerent que dorénavant il rendroit un compte exact. Et par rapport aux revenus attachés à la table royale, ils déciderent qu'on constitueroit des Commissaires pour en faire l'examen & qu'on donneroit avis à la prochaine Diète du couronnement, de la démission des charges que tous les Gentilshommes Protestans, les Juifs & les Roturiers occupoient dans ces deux départemens.

Ils délibérerent aussi sur l'établissement d'un Collége économique, dont l'objet seroit d'accroître les finances, d'effectuer les exemptions d'un quart de taille en faveur de ceux qui méritoient des récompenses de la Cour. Ils proposerent, pour la commodité des parties, d'autoriser les Tribunaux de la grande & petite Pologne à tenir chacun leur siége de Justice en deux endroits différens.

Sur les plaintes portées par les Seigneurs de la grande Pologne au sujet d'une capitation qui leur étoit onéreuse, les États arrêterent qu'on exempteroit cette Province du droit de capitation; que les fiefs de la Livonie Polonoise seroient convertis en fiefs héréditaires; qu'on nommeroit des Commissaires pour examiner les Starosties & les autres biens dispensés de charges par grace spéciale du Souverain, & que le quart de leurs revenus seroit remis au tréfor royal. Les Évêques, les Prevôts & les Supérieurs des Monastères devoient payer un quart de leurs rentes au profit de la Patrie. Sans distinction de tribu, de famille, ou d'âge, chaque Juif étoit taxé annuellement à deux florins par tête. L'on décida qu'au préjudice de l'intérêt des Bourgeois, les Gentilshommes & les Ecclésiastiques ne se mêleroient plus d'aucune espèce de commerce, & qu'après leur avoir interdit tous leurs achapts & transports, on annulleroit toutes les concessions qui avoient été faites à cet égard. Les Assesseurs des Cours Souveraines ne pouvoient plus s'en rapporter à la volonté du Chancelier, lorsqu'il seroit question de donner leurs suffrages; mais ils étoient obligés de coopérer à la décision des cas par une pluralité de voix, afin d'empêcher qu'on interjettât appel de leurs résolutions au Tribunal du Royaume, ou à celui de Relation.

Il y eut encore quelques petites discussions au sujet des Nonces de Lithuanie, qui étoient déterminés à écrire au Pape pour le prier d'ériger l'Évêché de Wilda en Métropole, & qui menaçoient de quitter l'assemblée, si la Diète ne vouloit pas se prêter à leurs demandes. « Nous » ignorons, disoient-ils, pourquoi, en matière » Ecclésiastique, le grand Duché auroit moins

» de droit & de prééminence que la grande & la
» petite Pologne, Provinces qui sont pourvues
» d'Archevêques particuliers, comme ceux de
» Gnesne & de Lemberg.

Enfin dans leur derniere séance, les États convinrent de donner à la grande Duchesse de Moscovie le titre d'Impératrice de toutes les Russies, & au Marquis de Brandebourg celui de Roi de Prusse, après qu'on auroit reçu de ces deux Puissances des promesses par écrit, par lesquelles elles s'engageroient de ne former jamais aucune prétention sur les Provinces qui appartiennent à la Pologne, sous le nom de Russie & de Prusse.

Après avoir agité diverses propositions sur l'établissement d'un Tribunal de capture à Warsovie; sur l'étendue de la jurisdiction de son Maréchal; sur l'érection des Tribunaux dans la grande & petite Pologne; sur la portion de biens qu'auroient les jeunes gens qui embrasseroient la vie monastique; sur l'égalité des poids & des mesures dans tout le Royaume; on approuva l'établissement d'un Conseil de la Cour, & l'on conclut que lorsqu'il s'agiroit de récompenser le mérite par une donation de biens, le Roi futur auroit égard aux recommandations de son Ministre & de son Conseil.

An. 1764.

Quoique la défection d'une partie des troupes que commandoit le Comte Branicki, grand Maréchal de la Couronne, l'eût beaucoup affoibli, il étoit encore en état de se présenter au parti opposé & de lui résister. Les mesures, que chacun prenoit pour se fortifier, étoient si secrettes, que celles d'un parti étoient des mysteres impénétrables pour l'autre.

Pendant ce tems, les Comtes Poniatowski prenoient à leur service beaucoup d'Officiers étrangers, ce qui n'annonçoit pas une fin prochaine des troubles qui agitoient la République, d'autant plus que les vigoureuses résolutions que la Diéte générale avoit prises contre les Protestans, étoient propres à augmenter, ou du moins à prolonger la durée du désordre intérieur & à donner lieu à de nouvelles factions. Leurs Gentilhommes, confondus dans la classe des Juifs, exclus des emplois dans les fermes & dans les doüanes, gémissoient de la maniere insuportable avec laquelle ils étoient traités. Et lorsqu'ils espéroient de la part des États quelque adoucissement à leurs maux, ils voyoient avec douleur qu'on n'avoit eû aucun égard à leurs représentations attendrissantes & dans lesquelles ils s'exprimoient ainsi »: Nous, les Dis-
» sidens de la grande Pologne, n'avons à peine,
» dans notre misere, sur laquelle on ne sauroit

An. 1764. » fermer les yeux, qu'un seul motif de consola-
» tion, qui est de nous promettre, après des
» maux si désespérés, quelque changement dans
» notre condition actuelle. Nous sommes, de-
» puis une longue suite d'années, livrés aux op-
» pressions & vengés par les souffrances des cha-
» grins dévorans. Dépouillés de nos anciennes
» prérogatives, il ne nous reste que la liberté
» d'envisager en infortunés cette perte, dans une
» postérité reculée de nos ancêtres, & mainte-
» nant rejettée; de la déplorer avec un cœur
» navré de douleur; triste récompense du sang
» que nos ancêtres ont versé pour le bien public.
» A l'article des anciennes constitutions, qui or-
» donnoient que les Dissidens seroient maintenus
» invariablement dans la paisible jouissance de
» leurs anciens privileges, on a substitué celui-ci,
» que les Dissidens, dont les privileges sont res-
» treints par les loix, les conserveront suivant
» la rigueur des statuts. »

Dans ces entrefaites, on publia le manifeste [16] que l'Évêque de Cracovie avoit fait inférer dans les actes capturaux de Zadroczim, dans lequel il déploroit la situation critique où sa patrie se trouvoit. Lors de la réunion des Nonces avec le Sénat, le Prince Primat prononça à la Diète générale de convocation, un discours relatif à tout ce qui s'étoit passé jusqu'alors [17]

& à la mésintelligence, qui régnoit entre les membres de la République.

An. 1764.

Le Marquis de Paulmi d'Argenson, Ambaſſadeur de France auprès de la République, voyant que les troubles de la Pologne augmentoient tous les jours, jugea à propos de prendre congé du Prince Primat & de lui dire qu'attendu la ſciſſion de la République & la préſence des troupes étrangeres, il avoit ordre du Roi ſon Maître, de s'éloigner de Warſovie; parce que Sa Majeſté regardoit la préſente Diète comme invalide & ne reconnoiſſoit pas l'aſſemblée des États, comme faiſant un corps complet de la République. Que les choſes étant ainſi, il étoit inutile que ſon Miniſtre s'arrêtât plus long-tems à Warſovie. Ce Prélat lui ayant répondu que les États aſſemblés, repréſentant la République, ne reconnoiſſoient point pour Ambaſſadeur le Miniſtre de Sa Majeſté; mécontens l'un de l'autre, ils ſe ſéparerent ſans ſe faire les politeſſes ordinaires.

La Diète s'étant raſſemblée après quelques jours d'interruption, on y lut différens projets, concernant l'amélioration & l'aggrandiſſement du Palais Royal de la capitale, la qualité des monnoies & la récompenſe qu'on aſſigneroit au grand Chancelier de Lithuanie, pour les ſervices qu'il avoit rendus à la République pendant l'eſpace de quarante ans,

A l'occasion des différens qui étoient survenus entre la Ville & la Noblesse de Dantzic, il fut arrêté que le Roi futur nommeroit des Commissaires, qui seroient chargés de remettre la Noblesse de cette Ville en possession de ses prérogatives usurpées par la Régence. La même assemblée commit aussi le grand Instigateur de Lithuanie de sommer le Prince Radziwil, Vaivode de Wilda à comparoître devant la confédération du grand Duché, pour y produire les titres en vertu desquels il jouissoit des biens d'ordination d'Oliska & de Riefwoicz. On ordonna en même tems au Maréchal de Lithuanie de se saisir des troupes de ce Vaivode, comme de gens sans aveu, & de se rendre maître de ses places fortes. Les Nonces de divers Palatinats proposerent ensuite la suppression d'une partie des dixmes. Ils voulurent même que cette diminution fût revêtue des formalités du Tribunal ecclésiastique, ce qui indisposa tellement le Clergé, que le Prince Primat & les Évêques quitterent l'assemblée.

Après avoir remis à quelques jours la tenue de la Diète, afin que les Nonces y comparussent, on délibéra long-tems sur ce qui étoit relatif au couronnement du Roi : si, conformément aux loix, il auroit lieu à Cracovie, ou extraordinairement & pour cette fois à Warsovie. Quoique les Noncés de la petite Pologne, & sur-tout ceux de Cracovie, fissent tous leurs efforts pour maintenir les prérogatives de leur Province, il fut néanmoins conclu que le couronnement du nouveau Roi se feroit à Warsovie, pour cette fois seulement; que pour réintégrer le premier de ces Palatinats, le Primat seroit prié de convoquer la premiere Diète extraordinaire à Cracovie; qu'on ordonneroit que les ornemens requis pour le couronnement, & dont cette derniere Ville est dépositaire, seroient transportés incessamment à Warsovie; qu'il seroit fait tous les ans un dénombrement des Gentilshommes de tous les Palatinats & de tous les districts de la Pologne & de la Lithuanie, afin qu'on pût connoître, par les listes annuelles, ceux des habitans Nobles qui auroient droit de comparoître aux assemblées, & d'y donner leurs suffrages. On déclaroit nulle l'investiture du Duché de Courlande, que le feu Roi avoit donné au Prince Charles de Saxe, son fils, sous prétexte que l'Ordre Équestre n'en avoit pas signé le diplôme.

Comme la Chambre de Brieg, en Silésie, avoit rendu plusieurs Édits, dans lesquels il étoit dit qu'au cas qu'il survînt des troubles, ou que la guerre s'allumât en Pologne, le Roi de Prusse offroit sa protection & un asyle dans ses terres, le Prince Primat représenta à l'Ambassadeur de Prusse que les circonstances

An. 1764. actuelles étoient assez favorables pour que l'on se dispensât de profiter de ses offres; que par conséquent il convenoit de les révoquer. Quoique la République fût en proie aux divisions, on y étoit cependant en sureté & on espéroit y maintenir la paix & la tranquillité jusqu'à la fin de l'interregne.

Les discours pour la clôture de la Diète étant prononcés, Primat crut devoir dire que malgré que la Diète se fût passée tranquillement, & que les Lithuaniens se fussent confédérés pour le bien être de leurs Provinces, il étoit cependant nécessaire qu'à l'exemple de leurs ancêtres, tous les Ordres de la République songeassent, par une alliance commune, à réunir leurs forces, pour assurer & maintenir tout ce qui avoit été résolu. Cette alliance formoit une confédération générale, qui devoit faire cause commune avec celle du grand Duché de Lithuanie & devenoit encore plus considérable par la jonction des confédérations particulieres, que chaque Palatin devoit former dans son district; ainsi que par l'accession des Villes, & sur-tout des places fortes de la Prusse Polonoise. Ce projet fut si goûté qu'on nomma aussi-tôt pour Maréchal de cette confédération, le Prince de Czartorinski, Vaivode de Russie, auquel on donna vingt-quatre Conseillers pour assistans.

Malgré

An. 1764

Malgré la bonne intelligence qui parut regner dans la Diète générale, ses résolutions ne furent point entierement approuvées par la signature des Sénateurs & des Nonces. Plusieurs d'entr'eux n'y souscrivirent même qu'à certaines conditions; & la confédération, formée à Brzesc, en Lithuanie, par le Prince Radzivil, étant devenue aussi importante qu'elle avoit paru de peu de conséquence dans ses commencemens, s'empara de la ville de Tarespol, força la garnison de se rendre à discrétion, mit à contribution cette place & ses dépendances, & devint tous les jours plus considérable par le nombre des Magnats qui s'y réunissoient.

Ces nouvelles confédérations engagerent celle de Lithuanie à envoyer des mémoires à toutes les Cours étrangeres: dans celui qu'elle fit expédier à Sa Majesté Impériale de Russie, elle invoqua son assistance pour la cessation des troubles & le maintien de la tranquillité [18]. Dans l'acte de la confédération générale [19] que fit publier le grand Duché, tous les confédérés, tant Ecclésiastiques que séculiers, se plaignirent de ce que les violences, qui anéantissoient leurs loix, leur liberté & leur égalité, avoient poussé leur patience à bout. En tâchant d'éviter tout ce qui pouvoit troubler la tranquillité publique, ils voyoient avec étonnement le présage des malheurs futurs par les

Tome I.   F

étincelles qui s'allumoient dans le cœur de leur Patrie, & dont les éclats, fortifiés par l'impunité des crimes les menaçoient d'une incendie générale. L'ambition démesurée & turbulente méconnoissoit l'égalité & les loix; on se permettoit une licence effrenée, & on étouffoit, par des menaces & des traitemens indignes, la voix libre des compatriotes. Des troupes nombreuses n'étoient répandues dans le Royaume que pour verser le sang des Citoyens, intimider les esprits, opprimer la liberté des sentimens & troubler la sureté publique, renverser l'ordre, les loix, la forme du Gouvernement, & l'immunité des Jurisdictions.

Comme on devoit tenir des Diètes de Relation avant celle de l'élection, le Prince Primat fit publier des Universaux [20] qui y étoient relatifs. La confédération générale de Pologne, dont il y étoit fait mention, suivit l'exemple de celle de Lithuanie, envoya Rzewski, grand Notaire de la Couronne & Chevalier de l'Aigle blanc, pour solliciter l'appui de la Cour de Pétersbourg. Et pour donner une preuve entière de son intelligence avec cette Cour, le Prince Primat, au nom du Sénat, du corps de la Noblesse & du Prince Czartorinski, Maréchal de la Couronne, fit écrire une lettre de félicitation au Duc Ernest Jean de Biren, dans laquelle on parloit de la justice que la République lui avoit rendue, en reconnoissant ses droits sur les Duchés de Courlande & de Semigalle. Afin que ce Duc pût rendre cette lettre publique, & que ses sujets ne pussent en prétexter cause d'ignorance, on l'accompagna d'un extrait des constitutions concernant les affaires de ces deux Duchés. Dans le même tems le Prince Radzivil répandit un manifeste [21] pour justifier sa conduite.

En reconnoissance de ce que la République avoit reconnu la Duchesse de Moscovie pour Impératrice de Russie, cette Souveraine chargea son Ambassadeur de demander une audience au Prince Primat, & de lui remettre, en présence de plusieurs Magnats, qui devoient y assister, un acte scellé du grand sceau & signé de la main de l'Impératrice. Cette Princesse y déclaroit, tant pour elle que pour ses successeurs, que quand même l'illustre République de Pologne ne lui eût pas accordé le titre d'Impératrice de toutes les Russies, elle n'auroit jamais eu la pensée de former aucune prétention sur l'un ou l'autre des domaines de la République. Elle se chargeoit au contraire de garantir la possession de toutes ses Provinces, conformément au traité conclu entre la Russie & la Pologne.

Le Prince de Schonaich-Carolath, Ambassadeur de Sa Majesté Prussienne, en avoit déjà fait autant pendant la tenue de la Diète générale de convocation. Il avoit remis au Primat un acte authentique de la part de sa Cour, par lequel le Roi son Maître, reconnu pour Roi de Prusse par la République, ne prétendroit jamais, en tout ni en partie, à la propriété de la Province qu'elle possede sous le nom de Prusse Polonoise.

Ce Prince, qui dissimuloit ses vues ambitieuses sous les apparences de bienveillance pour la République, ordonna à son Ambassadeur en Pologne de faire voir au Prince Czartorinski & à ses amis, une lettre par laquelle le Roi l'informoit que le Prince Radzivil avoit envoyé Pac, Staroste de Ziolwo, à Berlin, pour y solliciter du secours. Mais bien loin de lui accorder une audience, Sa Majesté Prussienne lui avoit fait dire que le Prince, Vaivode de Wilna eût à profiter de ses avis, à se conduire en paix & à être d'un même sentiment avec la République & avec les Magnats, qui étoient zélés pour le bien de leur Patrie. Pour mieux confirmer la démarche de son Ambassadeur, ce Souverain fit publier à Warsovie une seconde lettre [22] qu'il écrivoit au Vaivode de Wilna, pour le blamer de la témérité de ses entreprises & s'excuser de ce qu'il ne pouvoit pas le secourir dans les circonstances présentes.

Pendant qu'à Warſovie le grand Maréchal de Lithuanie faiſoit publier à ſon de trompe qu'aucun habitant n'eût à louer ſa maiſon à aucun particulier pour la prochaine Diète d'élection, avant qu'on en eût fait la viſite; le Prince Repnin, Miniſtre Plénipotentiaire de la Cour de Péterſbourg, partit pour Lomien, dans l'intention d'y établir un magaſin pour les troupes Ruſſes, qui étoient déjà paſſées, de Kiovie dans la Pologne, au nombre de douze mille hommes. Les Diſſidens, auxquels on vouloit faire jouer un rôle pour augmenter les troubles de ce Royaume, firent remettre par leurs Députés, aux Miniſtres des Puiſſances de leur Communion, un Mémoire intitulé: *Déduction eſſentielle des libertés de Religion, dont les Diſſidens, les Luthériens & les Grecs ont juſte droit de jouir tant en Pologne qu'en Lithuanie.*

An. 1764.

Le terme fixé par les Univerſaux extraordinaires pour l'aſſemblée de la Diète générale de la Pruſſe Polonoiſe étant expiré, quelques Sénateurs & les Officiers civils de cette Province, ſe réunirent chez le Vaivode de Pomérélie, pour y dreſſer un Manifeſte dans lequel ils déclaroient qu'il n'avoit pas dépendu d'eux que la Diète générale fût tenue & qu'elle ſe tînt encore dans le pays.

Dès que la Diète de Relation fut ouverte à Warſovie, le Comte Poniatowski, Grand

F 3

Panetier du Duché de Lithuanie, & Szyblowsky, Porte-enseigne & Nonce de cette Ville, rendirent compte à l'assemblée de ce qui s'étoit passé dans la Diète générale. Sur leur rapport on créa quarante Nonces, pour assister à la Diète d'élection & on leur permit d'en nommer d'autres, pour procéder, conjointement avec eux, au choix d'un Roi.

Cependant, trois mille Russes, arrivés de Lithuanie, prirent des cantonnemens dans les petites Villes & dans les Villages des environs de la Capitale. Dans les Diètes de Relation, qui se tinrent à Cujavie, dans la grande Pologne, ou dans le district de d'Obrzin, il fut résolu qu'au lieu d'assister homme pour homme dans la prochaine élection du Roi, on n'y admettroit que les Nonces de différens Palatinats.

Cette nouvelle maniere de procéder à l'élection d'un Roi, étoit d'une exécution plus aisée & beaucoup moins sujette aux inconvéniens. Suivant l'ancien usage, les Nobles & tous ceux qui avoient droit de suffrage, opinoient chacun séparément à la Diète sur le choix d'un Roi. Cela occasionnoit non-seulement beaucoup de lenteur, mais encore une infinité de désordres, qui dégénérojent ordinairement en des débats très-sérieux. En suivant les décisions des Diètes de Relation & en faisant faire l'élection par les Nonces & par les Députés de chaque Palatinat & de chaque District, exclusivement à tous autres, c'étoit le moyen de réunir les voix plus facilement, & de rendre l'esprit de parti & de dissention moins dominant dans l'assemblée. Pour éviter toute entreprise violente & pour appuyer plus surement l'élection, on avoit fait approcher de Warsovie un corps de trois mille Russes. Les troupes de divers Magnats s'y étoient réunies pour y maintenir la tranquillité.

AN. 1764.

Le démêlé dont on a déjà parlé plus haut, & qui étoit survenu entre le Marquis de Paulmy & le Prince Primat, étant appaisé, la Cour de France ordonna à son Résident auprès de la République de se retirer. Le Ministre des affaires étrangeres [23] se plaignit de ce que le Primat de Pologne avoit manqué aux égards & au respect qu'il devoit au caractere d'un Ambassadeur de France. Le Résident de France fit remettre aussi-tôt au Primat un simple billet [24] pour l'avertir de son départ.

Les Diètes de Relation ne se terminerent qu'avec effusion de sang. Le Ministre Plénipotentiaire de Russie, l'Ambassadeur de cette Cour, celui de Prusse & le Résident de Sa Majesté Prussienne eurent une conférence particuliere avec le Prince Primat, à laquelle assis-

An. 1764. terent un grand nombre de Sénateurs, de principaux Officiers de la République & plusieurs Nonces de différens Palatinats. Ils y expliquerent les intentions de leurs Cours respectives sur la prochaine élection d'un Roi, & s'accorderent à recommander, par un ordre exprès de leurs Souverains, le Comte Stanislas Poniatowski, comme digne du Trône. Ses qualités personnelles, son attachement à sa Patrie, ses alliances avec les Maisons les plus puissantes, & les services signalés que ses ancêtres avoient rendus à la République, étoient les motifs qui engageoient à le préférer.

Le Prince Czartorinski, Palatin de Russie, grand Régimentaire de la Couronne & Maréchal de la Confédération générale, d'accord avec le grand Chancelier de Lithuanie, son frere, témoigna publiquement combien il étoit satisfait de cette déclaration. Ils souhaiterent tous deux la Royauté à leur parent. Ils supplierent le Primat d'appuyer sa concurrence & reçurent des remercimens des Ambassadeurs, auxquels ils promirent de faire part des sentimens de leurs Cours à la prochaine Diète d'élection. Le Prince Primat s'empressa de remercier l'Impératrice de Russie & Sa Majesté Prussienne de la justice qu'elles rendoient à la République, en convenant qu'il s'y trouvoit des sujets dignes de la gouverner. Il s'étendit beaucoup sur le mérite du Comte Poniatowski & ajouta qu'il désiroit voir ses vœux & ses obligations, attachés à la dignité Primatiale, s'accomplir par une élection libre & tranquille, telle qu'il plairoit à la Providence de déterminer.

Dans l'assemblée du Sénat, qui se tint à Warsovie pour l'élection des Nonces, le Comte Poniatowski, qui avoit été un des élus, prononça un discours [25] dans lequel il détailla tout ce qui s'étoit passé dans la Diète de Relation.

Le Roi de Prusse satisfait de ce que dans la Diète générale, la République l'avoit reconnu Roi, dépêcha un courrier pour assurer les Sénateurs [26] qu'il garderoit inviolablement les traités d'alliance & de paix qui avoient été faits entre ses ancêtres & la République, & qu'il rendroit à la Pologne tous les bons offices qui dépendroient de lui.

La confédération qui s'étoit formée dans la Prusse Polonoise en conséquence d'un accommodement conclu entre le Vaivode de Pomérélie & les habitans du pays, ne put avoir son effet, parce qu'il ne s'y étoit encore tenu aucune Diétine générale. Ce qu'il y eut de plus remarquable dans cette confédération particuliere, c'est que le Vaivode, qui s'en étoit déclaré Maréchal, consentit à la confédération générale de Pologne, quoique les habitans de la Prusse Polonoise fussent dans l'usage de se confédérer eux-mêmes, par un acte, dans une assemblée convoquée à ce sujet. Les Villes de cette Province, comme co-États du pays, ne prenoient jamais de part à aucune confédération & ne reconnoissoient que le Roi pour leur Souverain.

Un grand nombre de Seigneurs n'avoient approuvé, ni la derniere Diète de convocation, ni la Confédération générale. Les mécontens, effrayés du mauvais succès du grand Général de la Couronne & du Prince Radziwil, n'oserent rien entreprendre. Les Magnats, qui avoient contesté la validité de la Diète générale de convocation, s'y rendirent d'eux-mêmes; les principaux points de discorde, qui regnoient entre eux, étant reglés. On ne craignoit pas même que la prochaine élection fût traversée par des scissions & des débats, parce qu'on devoit y procéder simplement, sans y admettre cette immense pluralité de voix ordinaires. Pour plus de sureté & pour éloigner tout esprit de parti qu'auroit pu former le *liberum veto*, on devoit choisir des Assesseurs du Tribunal général de Capture, en vertu de la Constitution de 1683. Les Commissaires de la République s'étant déjà rendus à Cracovie, le Notaire de la Couronne partit pour cette Ville avec la clef des archives. A leur arrivée, les ornemens Royaux furent remis à l'Évêque de Culm. On ordonna que le passage du pont sur la Wistule fût libre pendant la tenue de la Diète, & que cette liberté seroit prorogée jusqu'à deux semaines après la fin de la Diète.

Pour ne point contrevenir aux loix, qui défendent aux troupes étrangeres d'approcher du camp d'élection, les troupes Russes, qui étoient en Lithuanie & dans la Prusse Polonoise, se mirent en marche vers Warsovie. A mesure qu'elles arrivoient de leurs cantonnemens, elles se logeoient à trois ou quatre milles de cette Ville. Pendant que les troupes Russes campoient où elles pouvoient, les Régimens de la Couronne entrerent dans le camp qui leur avoit été assigné; ce qui faisoit espérer que la prochaine Diète d'élection se tiendroit avec autant de tranquillité, de concorde & de succès, que la derniere Diète générale de convocation.

Comme cette Diète devoit décider du sort de la Couronne de Pologne & des pays qui

An. 1764. en dépendent, les Régences de Thorn, d'Elbing, & de Dantzic, instituerent un jour solemnel d'actions de grace, des jeûnes & des prieres publiques pour la veille de son ouverture, afin que toutes les Communautés Évangéliques implorassent les bénédictions du Ciel sur l'importante élection d'un nouveau Roi.

LIVRE SECOND.

DE L'ÉLECTION DE STANISLAS-AUGUSTE II,
ET DE SON COURONNEMENT.

Les États de la République s'étant assemblés pour la tenue de la Diète d'élection, élurent pour Maréchal de cette Diète le Comte Somowski, grand Notaire de Lithuanie. Dès qu'elle fut ouverte, on vit s'évanouir toutes les espérances des partis opposés, parce qu'ils ne pouvoient plus douter que le Comte Stanislas Poniatowski ne leur fût préféré pour la Couronne de Pologne. Tous les esprits s'étoient déjà réunis en sa faveur; les suffrages lui étoient dévoués. Il ne lui manquoit que les formalités de l'élection pour le placer sur le Trône. On observa même que dans un repas que l'Ambassadeur de Berlin donna à la famille des Czartorinski & au Comte Poniatowski, ce Ministre lui demanda son portrait pour l'envoyer au Roi son maître. Le Comte le lui promit en l'assurant qu'il désiroit beaucoup avoir celui de Sa Majesté Prussienne.

An. 1764.

An. 1764.

L'Evêque de Culm, accompagné de l'Intendant de la Garde-robe, du grand Notaire de la Couronne, & escorté de cent hommes de gardes à cheval de la République, se rendit à Warsovie avec les ornements Royaux, qui consistent en cinq Couronnes, dont la premiere fut donnée par l'Empereur Othon à Boleslas premier, Roi de Pologne; la seconde est celle de Louis, Roi de Hongrie; la troisieme, celle de Sigismond, qui régnoit en même temps sur la Pologne & sur la Suéde; la quatrieme est celle dont les Rois de Pologne ont coutume de se ceindre le front, lorsqu'ils reçoivent la foi & l'hommage des grands Vassaux du Royaume; la cinquieme est celle de la Reine. Ces Couronnes étoient accompagnées d'autant de globes, de trois chaînes d'or & d'un sabre. Ces ornemens ayant été remis par le Prélat, furent déposés au Château jusqu'au jour où l'on devoit en faire usage.

Le Schopa, ou la Salle d'élection, de vingt toises de long sur huit de large, construit de planches & couvert de paille, étoit déja tapissé intérieurement d'un drap écarlate. Cette salle, garnie en dedans de deux rangées de bancs & de trois en dehors, séparés par une cloison, formoit un quarré capable de contenir deux mille personnes.

Il ne se passoit point de jour que le Prince Primat, ne donnât audience aux Ministres étrangers, à mesure qu'ils arrivoient des Diètes de Relation pour assister à cette élection. Le nombre prodigieux de monde, qui étoit venu pour assister à cette Diète, la magnificence des domestiques, des chevaux & des équipages étoit incroyable, parce qu'il régnoit dans la Capitale une tranquillité & une sureté, qui faisoient honneur aux soins de ceux qui les avoient procurées.

An. 1764.

La Diète d'élection commença le vingt-sept d'Août, jour fixé pour son ouverture. Le Prince Primat, accompagné des Sénateurs, des Ministres & des Nonces, tant de Pologne que de Lithuanie, se rendit à l'Église Collégiale de Saint-Jean, où l'Archevêque de Lemberg célébra pontificalement la Messe du Saint-Esprit. L'Evêque de Smolowsko, prononça ensuite un Sermon, dont le texte étoit, *choisissez d'entre vous le meilleur qui vous plaise & placez-le sur le Trône.* Ce discours étant fini, le Primat, les Ministres & les Nonces se rendirent au champ d'élection, les uns dans le Schopa, & les autres dans l'enclos du champ. Au premier signal que le Maréchal de Lithuanie donna de son bâton, chacun prit sa place. Le Prince Czartorinski, Général de Podolie, s'approcha du Schopa, pour recevoir la bénédiction de la main du Primat, comme

An. 1764.

Maréchal des Nonces à la derniere Diète générale. Ce Prince ayant reçu les complimens de l'Assemblée & les souhaits qu'on lui fit pour un heureux succès dans les séances prochaines, retourna au champ d'élection. Il assigna aux Députés des Palatinats & des Districts, les places que chacun devoit y occuper selon son rang ; ensuite on ouvrit la Diète par un discours & on proposa l'élection d'un nouveau Maréchal.

A peine eut-il prononcé les derniers mots, qu'il s'éleva une dispute entre les Palatinats de Cracovie & de Posnanie, pour savoir lequel des deux opineroit le premier. Mais le Prince Czartorinski termina la contestation, en réglant que le Palatinat de Cracovie ne souffriroit aucun préjudice dans le droit, qui lui appartenoit comme aux autres, de voter tour-à-tour. Le Palatinat de Posnanie, ayant été requis de donner les suffrages, Gurowski, qui en étoit Nonce, proposa, pour cette fois seulement, de rendre inactives les voix de ceux, qui actuellement présents à la Diète, refuseroient de signer la confédération générale & ne revoqueroient pas le manifeste qui avoit été fait contre elle. Cette proposition de Gurowski, avoit déja été établie comme une condition essentielle, par plusieurs autres Nonces de différens Palatinats & Districts. Un d'entre eux remit à l'assemblée une liste

qui

qui contenoit leurs suffrages, & qui fit voir qu'ils étoient généralement réunis en faveur de Solhonowski, grand Notaire de Lithuanie. Celui-ci en reçut aussitôt les complimens de félicitation.

An. 1764

Le lendemain, la même assemblée s'étant rendue au champ d'élection, le nouveau Maréchal prit en main le bâton, qui étoit la marque de sa dignité & chargea dix-huit Nonces de faire savoir son élection au Sénat. Aussi-tôt les Sénateurs députerent trois d'entr'eux pour féliciter les Nobles sur l'élection de leur Maréchal & pour prier celui-ci de se joindre au Sénat assemblé dans le Schopa.

Le grand Maréchal de Lithuanie ayant déclaré qu'il confirmoit l'élection du Maréchal de la Diete, on pria les deux Etats d'examiner les matieres, sur lesquelles on devoit délibérer. Elles eurent pour objet la maniere dont on établiroit le Tribunal général de Capture, relativement à la Diete actuelle. Une circonstance particuliere la distingua de toutes les autres, en ce qu'une partie des Magnats, qui y comparurent, étoit vétue à la Polonoise & l'autre à l'Allemande. Cette nouveauté étoit contraire à l'usage qui se pratiquoit dans les précédentes Dietes d'élection, où qui que ce fût, habillé en étranger, n'auroit osé se présenter, sans courir le risque d'être mis en piéces.

Tome I. G

An. 1764. L'Ambaſſadeur de la Cour de Petersbourg ſe rendit auſſi au champ d'élection & remit à la Diete deux Mémoires, l'un écrit en langue Polonoiſe & l'autre en langue Françoiſe, & dans leſquels l'Impératrice de Ruſſie déclaroit à l'Aſſemblée qu'elle ſouhaitoit voir le Comte Poniatowski, élevé au Trône de Pologne. Ce Comte qui avoit déja eu diverſes conférences avec pluſieurs Magnats & Sénateurs, auxquels il s'étoit recommandé, comme Candidat de la Couronne, ſe retira vers le camp occupé par les Ruſſes dans les environs de Warſovie. Il ſe détermina à y reſter juſqu'à la proclamation d'un nouveau Roi.

Dès qu'on eut lû dans la Diete le projet ſur la maniere dont il feroit procédé à l'élection du Roi, la Nobleſſe nomma ceux de ſes membres, qui devoient faire partie du Tribunal de Capture & dont, ſuivant l'uſage, les Maréchaux de la Diete devoient être les Chefs. Il y fut encore queſtion des Diſſidens & de ceux qui ſuivoient la Communion réformée. Sur la lecture d'un ſecond projet, concernant l'arrangement & la ſureté de l'élection, l'Aſſemblée générale arrêta qu'il ſeroit défendu ſous de rigoureuſes peines de tirer un ſeul coup de fuſil pendant les ſéances. Elle fit lire les Edits qui avoient été rendus contre ceux, qui, dans leurs manifeſtes, avoient protesté, contre la présente Diete; elle déclara insuffisant le manifeste du Vaivode de Kiovie, enjoignit à l'instigateur de la Couronne de casser le manifeste de l'Évêque de Cracovie, & de sequestrer les revenus de son Evêché. Le tems des audiences, qu'on devoit accorder dans le Schopa, aux Ministres étrangers fut fixé; le Lundi, pour le Nonce du Pape; le Mardi, pour le Ministre de Russie; le Mercredi, pour l'Ambassadeur de Prusse, & le Jeudi, pour les Députés du Duc de Courlande.

Ces Réglements étant faits, on lut les quarante articles des *pacta conventa*. Cette lecture occasionna de grandes discussions entre les Membres de l'Assemblée, qui convinrent enfin que chaque Province nommeroit un Commissaire pour l'examen de ces articles & qu'il en seroit fait rapport à la Diete pour avoir son approbation. On insista encore beaucoup sur l'habillement à la Polonoise, dont le Roi futur devoit être revêtu & dont il n'étoit fait aucune mention dans les *pacta conventa*. Les Lithuaniens stipulerent que Sa Majesté Polonoise résideroit alternativement en Pologne & dans leur Duché. A l'égard de l'habillement à la Polonoise, du futur Roi, plusieurs Nonces déclarerent qu'ils se desistoient de cet article, & souhaiterent qu'on déterminât le jour que le Roi seroit élû. En conséquence,

An. 1764. il fut arrêté que le Primat recueilleroit les suffrages le six de Septembre, & que le Candidat élû seroit proclamé Roi le lendemain.

La veille de l'élection les Nobles de onze Palatinats défilerent par divisions, pour se rendre au Schopa avec les Députés des autres Palatinats. Ils étoient précédés de leurs Chambellans ou du plus ancien des Nonces. Chacun de ces Nobles, un *batavia* ou bâton à la main, monté sur un cheval harnaché à la Turque, ainsi que les autres Officiers des Palatinats, territoires & districts, portoit l'enseigne des différentes divisions, lesquelles étoient suivies d'un grand nombre de Seigneurs & de Gentilshommes. Les Palatins de Russie, d'Ironoclaw & de Podlachie, le grand Veneur de la Couronne, le Prince Lubomirski, Général de l'avant-garde & plusieurs autres Seigneurs au nombre de quatre-vingts, vêtus d'écarlate, marchoient à cheval devant leurs Palatins. Le Prince Primat, de qui l'âge avancé, ne permettoit pas de monter à cheval, étoit assis, suivant les Loix, sur une espèce de palanquin Chinois, très-riche & attelé à quatre Chevaux, dont les harnois étoient d'un velours verd.

A peine ce Prélat eut adressé la parole aux Nonces, qui se trouverent à l'extrémité du champ d'élection, que ceux qui étoient placés à l'autre bout, s'écrierent à haute voix, *Nous voulons le grand Panetier de Lithuanie*. Quatre Palatinats ayant tardé à répondre, le Prince Primat demanda au Palatin de Kiovie, quel Candidat il souhaitoit pour Roi, *celui que les autres veulent*, répondit-il. Il faut donc le nommer à haute voix, dit le Primat; alors le Palatin s'expliqua en nommant le grand Panetier de Lithuanie. A son exemple le Palatin de Podolie & les deux autres se déclarerent en faveur du même Candidat.

Les Sénateurs, les Ministres, les Nonces des autres Palatinats, Territoires & Districts, rentrerent avec la Noblesse, dans la Ville & dans leur camp. Ils y resterent jusqu'au lendemain, pour se rendre de nouveau au Schopa, dans le même ordre qu'ils avoient paru la veille, à l'exception de plusieurs des premiers Officiers de chaque Palatinat qui n'avoient pas leurs casques en tête. Un grand nombre des Chefs & des Nonces, parmi lesquels étoit le Prince Palatin de Russie, n'arriverent qu'en carosse. En entrant dans le Schopa, ce dernier leur recommanda le Comte Poniatowski; il adressa la parole à plusieurs Gentilshommes, & finit par les embrasser. Une heure après, & au second coup de Canon, le Candidat recommandé fut proclamé Roi.

An. 1764.

On députa aussi-tôt le jeune Comte Wielopolski, pour lui annoncer son élection & le féliciter de la part de la République sur son avénement au Trône. Alors le nouveau Roi se présenta à une fenêtre & on n'entendit plus que des cris de joie, qui répétoient continuellement, *vive Stanislas Auguste*.

Le Comte Poniatowski étoit de tous les compétiteurs au Trône de Pologne, celui qui avoit réuni le plus grand nombre des suffrages. Ce Seigneur, Chevalier de l'Ordre de l'Aigle blanc, un des Sénateurs du Royaume de Pologne, & grand Panetier de Lithuanie, descend d'une ancienne & illustre famille Polonoise, qui, depuis six cens ans s'est toujours maintenue dans un rang très-distingué. Le Comte Stanislas Poniatowski, Castellan de Cracovie, pere du nouveau Roi, & mort en 1762, fut employé par Charles XII, Roi de Suède, dans les affaires les plus secrettes & les plus importantes. Il épousa la Princesse Constance, de la maison de Czartorinski, dont est né le Comte Poniatowski, un des concurrens au Trône. Ce Monarque, qui réunit en sa personne toutes les qualités éminentes que la naissance, l'esprit & l'éloquence peuvent procurer, possède plusieurs langues, a une connoissance exacte des mœurs des Pays qu'il a parcourus dans ses voyages, & mérita en 1757, la confiance de fon Souverain, qui le revêtit du caractère d'Ambaffadeur auprès de la Cour de Petersbourg. Son frere, Cafimir, étoit grand Chambellan de la Couronne en 1764, & fa feconde fœur avoit époufé le Comte Branicki, grand Maréchal.

Tant de titres joints aux recommandations de la Czarine & du Roi de Pruffe, déterminerent tous les Palatinats, affemblés dans le Schopa, à lui donner leurs fuffrages & à l'élire pour Roi. Il fut proclamé au bruit du Canon qui étoit vis-à-vis du Schopa, & de l'Artillerie qu'on avoit mife le long de la Wiftule. On n'entendoit partout que les acclamations de *vive Staniflas Augufte, Roi de Pologne, grand Duc de Lithuanie & la gloire de fa Nation.*

Après fa proclamation, le nouveau Monarque, monté fur un courfier fuperbe, fe rendit à l'Eglife de Saint-Jean, falua plufieurs fois, en paffant, la multitude qui s'étoit affemblée pour le voir, & lui témoigna par un gracieux fourire, combien il étoit fenfible aux démonftrations de joie qu'il remarquoit de tous côtés.

Le Prince Primat avoit affuré tous les États affemblés dans le Kolo, qu'il ne remettroit point au Roi le diplôme de fon élection, qu'auparavant il ne fût muni des Sceaux des Armes de tous les Sénateurs, des Ministres, de deux Nonces de chaque Palatinat & District, & qu'il ne fût confirmé par la signature des Députés nommés à cet effet. Le nouveau Roi ne prêta pas tout de suite son serment sur les *pacta conventa*, comme il étoit d'usage ; mais dès que le diplôme fut revêtu de toutes les formalités nécessaires & qu'on l'eut remis au Roi, Sa Majesté prêta le serment ordinaire & signa de sa main les *pacta conventa*. Cette formalité ne fut pas plûtôt remplie que le Prince Primat félicita de nouveau le Comte Poniatowski sur son avénement au Trône, & lui recommanda de n'oublier jamais le serment qu'il venoit de faire, s'il vouloit s'assurer de la fidélité du peuple.

Dans une audience que le Comte Potocki, Vaivode de Kiovie, & un des compétiteurs au Trône, obtint du nouveau Monarque, il lui dit : » Puisque vous ne devez, Sire, votre élévation à » aucune force humaine, mais que vous en êtes » redevable aux décrets de la Providence, je » prends Dieu à témoin de la soumission que je » vous promets, tant pour moi en particulier, » que pour ma famille en général, ainsi que de » la fidélité & de l'obéissance dans laquelle nous » persévérerons constamment envers Votre Ma- » jesté ». Ayant continué & fini sa harangue les larmes aux yeux, le Roi lui répondit : » De

» même que tout homme est régénéré par le Sa-
» crement de Baptême, de même aussi je vous
» pardonne toute offense & vous assure de ma
» bienveillance Royale «.

A peine Poniatowski étoit assis sur le Trône, que la Russie & la Prusse, qui prenoient beaucoup de part aux griefs des Dissidens, lui firent présenter un Mémoire [27]. Le Roi de Prusse, qui faisoit faire par ses Ministres les plus grandes protestations d'amitié à la République de Pologne, ordonna à ses troupes d'enlever & de conduire à Breslau, non-seulement les paysans, mais encore les soldats de l'Évêque de Posnanie & du Prince Sulkowski. Il s'excusa de cette irruption, en disant que ceux qu'il faisoit prendre ainsi n'étoient que des transfuges qui lui avoient désobéi. Une entreprise de cette espèce engagea le Roi de Pologne à envoyer le Prince Czartorinski vers Sa Majesté Prussienne pour savoir quelles étoient les raisons qui le portoient à faire entrer ses troupes dans la grande Pologne & à en enlever les habitans.

Le Prince Primat, ayant fait part au Roi de Prusse & à l'Impératrice de Russie de l'élection & de l'avénement du Comte Stanislas Auguste Poniatowski au Trône, Leurs Majestés Prussienne & Impériale adressèrent chacun une

An. 1764. lettre [28] au Prélat pour lui marquer combien cette nouvelle leur avoit été agréable & combien les Polonois étoient heureux d'avoir fait un tel choix.

Avant de publier des Universaux [29] pour la convocation des Diètines antérieures à la Diète de couronnement, le même Prélat, conformément aux defirs du Roi, avoit déja eu plufieurs conférences avec divers Magnats, pour établir dans le Royaume une forme de Gouvernement, qui fût plus fixe & plus certaine que celle qui exiftoit. Il eut enfuite une entrevue avec quelques Evêques fur le prochain couronnement, dont la cérémonie devoit s'exécuter en préfence des Eccléfiaftiques des deux Religions principales.

Les Chefs de la confédération générale, réunie à celle de Lithuanie, fupplierent Sa Majefté, en fa qualité actuelle de Roi de Pologne, de vouloir bien maintenir une confédération, à laquelle elle avoit confenti comme Nonce, pendant la Diète générale de convocation. Le Roi les remercia de la confiance qu'ils avoient en fa perfonne. Il les affura de fes difpofitions à exécuter les ordonnances des États réunis & de fon empreffement à recouvrer le luftre qui rendoit autrefois la Nation Polonoife fi refpectable dans les Cours étrangères, & qui étoit aujourd'hui éclipfé par la difcorde.

Les Nobles de la Pruſſe, qui devoient entrer en conférence à Dantzic, avec les Députés des trois principales Villes de la Province, prierent auſſi Sa Majeſté qu'il lui plût donner à la Diète générale du Pays la conſiſtance dont elle avoit beſoin. Ils deſiroient terminer les différens qui la diviſoient, afin de ſe ſoumettre d'un commun accord à l'obéiſſance de ſon Souverain & de s'aſſurer des prérogatives & des libertés, dont la Province étoit en poſſeſſion. Le Roi le leur promit en les aſſurant qu'ils ſeroient contents de ſon Gouvernement.

An.1764.

Comme la clémence eſt une des vertus qui honore le plus un Souverain, ſurtout lorſqu'il n'eſt pas encore bien affermi ſur ſon Trône, le Comte Potocki, grand Maître de l'Artillerie de Lithuanie, obtint de Sa Majeſté la grace de la Comteſſe Koſſakowska, ſa ſœur, Caſtellanne de Kamin. Elle avoit contribué par ſes démarches à la confédération de Haliez, compoſée de mécontens, & que trois mille hommes de troupes Ruſſes, envoyés par le Roi, mirent à la raiſon. Pour mettre le comble à ſes bienfaits le Roi fit remettre au Comte Potocki qui ſe préparoit à partir pour annoncer dans ſon Palatinat les bontés du nouveau Monarque, la copie d'un manifeſte fait à Lemberg par la famille de ce Comte, contre la validité de l'élection qu'on venoit de faire.

An. 1764.   Stanislas Auguste, dont l'affabilité charmoit tout le monde, déclara publiquement qu'il seroit accessible aux personnes de tout rang, aux Nobles comme aux roturiers, & que chacun pourroit librement lui parler sans lui faire de compliment. Il chargea même les Gentilshommes de sa Chambre d'écrire les noms de tous ceux qui demanderoient audience, & de les lui présenter les uns après les autres. Les Députés du Magistrat de Warsovie ayant été admis à lui baiser la main, il leur fit entendre qu'ils pouvoient se dispenser de se mettre en frais à l'occasion du prochain couronnement : mais comme ils insisterent, auprès du Prince Primat, & de quelques Sénateurs, pour obtenir de témoigner leur zêle ce jour là, par des marques publiques d'allégresse, Sa Majesté consentit à leurs volontés. En conséquence de cette permission, les arcs de triomphe, les feux d'artifice, les illuminations & les concerts, devinrent pour eux des signes de joie d'autant plus sensibles, que pendant la durée de l'interrègne, on ne les avoit chargés d'aucune imposition extraordinaire.

Quoique ce nouveau Souverain eût droit de punir ceux qui s'étoient déclarés ouvertement ses ennemis, il voulut bien les recevoir en grace pendant tout le tems qu'il leur avoit fixé pour se rendre auprès de lui. A son exemple, la confédération réunie de Lithuanie, somma par un de ses décrets le Prince Radziwil, Vaivode de Wilna, de revenir en Pologne dans le terme d'un mois. On lui promit que s'il se soumettoit au Roi, il rentreroit sans aucun obstacle dans la possession de ses biens.

AN.1764.

L'Evêque de Cracovie & le Référendaire de la Couronne étant venus réitérer leur soumission au Roi, le Comte Branicki, Castellan de Cracovie & grand Général de la Couronne, fit présenter à Sa Majesté, par le Juge de Premislaw, un acte de retractation du manifeste qu'il avoit publié contre la Diète générale de convocation. Après avoir reçu gracieusement le député de ce Comte, Sa Majesté Polonoise lui renvoya sa retractation, comme étant inacceptable, tant pour les conditions, que pour l'ambiguité des termes dans lesquels elle étoit conçue. L'envoyé du Castellan obtint du Roi quelque délai pour lui en produire une autre plus formelle. Mais la seconde retractation n'étant pas mieux motivée que la premiere, l'envoyé se retira auprès du Castellan. Celui ci reçut bientôt la visite du grand Général de Lithuanie qui lui persuada de reconnoître purement & simplement le nouveau Roi pour son légitime Souverain.

Dès que Sa Majesté eut reçu le diplôme de son élection & qu'elle eut prêté serment sur la capitu-

An. 1764. lation Royale, elle fit un discours [30] dans lequel elle manifesta ses sentimens.

L'ouverture de la Diète générale de la Prusse Polonoise, se fit à Graudentz, pour nommer des Nonces & pour délibérer sur les instructions qu'on donneroit à ceux qu'on enverroit à la prochaine Diète de couronnement. Il s'agissoit d'y maintenir les droits & les libertés de cette Province. Dans cette même Diète on procéda à l'élection des Nonces & on débatit avec tant de chaleur l'article des Dissidens, que dans les instructions qu'on donna aux Nonces, on inséra que les Protestans de la Prusse Polonoise seroient conservés dans la jouissance de leurs droits, suivant la teneur du traité d'Oliva.

Le résultat des conférences de cette Diète fut: que les Pays & les Villes s'uniroient pour le maintien & la défense du Roi, ainsi que pour la conservation de la tranquillité publique ; que quoique la Diète générale de la Province n'eût pas été tenue, qu'on n'eût envoyé aucun Député à Warsovie avec plein pouvoir d'y élire un Roi, & que chaque Gentilshomme eût droit de suffrage, on reconnoîtroit néanmoins pour cette fois l'élection valide. La confédération générale du Royaume ayant été principalement formée pour appuyer la libre élection du Roi & pour maintenir la tranquillité publique, le pays & les Villes de Prusse consentoient pour ces deux points à la confédération générale, sous la condition An. 1764. expresse que ce consentement ne porteroit aucun préjudice à leurs droits & à leurs libertés. On ne pouvoit donc rien conclure en Pologne au préjudice de la Prusse, ni créer sur elle d'autre Juridiction que celle qui est établie dans la Province. Le droit de naturalisation y étoit affecté à la personne des Evêques de Cujavie & de Culm. Chaque troisiéme Diète générale du Pays devoit se tenir dans la Ville de Meve. Pour prévenir les sessions de la Diète générale, le Maréchal devoit être élû à la pluralité des suffrages. Les conditions portoient encore, que la Diète n'ayant pu avoir lieu au jour fixé, seroit remise aux autres jours & que les Députés, qui étoient actuellement élus, y seroient reconnus pour légitimes. Dans le Palatinat de Marienbourg, personne ne devoit avoir de voix à l'élection des Députés & des Nonces, sans être possesseur de biens fonds & sans en avoir même en Prusse. L'élection des Députés & du Maréchal du Tribunal dans le Palatinat de Culm devoit avoir lieu par la pluralité des voix, comme dans ceux de Marienbourg & de Pomérélie. La Noblesse témoigna ses humbles soumissions au Roi, ses respects au Prince Primat & son estime particuliere au Prince Czartorinski, Maréchal de la Confédération générale. On supplia Sa Majesté

An. 1764. au nom de la Province de vouloir bien la rétablir & la confirmer dans tous ses droits, ses libertés & priviléges, & d'abolir l'usage de tenir les foires pendant les Dimanches & les Fêtes. Les Diètines des autres Palatinats se terminerent également à la pluralité des voix & aucune ne fut interrompue que par quelque confédération particuliere.

A l'ouverture de la Diète de couronnement, le Roi prononça un discours [31] en présence des États de la République, dans lequel il fit l'éloge de ceux à qui il avoit accordé les premieres dignités du Royaume. Le Prince Primat écrivit ensuite au grand Visir pour faire savoir à la Porte l'élection du nouveau Roi [32].

Le jour fixé pour le couronnement du Roi, le Clergé & les Sénateurs Ecclésiastiques en habits de Cour, furent prendre Sa Majesté au Palais pour la conduire à l'Eglise. Elle s'y rendit sous un magnifique dais, soutenu par six Castellans & précédé des troupes de la République, des Porte-Enseigne & des Porte-Épée de Pologne & de Lithuanie, ainsi que du Maréchal du grand Duché, accompagné du Sénat & de la Noblesse. Le Roi, vétu d'une robe richement brodée en argent & travaillée en forme d'armure, la tête couverte d'un casque surmonté d'un plumet blanc, les épaules

garnies

garnies d'un manteau traînant brodé de même que la robe, étoit précédé des Vaivodes de Posnanie, de Sendomir & du Castellan de Wilda, lesquels portoient, sur des coussins fort riches, les marques de la Royauté, qui consistoient dans la Couronne, le Sceptre & le globe.

Dès que Sa Majesté fut parvenue au pied du grand Autel, le Prince Primat commença la cérémonie du Couronnement & du Sacre, après laquelle il cria, *vive le Roi.*

Cette cérémonie étant finie, le Roi revêtu d'un manteau couleur de pourpre, garni d'hermine en-dedans & en-dehors, fut se placer sur un Trône, où, le front ceint du Diadême & le Sceptre à la main, il entendit le sermon. Il fut reconduit ensuite au Palais avec le même cortège & dans le même ordre qu'avant son couronnement. Il y reçut les vœux des Sénateurs, des Ministres étrangers & de la principale Noblesse.

Le lendemain de son couronnement, Sa Majesté reçut, avec beaucoup de pompe, le serment de fidélité que lui prêterent les Membres de la Régence & les Députés des principales Villes du Royaume. On répandit ensuite les médailles, qui avoient été frappées à cette occasion. Les Ambassadeurs de Russie & de Prusse

An 1764. les Ministres des Cours de Londres & de Copenhague, réitérerent leurs instances en faveur des Diſſidens, ou Proteſtans du Royaume. Ils eurent ſur cet objet pluſieurs conférences avec le Prince Primat, en préſence de pluſieurs Sénateurs & des Nonces de différens Palatinats.

Les actes de Souveraineté de Sa Majeſté Polonoiſe commencerent par conférer le Palatinat de Wilda au Comte Oginski ; le Notariat militaire de Lithuanie à Pomowski, Staroſte de Meiſlaw ; la place de Caſtellan de Samogitie au Comte Flemming, grand Tréſorier de Lithuanie, auquel elle accorda auſſi l'expectative de Staroſte de la Province. Le Roi nomma encore à pluſieurs autres dignités, tant dans le Royaume de Pologne que dans le Duché de Lithuanie. Après cette protination, il déclara qu'il ne confirmeroit aucun privilége qu'au préalable il n'eût été examiné & reconnu dans chaque Ville par la commiſſion établie de ſon autorité.

Les affaires économiques ayant été toutes réglées à la pluralité des ſuffrages, dans la Diète de couronnement on s'occupa des titres de Nobleſſe & des octrois du droit d'Indigenat, qui fut accordé à pluſieurs particuliers. On impoſa un nouveau péage ſur la Province de Pruſſe, & on délibéra ſur les arrangemens néceſſaires qu'il y avoit à prendre dans divers Palatinats. On fit publier un réglement général pour être suivi en matiere de procédure. La seule Province de Prusse obtint de se gouverner par ses propres loix. Les Évêques de Posnanie & de Kaminiek furent satisfaits sur leurs instances, & il fut permis aux Vaivodes de Volhinie, de Polaquie, de Marienbourg & de Minski, de voyager hors du Royaume. Le titre de Prince fut accordé à perpétuité, aux trois Comtes Poniatowski, freres du Roi. Sa Majesté sensible à cette faveur en fit ses remercimens au corps de la Noblesse, des Sénateurs & des Nonces.

An. 1764.

Le Roi prit sur lui de convenir avec la Cour de Dresde des prétentions de la Maison Électorale de Saxe, & pour les réglemens des limites entre la Russie & la Pologne, il fut décidé qu'on renouvelleroit le traité Grzumulkowski. En conséquence on devoit nommer des Commissaires pour applanir les difficultés, & pour entrer en négociation sur une nouvelle alliance avec la Russie. On renvoyoit à la prochaine Diète générale, le soin de mettre tout en régle, de nommer des Commissaires pour terminer les disputes des limites entre les sujets des Provinces du Royaume & ceux des États voisins de Sa Majesté Prussienne. L'ordre Equestre demanda le renvoi des

An. 1764. troupes étrangeres. Le Roi approuva la demande & ordonna à son Chancelier d'assurer la Noblesse que l'Impératrice de Russie avoit déja envoyé des ordres à ses Généraux pour évacuer le Royaume. Sur le vif intérêt que quelques Cours de l'Europe paroissoient prendre à la condition présente des Dissidens du Royaume, le Prince Primat décida seul la question, & dit qu'il falloit se conformer sur cet article à ce qui avoit été précédemment réglé dans la Diète générale de convocation & confirmé par les *pacta conventa*. Il rejetta les propositions des Évêques de l'Église Grecque, qui sollicitoient le droit de séance dans le Sénat.

An. 1765. Le Prince héréditaire de Courlande, s'étant présenté au pied du Trône, reçut de Sa Majesté Polonoise l'investiture des Duchés de Courlande & de Semigalle, au nom du Duc, son pere. Le Prince de Radziwil, n'ayant pas voulu profiter de la grace que le Roi avoit accordée à ses ennemis & se soumettre dans le tems prescrit, le Comte Oginski fut prendre possession du Palais & de tous les biens qui appartenoient à ce Prince.

Après avoir renvoyé à Cracovie les marques de Souveraineté, qui avoient servi à l'élection & au couronnement du Roi, on fit un changement

général dans les postes du Royaume. On accorda
à Sa Majesté le droit de nommer les Directeurs des
bureaux, & on établit que chaque Magnat, chaque Gentilhomme & chaque Ecclésiastique, sans
exception & distinction, seroit obligé de payer
les ports des lettres étrangeres à leur adresse, &
cela conformément à la taxe convenue dans un
Universal particulier, qui seroit rendu public après
avoir été émané de l'autorité Royale.

Pour mieux assurer le Duché de Courlande au
Prince, à qui Sa Majesté venoit d'en accorder
l'investiture, les Maréchaux de la Couronne
& ceux de Lithuanie, examinerent les démarches du Plénipotentiaire de Courlande, qui
avoit protesté contre la nouvelle investiture. Le
Plénipotentiaire, nommé Heking, fut condamné
à un an & six semaines de prison, & sa protestation à être brûlée publiquement par l'exécuteur
de la Justice.

Comme les loix veulent qu'on tienne constamment à Rome un Ministre séculier, le Roi
demanda au Sénat quel seroit l'Ambassadeur qu'on
enverroit au Souverain Pontife. Il proposa en
même tems qu'on réglât les appointemens des
Ambassadeurs & parût desirer que leur entretien fût assigné sur le trésor Royal. Le Clergé devant être compris dans tous ces frais, le

An. 1765. Prince Primat & les autres Évêques supplièrent le Roi de vouloir bien les en dispenser : Sa Majesté y consentit. On régla ensuite qu'on accorderoit à l'Ambassadeur, désigné pour Rome, quinze cents ducats sur la Trésorerie de la Couronne & cinq cents sur celle de Lithuanie, & à celui qui seroit destiné pour Berlin, six cents soixante-six ducats sur l'épargne du grand Duché. L'Ambassadeur de Petersbourg, avoit mille ducats, & cinq cents sur l'une & l'autre des Trésoreries de la Couronne & de Lithuanie, & celui qu'on enverroit à la Porte Ottomane, six mille ducats d'entretien, dont deux mille sur le trésor de la Couronne & quatre mille sur celui de Lithuanie, à condition qu'il y resideroit pendant un an. Quand au Résident à la Cour de Rome, il fut convenu de ne lui donner que six cents ducats, dont quatre cents seroient pris sur les finances de la Couronne & deux cents sur celles de Lithuanie, puisque les Évêques du Royaume étoient dispensés de fournir aux frais nécessaires qu'il y devoit faire.

On publia en même tems à Warsovie, qu'aucun Juif ne pourroit désormais s'arrêter en cette Capitale, & y faire aucun négoce. On exceptoit néanmoins ceux de cette Nation qui par les certificats des Sinagogues auxquelles ils appartenoient, prouvoient qu'ils y étoient venus, non pour raison de commerce, mais par nécessité d'arrangemens d'affaires avec les Commissaires de la Trésorerie.

An.1765

Le prix des vivres augmentant tous les jours & les ouvriers étant obligés de faire payer leur salaire à proportion, le grand Maréchal enjoignit au Magistrat de Police de rendre une Ordonnance, qui fixât le gain journalier des gens de métier & le prix des denrées. Et afin que personne ne pût exiger au-delà de ce qui avoit été taxé, il fit poser des détachemens de troupes dans les places & dans les marchés publics, pour y empêcher tout désordre & pour qu'on ne contrevînt pas à une Ordonnance si sage.

Dès que la Commission de la Trésorerie fut ouverte, on établit une taxe générale de deux pour cent sur les productions du Royaume, qui se débitoient dans son enceinte, & dix sur celles qui en sortiroient; quatre pour cent sur les marchandises étrangères, dont le Royaume ne pouvoit se passer, & huit sur celles qui lui étoient moins nécessaires. On exigea douze pour cent sur les effets de luxe, tels que les étoffes riches, les vêtemens brodés, les joyaux & toute espèce de marchandise de galanterie, sans que personne pût être exempt de ce droit. Le pro-

An. 1765. duit de la première classe, c'est-à-dire, des droits de consommation & d'importation des productions du Royaume, devoit être partagé par moitié entre la République & le Roi, & Sa Majesté n'avoit qu'un quart dans le produit des autres impositions.

Cette Commission sérieusement occupée de l'augmentation des revenus publics, chargea l'Instigateur de la Couronne de sommer tous ceux qui avoient quelque droit à prétendre à la Douane, soit à titre d'ancienne coutume, ou en vertu de quelques prérogatives, d'y renoncer absolument. Quand aux Douanes, qui étoient utiles au public, qui pouvoient exister sans gêner le commerce & qui tournoient au profit de la Trésorerie, il fut convenu qu'on les conserveroit, en assignant des rentes annuelles, payables sur le Trésor de la Couronne, à ceux qui avoient des droits incontestables sur ces sortes de Fermes particulières. Par ce nouvel arrangement, la ville de Cracovie se départit de la liberté qu'elle avoit d'établir des Douanes, dont elle jouissoit par les concessions du Souverain, en cassant & annullant toutes les impositions qui étoient à la charge du peuple. La Commission conserva seulement & autorisa, par un de ses Édits, le péage des ponts de bois & de pierre.

Malgré les plus sages précautions les vivres devenoient chaque jour plus rares dans la Capitale ; pour remédier à ce mal effrayant le grand Maréchal de la Couronne fit publier qu'il seroit permis à chacun d'y introduire toute espèce de provision de bouche, sans payer aucun droit d'entrée. Quelques voitures chargées pour l'usage des troupes de la Maison du Roi, étant entrées sans que les Commis de la Douane voulussent les visiter, ni recevoir les droits qui étoient dus, Sa Majesté ordonna que les préposés à ce bureau visitassent ses voitures & perçussent les droits ordinaires.

Le Roi de Prusse, n'approuva point que les États de la République eussent imposé une taxe, qui influoit sur les Provinces de son Royaume. En conséquence il ordonna à son Résident à Warsovie, de remettre à la Cour un mémoire [33], où il se plaignoit de cet acte de Souveraineté, parce qu'il n'y avoit pas consenti & qu'il avoit des droits qui s'y opposoient en vertu de certains traités conclus entre ces deux États. On peut voir dans les pièces justificatives que ce mémoire du Roi de Prusse n'étoit qu'une véritable querelle d'Allemand.

Il se répandit en Pologne une si grande quantité de monnoie de mauvais aloi que la Commis-

An 1765.

sion du grand Maréchal de la Couronne se vit obligée d'avertir le public, par un Universal, de ne recevoir en payement aucune espèce des différentes sortes de monnoies, qui n'avoient pas la valeur intrinseque, déterminée par l'ordonnance du grand Trésorier de la Couronne. Pour prévenir un appauvrissement ultérieur dans ce Royaume, les Commissaires de la Trésorerie furent obligés de faire une nouvelle réduction, non-seulement des nouvelles espèces, mais encore de celles qui avoient déja été réduites. On ordonna aux commis des Douanes, sous la peine d'être privés de leurs emplois, de visiter désormais toutes les voitures sans excepter même les chaises de poste, & de confisquer les monnoies, dont elles pourroient être chargées en contravention des Ordonnances.

Le Roi de Pologne, toujours attentif à proscrire le luxe de ses États & tout ce qui pouvoit déranger les facultés de ses sujets, bannit aussi tous les jeux de cartes & de hazard. Un jour qu'il honora de sa visite le Vaivode de Russie, il apperçut dans l'antichambre un Cavalier richement vêtu. Le Roi, surpris de cette magnificence au préjudice des Édits contre le luxe, lui demanda pourquoi il portoit un habit si superbe. C'est pour faire honneur à mon Souverain, repliqua le Cavalier : *Vous vous trompez*, dit le Monarque, *ces habits de parade, fussent-ils encore plus précieux, seront toujours de peu de valeur parmi les vrais Polonois, parce qu'ils appauvrissent la Patrie & enrichissent l'Étranger. Distinguons-nous par le courage, la prudence & la sagesse, nous nous rendrons dignes de l'estime & du respect des autres Nations. Comme Roi, je m'habille simplement pour extirper, par mon exemple, un luxe qui ne s'est que trop enraciné dans ce Royaume. On s'en trouvera bien, lorsqu'à mon imitation, au lieu de porter des habits galonnés, chacun évitera une ostentation vaine & superflue.*

Cependant le Comte Branicki refusoit opiniâtrément de se soumettre au Roi. Il entretenoit, quoique prisonnier, des correspondances dans les Cours étrangères. On arrêta à Kaminieck, un courier, venant de Turquie & chargé de dépêches en chiffres, pour être remises à ce Seigneur détenu dans les prisons de Warsovie. Quelque peine qu'on se donnât pour déchiffrer ces dépêches, il ne fut pas possible de les lire. Le Roi se détermina à écrire au grand Général de la Couronne, pour l'engager à se soumettre au plutôt & à l'informer de sa correspondance avec la Porte Ottomane, qui avoit conçu des idées désavantageuses contre Sa Majesté Polonoise & l'Impératrice de Russie.

An. 1765.

An. 1765.

Le Roi desirant connoître le nombre de ses sujets, ordonna un dénombrement général, des habitans, tant de Pologne que de Lithuanie, & de toute religion, Catholiques Romains, Grecs, Luthériens, Réformés, Memnonites, Juifs & Tartares. Il ordonna au grand Instigateur de la Couronne d'insérer dans les actes une protestation opposée à celle que la Province de Prusse avoit réitérée contre le péage général.

Le Roi de Prusse s'apperçut bien-tôt qu'on n'avoit fait aucune attention à ses représentations sur l'établissement des nouvelles Douanes. Il en établit une à Marienverder, pour nuire à son tour aux États de la République. La Commission de Pologne, qui continuoit toujours de faire exécuter ses Ordonnances, relativement aux nouvelles impositions, en publia une nouvelle sur le luxe excessif des personnes des deux sexes. La même Commission fit un réglement sur la qualité de leurs habits, publia une taxe sur toutes les marchandises en général, & prescrivit le salaire des artisans & des ouvriers.

Le jour de Saint-Stanislas, Patron du Roi, Sa Majesté institua un nouvel Ordre Équestre, qui porte le nom de ce Saint, créa plusieurs Chevaliers & leur fit l'honneur de les admettre à sa table. Outre les Nobles de la première classe, qui furent créés Chevaliers, le jour de l'institution de l'Ordre, le Roi y admit quelques jours après des Castellans & des Starostes. Les marques de cet Ordre sont un ruban ponceau, bordé de blanc, que les Chevaliers portent de droite à gauche, & auquel pend une croix d'or émaillée en rouge; sur chaque face de la médaille paroît l'aigle blanc de Pologne, dont le milieu, décoré d'une croix verte, représente d'un côté l'effigie du Patron de l'Ordre en habits Pontificaux, & de l'autre le nom du Roi en chiffre. L'étoile de l'Ordre, que les Chevaliers portent à la boutonniere gauche est d'argent; elle est garnie d'un cercle d'or au milieu & entourée d'une guirlande de couleur verte, sur laquelle sont ces mots, *præmiando excitat*; le tout est enchassé dans une lame d'argent, où l'on voit l'effigie du Monarque en couleur rouge.

An. 1765.

Après l'institution de cet Ordre, Stanislas Auguste ordonna que, sans tirer à conséquence, les petites Villes de Provinces lui prêteroient foi & hommage d'une maniere particuliere, c'est-à-dire, qu'elles prêteroient le serment de fidélité entre les mains du Commissaire que Sa Majesté nommeroit pour cet effet.

Pendant les fréquentes conférences qu'on eut avec le Ministre de Prusse, les Commissaires de la Trésorerie supprimerent plusieurs Douanes particulieres, qui avoient été usurpées par différents Starostes & désaprouvées par la Diète générale de convocation. En dédommagement de la perte de ce revenu, ils leur assignerent une pension viagere sur le Trésor de la Couronne.

Dans une audience que le Résident de la Cour de Berlin eut de Sa Majesté Polonoise, il lui déclara, de la part du Roi son Maître, qu'en considération de la bonne amitié qui régnoit entre le Chef & la République de Pologne, Sa Majesté Prussienne avoit donné l'ordre de suspendre la perception des droits de la Douane établie à Marienverder, & qu'il se flattoit que cette importante affaire se termineroit à l'amiable & à la satisfaction des deux parties.

Le Comte Zamoiski, grand Général de la Couronne, ouvrit les Tribunaux assessoriaux, & parla long-tems [34] des qualités nécessaires à un bon Juge. Sur la demande de la Commission Royale des Monnoies, le Tribunal fit signifier aux acheteurs d'argent, & surtout aux Juifs, qui fondoient & affinoient ce métal dans l'enceinte de la Ville, au risque d'y mettre le feu, de s'abstenir d'un pareil travail, sous peine d'être punis rigoureusement, & de porter leurs lingots à l'Hôtel des Monnoies, pour y être affinés en sureté.

Quoique le Résident de Prusse à Warsovie eût présenté au grand Chancelier un mémoire de sa Cour, relatif à la suppression de la Douane, qui avoit été établie près de Marienverder, les Commissaires de la Trésorerie de la Couronne envoyerent plusieurs personnes dans divers Districts de la Prusse Polonoise pour y recevoir les droits sur les chevaux, qu'on y achetoit en tems de foire. Ces droits étoient de huit florins pour chaque cheval; la moitié étoit payée par l'acheteur & l'autre par le vendeur.

L'établissement de ces Douanes faisoit naître souvent des disputes entre les Cours de Berlin & de Warsovie; pour y remédier le Roi de Pologne donna ordre à l'Evêque de Cujavie de nouer des conférences, pendant le séjour qu'il feroit à Dantzic, avec les Etats de la Prusse Polonoise, au sujet de la Douane établie sur cette Province au préjudice de ses droits. Il lui recommanda sur-tout de traiter cette matiere avec beaucoup de ménagement. Ce Prélat, s'étant assemblé avec les Députés des Conseils des Villes de la Province, convint qu'en attendant l'abrogation des décrets, rendus dans la derniere Diète de la République au désavantage des droits & des libertés de la Prusse, on renverroit la discussion de cette affaire à la prochaine Diète générale.

An. 1765.

L'Évêque de Mahilow, fut le seul de tous les Prélats de l'Eglise Grecque, qui obtint une audience de Sa Majesté Polonoise. Il lui présenta une lettre de la Czarine dans laquelle Sa Majesté Impériale déclaroit combien elle souhaitoit que les Évêques, les Églises & les libertés de cette Communion, dont il ne restoit plus en Pologne qu'environ cent cinquante familles, y fussent rétablis & confirmés. Dans le même tems, le Tribunal de la grande Pologne, établi à Posnanie, rendit un décret qui accordoit une liberté entiere aux Luthériens de l'*Obsente*. Leur Église avoit été fermée depuis plus de vingt ans ; il leur étoit permis de l'ouvrir, d'y entretenir un Ministre de l'Évangile & d'y exercer leur culte public, avec défense à qui que ce fût d'y porter le moindre obstacle. George Koniski, Évêque de la Russie blanche, ayant aussi obtenu une audience de Stanislas Auguste [35], exposa à Sa Majesté les véxations que les Catholiques Romains leur faisoient mal-à-propos.

Dans le dessein de rétablir le bon ordre, de réformer les abus qui s'étoient glissés parmi ses sujets, de veiller à ce qu'on ne fit aucun gain exorbitant dans le commerce, & d'empêcher tout monopole, Sa Majesté nomma deux Commissaires pour

pour faire exécuter la loi somptuaire contre le luxe, & prescrire des réglemens aux bourgeois sur la maniere dont chacun d'eux devoit être habillé selon son état.

An.1765.

L'affaire des Douanes faisant naître tous les jours de nouvelles contestations, les Ministres de Pologne & de Prusse eurent diverses conférences sur les moyens de lever les difficultés qui se présentoient au sujet de la Douane établie à Marienverder. Comme la maladie du Prince Primat & du Chancelier, ne leur avoit pas permis d'assister aux conférences, ils donnerent leur avis par écrit sur les conditions que Frédéric II avoit fait proposer.

En vertu d'une constitution donnée dans la derniere Diète générale, on travailla aux moyens de prévenir les contestations, qui pouvoient naître dans la suite entre les Ordres Ecclésiastiques & séculiers par rapport aux dixmes & aux assignations devant des Tribunaux incompétens.

Stanislas, toujours attentif à procurer au commerce toutes les facilités possibles & à empêcher qu'il ne s'y commît des injustices, adressa un rescrit [36] à la Commission de la Trésorerie de la Couronne, dans lequel il lui enjoignoit de dresser un tarif & d'en modérer les droits sur toutes les espèces de marchandises. La réponse [37] que ces Commissaires firent à ce rescrit fut aussi conforme

Tome I. I

An. 1765. à leurs devoirs qu'aux desirs de Sa Majesté, qui, également attentive à ce que les Nobles de chaque Palatinat fussent toujours prêts d'entrer en campagne lorsqu'elle le jugeroit à propos, leur fit assurer, par des ordres exprès, que s'il y manquoient, ils ne seroient plus reconnus pour Gentilhommes Polonois & qu'ils n'auroient plus droit de suffrage dans les Diètes générales & particulieres.

Comme les Dissidens faisoient tous leurs efforts pour être admis, ainsi que les sujets de la Religion Romaine, aux emplois de la République, dont ils étoient exclus, deux Gentilhommes députés de la part des Protestans, vinrent à l'appui de l'Évêque de Mohilow, dont on a parlé plus haut, & au nom du plus grand nombre de la Noblesse de leur Communion, ils présenterent au Roi une Requête [38] dans laquelle ils prouvoient la légitimité de leur demande.

En conséquence de ce qui avoit été résolu dans la Diète du couronnement, au sujet des poids & des mesures arbitraires & qui varioient presque partout, il fut ordonné que dorénavant on substitueroit à leur place des poids & des mesures uniformes pour tout le Royaume, & que, sans avoir égard à personne, tous ceux qui ne s'y conformeroient pas pour l'étendue & la capacité ordonnées, seroient punis: les Nobles, par une amende de mille marcs d'argent; les Magistrats, par la perte de leurs charges, & les gens du commun par un emprisonnement de trois mois. En vertu de cette Ordonnance, la différence des poids, des mesures & des aunages fut réduite à une uniformité générale dans le Royaume de Pologne, à l'exception de la Prusse Polonoise, que ce réglement ne regardoit pas.

Le nouveau Conseil que Stanislas avoit établi pour être tenu une fois par semaine, n'ayant point réglé le différent qui existoit entre les Etats spirituels & temporels du Royaume, le Clergé s'assembla deux fois, & après avoir traité de quelques articles particuliers, il envoya aux Etats civils une copie de ses délibérations. Elles rouloient sur la maniere de régler les appels; d'abolir l'usage d'envoyer à Rome les annates, ou les revenus de la premiere année de jouissance d'un Evêché; d'examiner les biens des Abbayes & les rentes de leur fondation; de payer en argent le produit des dixmes; d'engager le Clergé à donner un don gratuit pour l'avantage du Trésor de la Couronne; d'exclure les Ecclésiastiques des fermes & des administrations de tous biens, soit Royaux, soit héréditaires; de défendre aux réguliers de se mêler des affaires temporelles; de fixer la compétence des Juridictions, par-devant lesquelles chaque cas litigieux seroit discuté & jugé; d'établir auprès du Saint-Siége, au choix de Sa Majesté, un Cardinal protecteur de la Pologne, auquel on payeroit tous les ans douze cents ducats, comme étant utile à la République.

An. 1765.

Stanislas, toujours disposé à donner aux Militaires de nouveaux témoignages de son estime particuliere, créa un corps de cent Cadets, composé de jeunes Gentilhommes, Polonois & Lithuaniens, de l'age de seize ans & au-dessus, auxquels on devoit enseigner les langues étrangeres, l'histoire & les loix du pays, l'arithmétique, la géométrie, le dessin & généralement tout ce qui peut rendre quelqu'un utile à sa Patrie. Sa Majesté donna le commandement de ce Corps au Prince Adam Czartorinski & se reserva le poste de Capitaine.

Les troupes du Roi, aux ordres du Prince Radziwil & qui étoient dans les environs de Varsovie, se révolterent faute de subsistances. Elles se répandirent dans la Pologne, où elles commirent divers excès, s'emparerent du Fort Bycha, & auroient commis des désordres plus considérables, si ces mutins n'eussent été arrêtés dans leurs pillages par quelques détachemens du Général Branicki, qui parvinrent à les désarmer.

An. 1766.

Depuis le régne de Jean Casimir, les mauvaises espéces avoient apporté à la Pologne un dommage de plus de quatre cent millions. Celles qu'on y avoit introduites depuis peu y ayant caufé un préjudice aufli confidérable, il fut arrêté par les Commiffaires de la Tréforerie que le taux des Monnoyes du Royaume feroit établi *ad legem Imperii*. Le Roi approuva cette décifion, & la regarda comme très-avantageufe à fes États, parce qu'il n'y avoit aucune régle fûre & permanente à ce fujet, & que les États Généraux des Provinces-Unies, ainfi que les autres Puiffances, l'avoient adoptée comme plus commode pour le commerce & préférable au taux des autres Monnoyes introduit dans les pays voifins. Par l'adoption de ce réglement, le Roi & la République renoncerent au moyen de réduire les efpèces étrangères. On travailla, avec beaucoup d'activité, à battre différentes pièces d'argent fur les coins que le Baron de Guftenberg, avoit préfentés au Roi & que Sa Majefté avoit choifis. En même tems il parut un Univerfal, émané de la Commiffion de la Tréforerie, qui portoit réduction de l'efcalin de Pologne à la valeur d'un quart de gros. Sa Majefté fe rendit enfuite à l'Hôtel des Monnoyes, en examina le travail, vit les lingots d'argent, qui étoient deftinés à être frappés en efpèce, & parut fatisfaite de toutes ces opérations.

La Cour de Verfailles infiftant toujours fur la fatisfaction qui lui étoit due par rapport au différent qui étoit survenu entre le Marquis de Paulmi & le Prince Primat, le Roi de Pologne envoya deux Députés à la Cour de France pour accommoder ce différent.

Après bien des conférences tenues entre les Commissaires des deux Cours de Warsovie & de Berlin au sujet des Douanes, il fut enfin convenu que Sa Majesté Prussienne supprimeroit celle de Marienverder & que la République aboliroit le péage général qu'elle avoit établi dans la Prusse Polonoise.

LIVRE TROISIEME.
Des Dissidens.

STANISLAS-AUGUSTE s'étant rendu au Sénat, accompagné des Sénateurs & des Ministres des deux Nations, y exposa les raisons des Grecs désunis, & y parla de quelques biens Ecclésiastiques que le Clergé du Rit Grec prétendoit lui appartenir. Ces propositions, n'ayant pas été accueillies au gré de ceux-ci, devinrent le germe des troubles qui s'éleverent dans la suite. Les Dissidens, qui habitoient les frontieres de l'Ukraine, s'attrouperent contre leurs adversaires & pousserent trop loin leur ressentiment. Dans la vue de rétablir le bon ordre & de rendre la Nation Polonoise plus heureuse, Sa Majesté fit expédier des Universaux [39] pour la tenue de la Diète & des Diétines qui devoient la précéder. Quelques bonnes que fussent les intentions de ce Souverain, on ne s'y conformoit pas toujours, comme il parut par le refus que fit la Diète générale de Sçutgard d'admettre le Nonce qui avoit été élu à la Diétine de Sarkel.

An. 1766.

An. 1766. Il étoit cependant d'usage que dans quelque occasion que ce fût, les Nobles d'entre les Dissidens, habitans de Prusse, cédassent le pas aux Gentilshommes de la Communion Romaine. Orzowski, qui avoit été élu Nonce à cette Diétine, & qu'on refusa d'admettre à la Diète générale, ne voulut pas quitter sa nonciature avant que la même Diétine n'en eût nommé un autre.

De toutes les Diétines, qui s'étoient tenues dans la Prusse Polonoise depuis plusieurs années & même de tems immémorial, la plus importante, à cause des priviléges & des libertés de cette Province, fut celle qui se tint à Marienbourg. On y décida qu'à l'égard des contributions à imposer sur les Districts & sur les Villes du pays, les États souhaitoient de se maintenir dans la jouissance de leurs droits, suivant lesquels, toutes les affaires qui concernoient les impôts, appartenoient uniquement aux Diètes comitiales des postes. Ils prioient d'en être dispensés pour le présent, & si dans la Diète générale comitiale, il s'agissoit de projets nécessaires pour le bien commun, ils consentiroient à y assister & promettroient d'en exécuter les décisions; à condition cependant que tout le Royaume consentiroit à une imposition en faveur de la Couronne; qu'on aboliroit la capitation, levée jusqu'à présent, & qu'on remédieroit à toutes les pertes causées à la Prusse par les arrangemens des dernieres Diètes. Alors ils convenoient d'établir eux-mêmes & de payer une contribution proportionnée, & lorsque, *sous confédération*, c'est-à-dire, par la pluralité des suffrages, on viendroit à regler dans la Diète générale quelque chose qui intéresseroit les affaires de Prusse, ils vouloient qu'il leur fût permis de faire des observations & de dresser des protestations solemnelles de la part de toute la Province; qu'il y eût un *Laudum Manifestationis*, pour déclarer nul & insuffisant, par rapport à la Province, tout ce qui auroit été constitué de préjudiciable à ses prérogatives, tant aux Diètes de convocation & de couronnement que dans les *Pacta conventa*. Enfin que le Roi fût supplié d'expédier un Diplôme pour la conservation des franchises, immunités & libertés du pays, qu'à cet effet il y auroit un *Laudum Deputationis*, & un *Laudum contra convulsores jurium*, & les atteintes portées aux loix & qui ont tellement été abhorrées de toute la Province, qu'elles ont toujours été la source des longues discussions qui sont survenues.

On ne devoit point oublier, disoient-ils, que lorsqu'en 1761, sans qu'aucune Diète générale & légitime fût, ou pût être assemblée, sans même qu'aucun des Conseillers eût osé le tenter, quelques Juges

An. 1766. Provinciaux avoient reçu sans droit le serment du Vaivode actuel de Mazovie, pour la charge de Conseiller Provincial, étant pour lors Palatin de Pomérélie. Il s'étoit élevé à ce sujet des disputes violentes, & il avoit été décidé que pour éviter à l'avenir de pareils désordres, non-seulement ceux qui y auroient eu part seroient exclus à perpétuité des emplois & des places d'honneur dans la Prusse, mais qu'encore eux & leurs descendans seroient déchus du droit de Citoyen; que tous les actes intervenus dans le différent de Mossowski, seroient réputés nuls & de nulle valeur. Qu'entre autres instructions, les Nonces de la Province auroient ordre d'insister auprès du Tribunal du Royaume, à ce qu'au lieu de s'arroger la compétence de juger aucunes des contestations de la Prusse, on renvoieroit ces mêmes contestations à la Diète générale de la Province.

Les Diétines, tant en Pologne qu'en Lithuanie, se terminèrent assez heureusement, à quelques-unes près, où les articles concernant la confédération générale & la liberté de Religion, rencontrèrent beaucoup de difficultés. Les cinq premieres séances de la Diète de Warsovie se passèrent tranquillement; mais la sixieme fut troublée par de vifs débats qui s'éleverent relativement au projet d'une loi que l'Évêque de Cracovie proposoit contre tous ceux qui voudroient appuyer le parti des Diffidens. Comme ce Prélat insista fortement sur l'établissement de cette loi, son projet révolta tous les esprits, & la dispute fut poussée si loin, que les cris les plus forts ne pouvoient se faire entendre. La querelle s'échauffant de plus en plus, Sa Majesté fit cesser cette espèce d'émeute par un signe de silence, & interrompit ces violentes contestations par la cérémonie de donner sa main à baiser au grand Maréchal de la Couronne, à qui il donna le bâton, symbole de son autorité.

Cette cérémonie finie, le Prélat, auteur du projet contre les Diffidens, reprit son discours & s'efforça de prouver à la Confédération générale qu'il étoit de son intérêt qu'elle fût dissoute. L'Evêque de Kiovie, qui étoit du même sentiment que celui de Cracovie, cita différentes loix & constitutions contre les Diffidens; ce qui fit que, malgré les vives altercations qu'avoit excité le projet de l'Évêque de Cracovie, l'assemblée jugea à propos de le signer.

Malgré toutes ces discussions, cette Diète devint importante par l'intervention des Puissances qui s'intéressoient en faveur des Grecs & des Protestans, sujets de Pologne. Elles sollicitoient non-seulement le libre exercice de leur culte, mais encore le rétablissement des

An. 1766.

anciennes prérogatives, qu'ils avoient perdues en 1707. Ces Princes firent aussi témoigner leur mécontentement de ce que dans cette Diète les matieres se traitoient sans confédération & à la puralité des voix : deux choses auxquelles le Clergé étoit absolument contraire.

Les États continuant de s'assembler, la Cour de Berlin leur fit remettre par son Résident en Pologne, un mémoire [40] en faveur des Dissidens, dans lequel elle rapportoit tout ce qu'on pouvoit alléguer de favorable pour ceux qui vivent séparés de la Communion Romaine. Les Cours de Londres & de Copenhague, en firent aussi remettre d'à-peu-près semblables à celui du Roi de Prusse. L'Impératrice de Russie, à qui les intérêts des Dissidens n'étoient pas moins chers, fit également remettre, par ses Ministres, une déclaration [41] en leur faveur, & le Prince Repnin, son Plénipotentiaire, prononça, en présence du Roi & des États, un discours relatif à ses instructions, auquel le Chancelier du Royaume répondit [42] au nom du Roi.

En remettant au Roi de Pologne & aux États assemblés, le mémoire du Roi de Prusse, son Ministre [43] recommandoit fortement l'affaire des Dissidens. Le Chancelier de la Couronne lui répondit [44] en des termes très-obligeans. Le Miniſtre de Danemarck ayant fait la même démarche en leur faveur, celui de la Cour de Londres en remit auſſi un [45] au nom du Roi de la Grande Bretagne. La Nobleſſe Diſſidente préſenta auſſi une ſupplique [46] au Roi & aux États, dans laquelle elle expoſoit ſes griefs & en ſollicitoit le redreſſement. Le Roi de Danemarck fit auſſi remettre ſa déclaration par Saphorin [47], ſon Miniſtre en Pologne.

A l'occaſion des déclarations de tant de Puiſſances en faveur des Diſſidens, Sa Majeſté Polonoiſe eut une longue conférence avec le corps Épiſcopal de ſon Royaume. Mais après avoir obtenu une audience du Roi & des États, le Nonce du Pape, accompagné de deux Sénateurs Eccléſiaſtiques, prit place entre le trône & le fauteuil du Prince Primat, qui n'aſſiſta ni à cette audience, ni à celle des Miniſtres de Ruſſie & de Pruſſe. Le Nonce parla long-tems devant le Roi & lui rapella les *pacta conventa*. Il exhorta le Sénat & l'ordre Equeſtre à n'accorder aux Diſſidens que les Droits dont ils étoient actuellement en poſſeſſion.

Comme la Diète expiroit & qu'il étoit queſtion de la terminer, ou de la prolonger, le grand Chambellan propoſa qu'avant de ſe ſéparer on entrât en délibération ſur la réponſe que de-

An. 1766.

An. 1766. mandoient les Cours, qui s'intéressoient pour les Dissidens & les Grecs.

Lorsqu'on lut les déclarations (48) de l'Impératrice de Russie & du Roi de Prusse, l'alarme & l'épouvante se répandirent dans l'assemblée. La plus grande partie des Sénateurs jugea qu'avant toutes choses, il falloit signer le projet de l'Évêque de Cracovie contre les Dissidens. Stanislas voulut même plusieurs fois suspendre les séances, mais ce fut toujours en vain. La confusion augmentant & pouvant même dégénérer en tumulte, le Roi prit le parti de se retirer, sans dissoudre l'assemblée comme de coutume. Le Prince Primat, qu'on avoit prié de continuer la séance, s'évada pendant ce désordre & le Maréchal des Nonces déclara, au nom de son parti, qu'il ne quitteroit point la place qu'on n'eût délibéré sur les affaires de Religion.

Dans la séance du lendemain, Sa Majesté témoigna son mécontentement au sujet des disputes de la veille & exhorta à prendre la paix & la modestie pour régle dans les Conseils publics. Quant à ce qui concernoit la Religion, Elle proposa de communiquer le projet de l'Évêque de Wilna à tous les Évêques & à tous les Sénateurs, & de se déterminer, après un mur examen de toutes les circonstances, sur ce qu'on pourroit accorder, ou refuser aux Dissidens.

Quoique le Prince Primat eût acquiescé à une proposition aussi judicieuse, l'Évêque de Cracovie déclara positivement qu'il ne se relacheroit en rien de son projet ; ce qui fut approuvé par la plus grande partie de l'Assemblée. Elle décida en même tems qu'on s'en tiendroit aux constitutions de 1717, 1733, 1736, & 1767, contre les Dissidens & non unis, & qu'on feroit savoir aux Ministres étrangers qu'on rendroit aux Dissidens la justice qui leur étoit due, particulierement dans les choses où ils auroient souffert quelque préjudice par erreur dans le sens des loix, ou par une fausse interprétation des traités.

Les Ministres de Russie & de Prusse demanderent encore, au nom de leurs Maîtres, que la constitution de 1764, par laquelle il étoit réglé que les affaires économiques, militaires & judicielles se décideroient à la pluralité des voix, fût restreinte de maniere qu'elle n'eût aucun rapport direct ou indirect aux matieres d'Etat, particulierement aux contributions & à l'augmentation des troupes & que ces articles en fussent expressément exceptés. Comme les affaires économiques se terminerent tranquillement à la pluralité des voix, les deux Ministres Russes & Prussiens, remirent aux États assemblés deux écrits, parfaitement con-

An. 1766. formés & signés de leur main, dans lesquels ils exposoient les motifs de leurs demandes & les raisons sur lesquelles ils les appuyoient.

Les troupes de Russie séjournoient toujours en Pologne, malgré les promesses que Catherine II avoit faites si souvent de les rappeller dans ses États. Les Ministres du Roi de Pologne & de la République remirent au Prince Repnin un mémoire [49] dans lequel ils demandoient les raisons pour lesquelles ces troupes séjournoient toujours dans le Royaume.

Le jour que Stanislas rentra dans la Diète après en être sorti à cause du tumulte que les esprits échauffés avoient excité, le Maréchal de la Diète ouvrit la séance par un discours qu'il prononça au nom des Nobles, & dans lequel il demanda pardon à Sa Majesté de ce qu'un excès de zèle pour le culte de leurs ancêtres, les avoit portés la veille à lui manquer de respect. Le grand Chancelier de la Couronne ayant ensuite proposé qu'on lût les Déclarations des Cours de Petersbourg, de Copenhague, de Londres & de Berlin, l'Évêque de Wilna dit que le Collége des Prélats avoit jugé à propos & même nécessaire, pour la sureté de la Religion Romaine, de confirmer de nouveau tout ce que les loix avoient statué à cet égard. L'Évêque de Posnanie ajouta qu'on ne devoit plus permettre aux jeunes Polonois

d'avoir

d'avoir des Gouverneurs étrangers, préposés à leur éducation; & d'aller faire leurs études dans les Pays Protestans.

Après la lecture du projet extrêmement concis de l'Évêque de Wilna, qui vouloit qu'on renouvellât dans toute leur force les Constitutions de 1717, 1733, 1736 & 1764, pour donner plus de vigueur aux loix, qui étoient faites à l'avantage de la Religion Romaine, & que les peines prononcées par les mêmes constitutions contre ceux qui entreprendroient d'y porter atteinte, fussent exécutées; on arrêta de maintenir les Dissidens conformément aux ordonnances de 1717, & à celle des dernieres années, suivant le sens des traités; & on convint que cette conclusion seroit communiquée aux Ministres des Puissances étrangeres, afin de leur faire voir que le Sénat avoit pris la résolution [50] la plus satisfaisante qu'il avoit pu, vis-à-vis des Souverains qui s'intéressoient en faveur des Dissidens. On examina auparavant la proposition d'un des Nonces de Liw, pour établir une Commission permanente, composée de Seigneurs laïcs, pris dans le Sénat & dans la Noblesse, afin de terminer, sous la Présidence d'un Évêque, les difficultés que les Dissidens pourroient avoir occasion d'exposer. Le Collège des Évêques devoit travailler, sous la direction du Prince Primat, à l'examen des griefs de ces derniers.

Avant d'y proceder, ce Collège ordonna qu'on pourvoiroit à la sureté des Diffidens, & produisît un nouveau projet, signé de tous les Évêques, qu'il déposa dans les Archives du Royaume. Ce projet qui consistoit en neuf articles & au moyen duquel les Diffidens pouvoient être assurés de jouir dorénavant de tout ce qui pouvoit leur y être accordé, portoit expressément, que, suivant la tolérance prescrite par les Loix du Royaume, les désunis & les Diffidens seroient conservés dans l'exercice pacifique & dans l'usage de leurs cérémonies, dans les endroits où ils avoient légitimement des Églises, sans qu'on pût les troubler dans la pratique de leur culte. Que les Grecs & les Diffidens auroient la liberté de réparer & de rebatir les Églises, qu'ils n'avoient point abandonnées ou rendues, en embrassant la Religion Catholique Romaine, ou qui ne leur auroient pas été ôtées par décret; & qu'ils les posséderoient conformément aux Loix de 1632, 1660 & 1717, puisqu'elles leur avoient été accordées, avec le consentement des possesseurs des lieux respectifs. Qu'ils ne pourroient aggrandir les anciennes Églises que dans les endroits où ils auroient des Temples. Que chaque Seigneur territorial leur assigneroit une place convenable avec un enclos pour enterrer leurs morts, mais que leurs sépultures se feroient sans cérémonies, si elles n'y étoient pas légalement en usage. Qu'il seroit permis aux désunis & aux Dissidens, du consentement des Seigneurs Territoriaux, de bâtir sur leur propre terrain & près de leurs Églises, des résidences ou Presbyteres pour leurs Prêtres, ou des maisons pour leurs Ministres, suivant ce qui leur est accordé par la loi; que là où ils n'auroient point d'Églises, il dépendroit d'eux de célébrer le Service Divin dans leur domicile, avec modestie & sans assemblée, suivant la teneur de la Constitution de 1717. Que les procès des Prêtres désunis & les litiges de leurs familles, seroient jugés en conformité des loix du Royaume, & que les Ministres des Dissidens seroient cités au Tribunal qui leur avoit été assigné par la Constitution de 1632. Que les causes qui regardoient le fonds des Églises des désunis ou celui des Églises des Dissidens, appartiendroient au Tribunal établi par les loix du Royaume. Que les Prêtres désunis & les Ministres Dissidens contribueroient à tous les impôts de la République, ainsi qu'il étoit ordonné par les loix & par les anciens arrangemens; que les Gentilshommes, ou ceux qui jouiroient du droit de présenter aux Églises des Dissidens, ne pourroient exiger des Prêtres

K 2

aucun payement pour le droit de préfentation, ni éloigner ceux qui auroient été établis auprès de leurs Églifes, fans prendre l'avis des fupérieurs. Qu'il feroit permis aux Prêtres défunis, fuivant l'ufage toléré dans la Religion, d'adminiftrer librement & fans aucun obftacle le Sacrement de Baptême, de donner la bénédiction nuptiale, d'enterrer les morts, moyennant le droit d'étole dû aux Curés; qu'ils feroient payés à proportion de ces actes de Religion, afin de prévenir toute véxation à cet égard. Qu'on aboliroit tous les abus introduits par les Curés, comme droits d'étrennes & de Confeffion Pafcale. Le Collége Epifcopal devoit ordonner dans fes Lettres Paftorales, qu'à titre de droit d'étole on n'exigeroit plus des Diffidens que ce qui avoit été prefcrit aux Catholiques Romains, relativement à ces mêmes droits établis dans les Dioecèfes, fans néanmoins abolir les anciennes conventions légitimement faites, ou celles qu'on pourroit faire à l'avenir, & en vertu defquelles on payeroit en général une certaine fomme. Le même Collége s'engageoit auffi de faire obferver ponctuellement & dans toute leur étendue les articles ci-deffus, accordés aux défunis & aux Diffidens; de recommander & d'enjoindre par fes Lettres Paftorales aux Officiaux, aux Doyens & aux Curés de s'y conformer & de les accomplir avec la plus grande exactitude.

Ce projet des Évêques n'ayant pas paru à la Cour de Pétersbourg aussi favorable qu'elle le desiroit, elle députa deux Gentilshommes à Warsovie, avec des ordres exprès de dire au Roi & à la République de Pologne que Sa Majesté Russienne insistoit sérieusement & invariablement sur l'execution des déclarations remises à la derniere Diète en faveur des Dissidens, & faisoit en même-tems assurer le Roi & la République qu'elle avoit pris à cet egard une derniere résolution avec les Cours de Londres, de Berlin & de Copenhague, comme étant également garantes du traité de paix d'Oliva.

An. 1767.

Les États assemblés ne se pressoient pas de terminer l'affaire des Dissidens, aussi promptement que les Puissances étrangeres le desiroient. On fit répandre dans le Public un mémoire sous le titre d'*Exposition des droits des Dissidens joints à ceux des Puissances intéressées à les maintenir* [51]. Ceci fit espérer qu'un prompt accommodement termineroit bien-tôt cette affaire au gré de Catherine II.

Dans ces entrefaites, l'Instigateur de la Couronne remit aux Actes du Grod de Warsovie un Manifeste contre les villes de Dantzic, de Thorn & d'Elbing, dans lequel on leur contestoit le droit de battre monnoie, & où l'on soutenoit

An. 1767. que ce droit n'appartenoit qu'au Roi de Pologne, suivant les Statuts & par le consentement de la République. La premiere de ces trois Villes étoit celle dont l'Instigateur se plaignoit le plus pour avoir donné cours à des espèces de mauvais alloi, malgré la derniere Constitution du Royaume.

Les troupes Russes, qui étoient entrées dans Thorn, pour appuyer l'assemblée des Dissidens, s'emparerent de quelques bateaux pour passer la riviere, ce qui fit croire que cette assemblée se termineroit d'autant moins tranquillement, que tous les Gentilshommes Protestans de la Prusse Polonoise s'y étoient rendus pour s'unir ensemble, pour opposer leur confédération à celle qui avoit été formée à l'instigation du Clergé par les Catholiques Romains, leurs concitoyens, & pour empêcher de tout leur pouvoir les violences du dehors.

Afin d'éviter toute surprise & de mieux parvenir à leurs fins, ils auroient armé tous leurs domestiques. Leurs mesures étoient si justement prises, qu'il n'étoit plus douteux qu'ils se maintiendroient dans leurs droits au moyen des troupes Russes, qui formoient déjà un corps de seize à vingt mille hommes, & qui se trouvant supérieur aux forces de la République, étoit en état de lui faire la loi, & pouvoit être augmen-

té en peu de tems, au cas que quelque autre An. 1767.
Puissance voulût épouser la querelle du parti
dominant.

En conséquence de cette Confédération les
Dissidens de la grande & de la petite Pologne publierent un Manifeste [52], dans lequel ils exposoient leurs griefs. Frédéric II & l'Impératrice
de Russie, qui les protégeoient publiquement, ordonnerent à leurs Ministres respectifs de remettre
à Stanislas-Auguste & à la République leurs déclarations [53] en faveur des Dissidens. En envoyant
sa déclaration au Prince Repnin, Catherine II
lui fit ecrire [54] à ce sujet.

Les Dissidens, persistoient toujours dans la résolution de se confédérer pour rentrer dans la
jouissance des droits & des priviléges qu'on leur
avoit accordés & dont ils avoient inutilement solli-
cité la restitution. Ils s'assemblerent dans l'Hôtel
de Ville de Thorn, au nombre de deux cents Gentilshommes de la grande & de la petite Pologne,
ainsi que de la Prusse, sans y comprendre ceux
qui, d'un moment à l'autre, venoient se joindre à
eux. Après s'être réunis, ils députerent deux de
leurs Gentilshommes pour donner avis de leur
réunion au Général Soltikow & implorer avec instance la protection de l'Impératrice de Russie. Ils
inviterent par écrit la ville de Thorn à confentir à
leur Confédération, ils expédierent dans les mêmes

K 4

An. 1767. vues des lettres circulaires aux villes d'Elbing & de Dantzic, & demanderent que les vingt-sept petites Villes de la Prusse Polonoise accédassent à leur confédération.

Le Roi de Pologne, instruit de la confédération qui se tramoit dans la Prusse Polonoise, chargea ses Ministres d'exhorter tous les Sénateurs & les Palatins de cette Province, à prévenir l'éxécution d'une démarche aussi irréguliere & à mettre tous les moyens possibles en usage, pour maintenir le pays dans la tranquillité. Mais il n'étoit plus tems : la confédération étoit déja formée, la protection de l'Impératrice de Russie & celle du Roi de Prusse lui étoit solemnellement promise, & les Magistrats de la ville de Dantzic avoient déjà consenti à cette confédération, avec la clause de n'être point soumis au Maréchal de la confédération & de n'être pas obligés de rien entreprendre contre ce qu'ils devoient au Roi & à la République de Pologne. Après cette réunion, ces mêmes Magistrats députerent vers Sa Majesté Polonoise, pour la supplier de ne pas trouver mauvais, si la nécessité avoit forcé leur Ville à faire une démarche aussi nécessaire pour le recouvrement de son droit.

Les Dissidens, confédérés à Thorn, firent inférer dans les actes du Tribunal de cette Ville, un manifeste [55] en forme de protestation, contre

LIVRE TROISIÈME. 153

An. 1767.

tous les torts qu'on leur avoit faits. Les villes d'Elbing, de Dantzic & de Thorn se joignirent à eux par un acte d'accession [56] qu'elles rendirent public. Les Députés, que cette confédération avoit envoyés à Sranislas - Auguste, en furent très-bien reçus, & Sa Majesté leur promit que leur cause seroit proposée à la prochaine Diète extraordinaire & qu'il la favoriseroit autant qu'il lui seroit possible. Les ayant ensuite admis à une audience publique, le Staroste Grabouski, un des Députés, harangua le Roi avec tant de force & d'éloquence [57], qu'il excita l'aplaudissement de toute l'Assemblée, qui etoit composée d'un grand nombre de Prélats & de Magnats. Cette harangue finie, Bronikowski, le second des Députés, prononça un discours plus laconique [58], mais qui ne fut pas moins solide ni moins applaudi.

Après la lecture des instructions des Députés, & leur remise au grand Chancelier de la Couronne, celui-ci leur dit : » Sa Majesté a bien voulu » nous donner accès auprès de sa personne, par » considération pour la constante réquisition des » Puissances voisines. Le Roi ne sauroit prendre » aucune résolution fixe sur notre demande, puis- » qu'elle dépend de tous les États du Royaume; » en attendant, Sa Majesté vous exhorte d'être » tranquilles & patiens & vous permet de lui baiser

» la main ». La réponse du Chancelier fut suivie d'un autre discours [59] que Zaremba, Député de la confédération du grand Duché, prononça en présence du Roi ; il recommanda les Diffidens aux bontés de Sa Majesté & à la bienveillance des Etats. Wolk, également Député de Lithuanie, ayant lû ses instructions & les ayant remises au grand Chancelier de ce Duché, celui-ci dit à ces deux derniers Députés : » vous avez entendu » la réponse que Sa Majesté a faite à nos confreres, » recevez la pour vous mêmes, par un effet de » sa bienveillance naturelle, elle nous admet aussi » à lui baiser la main ». Dix jours après que la confédération de Thorn eut pris confistance, les Diffidens écrivirent [60] au Roi de Suede pour reclamer sa protection auprès du Roi de Pologne & de la République. Le Duc, la Noblesse & les Etats de Courlande, consentirent aussi à cette confédération & rendirent public leur acte d'union [60].

A l'instant de la confédération de Thorn, presque toute la Pologne & la Lithuanie se confédérerent. Parmi le nombre de ces confédérés, il y en eut plusieurs, qui, à la faveur de la déclaration de l'Impératrice de Russie & de la lettre de son Conseiller intime, prirent le titre de *Mécontens*, assurés de la même protection que les Diffidens, avec lesquels ils faisoient cause commune. Ils n'attendoient que l'arrivée du Prince Radziwil, pour le mettre à leur tête & le faire rentrer dans le Palatinat dont on l'avoit dépouillé.

An. 1767.

Tous ces mouvemens commençoient à inquiéter Stanislas ; Sa Majesté fit tenir un Conseil du Sénat, pour savoir son sentiment sur les actes passés dans les confédérations des Dissidens & communiqués aux États, sur l'entrée des troupes Russes dans le Royaume & la déclaration de l'Impératrice, sur la nécessité de recueillir les archives, tant de la Couronne que du grand Duché de Lithuanie, qui étoient dispersées de tous côtés, & de les déposer dans un endroit convenable, enfin sur la maniere dont on devoit conduire & entretenir l'Ambassadeur que le Kam des Tartares avoit nommé auprès de la Cour.

Malgré le grand nombre de confédérations des mécontens, qui se formoient dans les divers Districts du Royaume, Sa Majesté affectoit de paroître tranquille, parcequ'elles n'intérrompoient point la sûreté publique. Quoique ce fût un usage en Pologne, que les sieges de Justice cessassent de la rendre pendant tout le tems que les confédérations duroient, cependant ceux qui, à l'exemple des Dissidens, s'étoient confédérés sous le nom de *Mécontens*, publierent des Universaux, par lesquels ils consentoient que les Tribunaux

An. 1767. jugeassent les affaires de leurs concitoyens non confédérés, se réservant cependant le pouvoir d'établir pour chaque confédération, des Juges particuliers, qui décidassent toutes les causes qui la concernoit. Ils exhorterent chaque citoyen à se tenir tranquille & à s'abstenir, sous peine d'être puni comme ennemi de la Patrie, de toute démarche qui pouroit troubler la sûreté publique. Ils recommanderent d'avoir des égards pour les troupes Russes, de les recevoir à bras ouverts, de les traiter en amis, puisqu'elles prenoient la défense de la liberté de la Pologne, & ils commirent des personnes entendues pour taxer les vivres, afin que ces troupes étrangeres trouvassent leur subsistance commodément & à un prix modique.

Les Confédérés, dont on ignora d'abord le sujet de mécontentement, se manifesterent enfin par un acte public [61]. Ils déclarerent que c'étoit pour alléger le fardeau de leur oppression. Ces mécontens, presque tous catholiques tolerans & partisans des Dissidens, demandoient qu'on rétablît dans leurs biens & dans leurs dignités, les Seigneurs qui en avoient été dépouillés pendant l'interregne, ou au commencement de la nouvelle administration royale.

Comme l'examen des demandes des Dissidens avoit été confié aux Évêques du Royaume, que le Prince Primat devoit préfider, & qu'on devoit en faire le rapport au Roi & aux États affemblés, les Diffidens confédérés députerent vers le Primat, & l'affurerent dans l'audience [62] que ce Prince leur accorda, qu'ils n'en vouloient point à la Religion catholique romaine, & qu'ils ne s'étoient réunis que pour obtenir la jouiffance de leurs anciens droits.

An. 1767.

Les Députés de la confédération générale de Lithuanie s'étant rendus à Warfovie, remirent à l'Ambaffadeur de Peterfbourg, l'acte [63] de cette confédération. Ils le fupplierent de recommander leurs adhérens aux bontés & à la protection de Sa Majefté Impériale. Ils rendirent enfuite leur manifefte public, afin que chacun connût quelles étoient les raifons qui les avoient porté à fe confédérer. En inférant dans les actes les diverfes confédérations des Diffidens, celle de Lithuanie exigea qu'on donneroit la qualité de Religion dominante à la Communion catholique romaine.

Quoique par la nature de fon gouvernement, la Pologne foit fujette à cette efpece *d'affociation*, qu'on nomme confédération, l'hiftoire ne nous fournit point d'exemple de la célérité avec laquelle les confédérations naiffoient & fe fuccédoient. Leurs principaux mobiles étoient la protection ouverte que leur accordoit la Ruffie, & d'autres

Cours du nord, ainsi que le consentement des Magnats les plus respectables.

Ces confédérations étoient motivées sur la loi, qui restreignoit le pouvoir des deux grands Généraux de la Couronne, sur l'établissement & l'autorité attribuée à la commission du trésor & de la guerre : ce qui rendoit tous les jours les affaires plus épineuses. Si la derniere Diète s'étoit montrée plus favorable aux Dissidens, qu'elle eût eu plus d'égard pour eux, tant à cause de la garantie que des bons offices des Puissances qui avoient à cœur l'intérêt des Confédérés, il est certain que la Pologne ne se seroit pas attirée les dernieres déclarations des Cours de Petersbourg & de Berlin, & qu'elle eût put éviter toutes ces confédérations ; du moins elles auroient trouvé plus de difficultés à se former. La maniere avec laquelle les Confédérés venoient de se comporter vis-à-vis du Prince Radziwil, devoit dessiller les yeux des États.

Dès que ce Prince fut élu à Radom Maréchal-général de la confédération, & qu'on eut résolu de la rétablir dans tous ses biens, tous les Maréchaux des confédérations particulieres, des Palatinats & des districts, prêterent serment entre ses mains, en présence d'un grand nombre de Sénateurs & de Ministres de la Couronne : ce qui engagea le Prince Radziwil à publier un Universal, pour inviter tout le monde à se confédérer.

A l'exemple des Cours de Petersbourg & de Berlin, Sa Majesté Suedoise, une des Puissances du nord qui s'étoit déclarée en faveur des Dissidens, fit remettre au Roi & à la République de Pologne, une déclaration [64] où elle prenoit vivement leur intérêt.

On doit être d'autant moins surpris de ce grand nombre de confédérations qui s'étoient formées en aussi peu de tems, les unes après les autres, qu'il n'y avoit aucune Province, aucun ordre, pas même aucun particulier qui, à quelque égard, ne crût avoir lieu de se plaindre, & qui ne se promît d'être réintegré dans ses droits par son accession à ces conféderations. Pour faire connoître au public quels étoient les véritables griefs des petites Villes de la Prusse Polonoise, elles crurent devoir les manifester dans un écrit [65] qu'elles firent inférer dans le Tribunal de Thorn, & où les motifs de leurs plaintes étoient parfaitement déduits.

Après avoir été élu Maréchal général de la confédération générale, le Prince Radziwil se rendit à Warsovie; mais comme il n'y auroit pas été en sureté, il étoit escorté de deux cents hommes, qui campoient vis-à-vis de son hôtel, & qui y posoient tous les jours une garde de quarante soldats. En sa qualité de Général, ce Prince envoya le Vaivode de Pologne vers les Commis-

An. 1767.

saires de guerre & de la tréforerie, pour les avertir de prêter ferment, aux conditions suivantes : d'être fideles au Royaume & aux États confédérés : d'appuyer & de maintenir le libre exercice de la Religion catholique romaine, ainfi que l'égalité & les prérogatives par rapport aux autres communions: de ne donner aucun foupçon par correspondance de lettres : de ne jamais fe décharger des obligations que leur emploi leur impofoit. Mais comme l'autorité de ces commiſſions étoit trop étendue, & avoit donné lieu à pluſieurs confédérations, quelques-uns de fes membres demanderent leur démiſſion. Ceux qui refterent en charge confentirent aux demandes du Prince Radziwil, & prêterent ferment de fidélité au Roi & à la confédération générale.

Quoique pluſieurs Magnats fe fuſſent confédérés, tous ne l'avoient pas fait de la même manière. Les uns avoient mis plus ou moins de reftrictions que les autres dans leurs actes d'acceſſion. Celui de l'Évêque de Cracovie [66] étoit un des plus remarquables par fa fingularité, relativement à la pofition où il fe trouvoit, comme Évêque & comme Sénateur. Les obligations de chacun de ces deux États paroiſſoient ne pas s'accorder avec les demandes des Diffidens.

Le Maréchal des Confédérés de Wiellaw, s'étant rendu à Radom pour s'unir à la confédération

ration générale, y prononça un discours [67] très-pathétique, dans lequel il peignit le danger dont la liberté étoit menacée, tant à l'égard du culte divin, que par rapport à la condition des citoyens.

An. 1767.

Pour engager Sa Majesté Impériale de Russie à leur continuer sa protection, les confédérations générales envoyerent leurs Députés vers cette Princesse, munis d'instructions, de lettres de créance, & d'une note de tous les griefs de la Nation. Tout étoit en mouvement dans la Pologne à l'occasion des petites Diètes, dont aucun membre ne pouvoit être élu Nonce, qu'il ne fût Confédéré: ce qui augmenta considérablement le Corps entier des confédérations. Les Députés de la confédération générale ayant eu l'honneur de haranguer le Roi, Sa Majesté leur fit répondre [68] qu'elle auroit égard aux demandes des Confédérés, & qu'elle en accélereroit l'accomplissement.

Indépendamment de l'acte d'accession que l'Évêque de Cracovie avoit fait à la confédération générale des mécontens du Royaume, de concert avec plusieurs autres Prélats, il écrivit aux Diétines Provinciales du District de Warsovie; il exposoit dans sa lettre que l'affaire la plus essentielle, & à laquelle il importoit d'avoir égard, étoit qu'avant toute délibération, on s'attachât à trou-

Tome I.   L

An. 1767.

ver un moyen de s'opposer aux entreprises des Dissidens si souvent réitérées; que les Diètes qui, depuis plusieurs siecles, s'étoient acquis de la réputation dans la défense de la Religion orthodoxe, devoient, dans celui-ci, armer leurs Nonces de courage, leur donner des instructions judicieuses & pleines de zele pour la Patrie, afin qu'ils n'accordassent aux Dissidens que les avantages qui leur avoient été assurés par les Loix; qu'ils ne stipulassent d'autres droits en leur faveur que les privileges qu'ils tenoient des constitutions du pays, & des traités conclus avec les Puissances étrangeres.

» Catherine II, continua-t-il, qui leur a promis sa protection, ne cherche pas à faire violence aux catholiques en faveur des Dissidens, puisqu'en conformité à sa déclaration, elle promet de maintenir les prérogatives, qui sont attachées à la Religion Romaine, comme dominante. Cette Princesse, douée d'un jugement solide & pénétrant, n'ignore pas que la différence des Religions dans un État, y enfante une diversité d'opinions, nuisibles au gouvernement. Elle n'exige des catholiques que de traiter les Dissidens, comme freres, & de les rétablir dans la jouissance des prérogatives que les loix & les traités leur accordoient. Il est évident que cette Princesse veut seulement que les droits qui leur appartiennent en vertu des traités, soient un des objets des délibérations de la prochaine Diète; je suis convaincu, ajouta ce Prélat, de la sincérité avec laquelle les Puissances voisines prennent à cœur la conservation de la tranquillité intérieure, & du bien être de la Nation, puisqu'elles démontrent dans leurs déclarations l'indispensabilité d'une Diète de pacification générale. Tous les habitans de ce Royaume espérent que les Universaux du Roi, pour la tenue de cette Diète, seront conformes aux déclarations de ces Puissances, & qu'on y exposera publiquement les affaires d'une maniere convenable à la pacification générale; qu'il n'y sera fait mention que des confédérations de Thorn & de Shuck, & qu'il n'y aura rien qui ne soit relatif à la Patrie. Il faut donc que les instructions des Nonces soient dressées de façon, qu'ils ne permettent point qu'on traite aucune matiere dans cette Diète, mais qu'ils demandent la convocation d'une autre, dont les Universaux s'accorderont avec les déclarations des Puissances intéressées, & avec les desirs de la Nation. Il répugne en effet à la dignité des sujets & au respect dû aux États du Royaume, qu'il se tienne une Diète qui n'auroit d'autre but que de se concerter avec les prétentions des Dissidens, sans avoir égard aux autres points contenus dans les déclarations des autres Puissances: il faut aussi

La

An. 1767. prescrire aux Nonces d'insister fortement sur ce que l'Hôtel des Monnoies soit fermé, à cause du grand préjudice qu'on souffre pour leur basse valeur intrinseque, & par la difficulté de leur transport. Tel fut le discours de l'Évêque de Cracovie.

Le Comte Branicki, Castellan de Cracovie, & grand Maréchal de la Couronne, se joignit à la confédération générale, & fit aussi insérer dans les actes de ce Tribunal, son acte d'accession [69].

Toutes ces confédérations ne pouvoient se terminer que par les décisions avantageuses d'une Diète générale. Le Roi jugea donc qu'il seroit inutile de faire publier d'autres Universaux, relativement à la prochaine Diète, que celui [70] qui avoit été rédigé par la confédération générale, avant même que la Cour eût une connoissance formelle de sa conclusion. Sa Majesté se contenta de dire dans les instructions qu'elle fit donner, qu'il s'étoit formé une confédération nationale pour traiter de plusieurs affaires connues des Palatinats & des Districts. La faute que fit Stanislas, de remettre aux Palatinats le droit de nommer des Nonces à cette Diète extraordinaire, donna lieu au Prince Radziwil d'adresser aux Sénateurs & à la Noblesse, un Universal [71] pour l'élection des Nonces, & pour soumettre aux délibérations de la Diète tous les objets qui y étoient relatifs.

La Diétine de Kaminieck fut troublée pour n'avoir pas eu égard, conformément au traité de Pruth, à ce qui avoit été recommandé aux autres Districts, de ne point admettre dans la Ville aucune espece de troupe, excepté quelques Officiers. Les sentimens des Votans s'étant partagés sur ce sujet, les esprits s'échaufferent au point, qu'on en vint aux voies de fait. La Diète générale de Graudentz ne fut pas plus pacifique, quoique les Nonces, qui y avoient été nommés, fussent expressément chargés par leurs instructions, d'avoir soin que les droits des Dissidens, de la Noblesse, des Villes & de leurs habitans, tant en matieres ecclésiastiques que politiques relativement aux emplois d'honneur, aux dignités, aux libertés & au libre exercice de religion, fussent remis en activité, dans les Cours de Justice & les Colléges, conformément à ce qui avoit été décidé par la confédération générale de 1753, ainsi que les autres droits & priviléges qui leur avoient été accordés par la paix d'Oliva, & confirmés depuis par les déclarations de l'Impératrice de Russie & des autres Puissances. Le sujet de la dispute qui s'éleva dans cette Diète, vint de ce que plusieurs de ses membres ne vouloient pas qu'on ajoutât l'épithete de dominante, à la Religion catholique, contre laquelle les Députés des États & les Gentilhommes de la Communion évangelique pro-

An. 1767.

An. 1767. testoient, en soutenant que cette dénomination pouvoit avoir lieu en quelques Provinces de Pologne, mais qu'elle ne devoit pas être soufferte dans la Prusse Polonoise.

Cette derniere Province forma une confédération particuliere, qui se joignit par la Diète de Graudentz, à celle de la Couronne, aux conditions cependant qu'exigeoient sa constitution & ses droits. Elle chargea les Nonces de maintenir les prérogatives de l'Église catholique romaine, & d'insister sur le rétablissement des Évangeliques, dans leurs anciennes libertés, conformément au traité de paix d'Oliva, qui, sans avoir égard à la distinction de Religion, leur accordoit une parfaite égalité. Sans avoir eu besoin des dispositions qui avoient été faites dans les autres Diètes à l'exemple des autres Provinces, elle tînt une Diète générale, s'y conduisit avec franchise, & conclut ses délibérations, indépendamment de la pluralité des suffrages de tous les Confédérés. Le Prince Repnin, qui avoit pourvu à ce que tout se passât tranquillement dans ces Diétines, leur adressa un mémoire [72] pour les engager à se comporter en citoyens, qui ne desirent que le bien de leur Patrie.

La Cour de Rome, informée par son Nonce de tout ce qui se passoit en Pologne en faveur des Dissidens, inquiete sur le succès qu'ils avoient

lieu d'espérer dans la prochaine Diète générale, à An. 1767.
cause des protections puissantes qu'ils avoient,
adressa un Bref [73] à tous les Évêques de ce
Royaume, pour les exhorter d'employer tout leur
pouvoir pour la cause de Dieu, & leur recommander que si leur douceur ne pouvoit rien gagner
sur les esprits des Confédérés, ils usassent de
censures, de menaces, même de punitions faites
à propos, ou à contre-tems.

Les paysans de la Prusse Polonoise formerent
aussi une Confédération, & publierent un mémoire
dans lequel ils prétendoient prouver que leur extraction alloit de pair avec celle des Nobles. Ils
y déclaroient qu'ils ne vouloient point être affran-
chis de tout service, mais ils demandoient qu'on
abolît leur servitude, & qu'en ce cas, ils ne fussent
assujettis aux travaux que trois jours de la semaine;
ils exigeoient aussi qu'il leur fût permis de jouir
dans les Diètes des prérogatives attachées à l'ordre
des paysans, en Suède.

Le jour de l'ouverture de la Diète, Stanislas-
Auguste déclara publiquement qu'il consentoit
à la confédération générale, & que la direction en
appartenoit au Prince Radziwil, en qualité de Maréchal de cette confédération. Alors les Maréchaux des deux confédérations générales, bai-
serent la main de Sa Majesté, & se placerent sur
des fauteuils, quoiqu'il fût d'usage que les Maré-

L 4

An. 1767. chaux de la Diète ne prissent séance que sur des tabourets.

Dans le discours que le Prince Radziwil fit à l'ouverture de cette Diète, il loua beaucoup les grandes qualités du Roi, exposa le motif pour lequel cette Diète étoit convoquée, & fit connoître le meilleur moyen d'en fixer la durée après l'élection des Nonces qui auroient reçu des États confédérés, un plein pouvoir de traiter avec le Prince Repnin. Le Prince Radziwil produisit ensuite un manuscrit, contenant la maniere, dont les Nonces, munis de pleins pouvoirs illimités, de la part des États, traiteroient, & signeroient avec le Prince Repnin, ou tout autre Ministre autorisé par la Russie, ce qui auroit été convenu sur le rétablissement des loix & de la liberté, des droits & des prérogatives des Grecs & des Dissidens, qui leur appartenoient en vertu des traités & des constitutions. Il ajouta que tout ce qui auroit été résolu dans la Diète, seroit confirmé par les Etats, quand même quelques Conseillers, ou quelques Nonces ne se trouveroient pas présens; que le Prince Primat, neuf Conseillers & dix-huit Nonces seroient munis de pleins pouvoirs pour confirmer les décisions de la Diète, & que la Russie, conjointement avec les autres Puissances, garantiroit les articles confirmés,

Ces propositions ayant répandu l'alarme dans l'assemblée, l'Evêque de Cracovie déclara, suivant la loi de la derniere Diète, que tout projet devoit être communiqué trois jours avant son exécution. Il convint qu'on nommât des Commissaires pour connoître avec l'Ambassadeur de Russie les plaintes des Dissidens, pourvu que ces Commissaires en donnassent avis aux États. Il leur étoit permis de décider sur toutes choses, excepté sur les affaires qui concernoient le culte divin & la liberté, lesquelles ne seroient point terminées par la pluralité, mais par l'unanimité des suffrages. Adressant ensuite la parole au Roi, ce Prélat lui dit que puisque dans la précédente Diète, Sa Majesté avoit donné un exemple aussi louable de son zèle pour la Religion, jusqu'à offrir de sacrifier sa vie pour elle, il étoit tems aujourd'hui, sur-tout dans des circonstances aussi épineuses, de donner des preuves, non verbales, mais réelles, qu'Elle étoit un Monarque orthodoxe.

Quelque hardi que fût le discours de ce Prélat, il n'empêcha pas le Prince Radziwil de remettre son projet sur le tapis, ni que le Maréchal de la Couronne dît au Primat & aux Nonces de communiquer à la Diète le Bref qu'ils avoient reçu de la Cour de Rome. La lecture de ce Bref excita de vifs débats, & le

An. 1767.

Nonce de Podolie s'expliqua à ce sujet sur un ton assez libre. Stanislas s'appercevant qu'on commençoit à s'échauffer, suspendit les délibérations pour gagner du tems & préparer les esprits.

Les Evêques de Cracovie & de Kiovie, plusieurs autres Prélats, & beaucoup de Sénateurs séculiers qui adhéroient à leurs sentimens, ne voulurent jamais rien rabattre de leur zèle pour la Religion, ni se relâcher sur leurs sentimens. Non-seulement ils refuserent aux Commissaires des pleins pouvoirs suffisans pour traiter avec l'Ambassadeur de Russie, ils témoignerent encore une plus grande animosité contre les Dissidens & leurs protecteurs. Ce refus n'étoit pas sans exemple; on en trouve des preuves dans les Traités d'Oliva, de Crzimult & de Warsovie en 1717. Divisés par la Discorde, les esprits paroissoient s'éloigner de plus en plus de cette modération, qui étoit si nécessaire pour détourner de ce Royaume tous les malheurs qu'on avoit sujet de craindre. Cependant les Députés des deux Confédérations unies, jugerent à propos de féliciter le nouveau Primat sur sa dignité. Ils lui recommanderent les intérêts des Dissidens, comme à un Prélat sage & équitable. Son Altesse leur répondit : » Que le vrai attribut de la Religion » Chrétienne étoit la charité, dont l'usage consti-

» tue le principal devoir d'un Chrétien; qu'ils
» devoient être persuadés qu'elle se feroit un point
» capital de remplir les obligations du vrai amour
» du prochain, & qu'elle employeroit tous ses
» efforts pour qu'ils approuvassent les bons effets
» de sa justice ».

Les Prélats & les Sénateurs, dont nous avons parlé plus haut, ainsi que quelques autres opposans des plus impétueux, persistant opiniâtrément dans leur refus & dans leur indisposition contre les Dissidens, furent arrêtés la nuit du treize au quatorze Octobre 1767. L'Évêque de Cracovie ne se récria pas moins contre cet acte de violence que le Sénateur Kolajeuski, qui dit:
» Que pour le maintien de la Religion, il ne crai-
» gnoit, ni la prison, ni les mauvais traitemens,
» ni même le martyre ». Quelque chose que ces prisonniers pussent alléguer en leur faveur, ils furent conduits en Russie par des détachemens des troupes de cette Nation, & le scellé fut mis sur leurs papiers. Dès que cet enlévement fut fait, le Prince Repnin publia une déclaration [74] qui donna lieu à Sa Majesté Polonoise de dire:
» Qu'il n'étoit pas difficile de gouverner un
» vaisseau, lorsque les vents étoient favorables;
» mais qu'un habile Pilote devoit résister à l'o-
» rage sans abandonner le gouvernail; qu'il avoit
» été plusieurs fois dans le dessein, comme il

An. 1767.

An 1767. » l'étoit encore, d'abdiquer la Couronne dont il
» éprouvoit le fardeau, si son amour pour la Pa-
» trie ne lui eût fait changer de sentiment. Qu'on
» devoit considérer avec attention les tristes
» affaires qu'on s'attiroit sur les bras; qu'il avoit
» fait tous ses efforts pour le bien de la Patrie,
» mais que peu d'entre ses sujets l'aidoient
» dans ces circonstances, & qu'il s'étoit vu aban-
» donné de la plupart d'entr'eux. Que s'il pre-
» noit cependant le parti de les abandonner à
» son tour, ils se trouveroient dans une fâcheuse
» situation ».

L'enlévement de l'Évêque de Cracovie occasionna un soulévement général dans le Palatinat de ce nom. Une centaine de familles nobles
se confédérerent à ce sujet, formerent un corps
de six mille hommes, camperent près du Mont
Crapack, & attendirent qu'ils fussent renforcés
par quinze mille combattans, dont ils esperoient
l'incorporation. Ils firent main-basse sur quelques
Russes. Cet événement fut cause que les affaires
de la Pologne devinrent plus sérieuses de jour
en jour, & que les troupes Russes investirent tellement les dehors de Warsovie, que personne
ne pouvoit en sortir ni y entrer sans leur permission.

Les conférences provinciales, qui se tinrent à Warsovie pendant la Diète extraordi-

naire, n'ayant rien déterminé, le Prince Primat assembla chez lui toutes les provinces, les unes après les autres, pour éclaircir les matieres. Le Prince Radziwil, Maréchal général de la Confédération générale de la Couronne, à qui les Tribunaux avoient accordé des décrets de coutumace contre plusieurs Magnats, voulut bien leur accorder la liberté d'entrer dans la Diète, dont ils etoient exclus par les jugemens qu'on avoit rendus contre eux. Il les exhorta à servir la Patrie de leur sagesse & de leur expérience dans des circonstances aussi critiques, & de travailler de concert pour le bien général. Il annonça à l'assemblée un moyen que le Roi avoit déjà proposé, comme le plus propre à réunir les deux projets, qui faisoient le sujet des délibérations.

Quelque avantageuses que parussent ces propositions, pour procurer à la Pologne une paix générale, le haut Clergé les rejetta, en se déchaînant avec beaucoup de chaleur contre les confédérations & les prétentions des Dissidens; il dit, que la liberté qu'ils demandoient étoit telle que l'hérétique Beze, l'avoit autre-fois désignée sous un pareil nom; il protesta qu'il n'y consentiroit jamais, & soutint que personne ne pouvoit assister à cette Diète comme Député, parce que tout y concourroit à

An. 1767. la ruine de la Religion ; que dans ce cas aucune pluralité de voix n'y pouvoit former des conclusions sans rendre la Religion susceptible de changement comme en Angleterre. Le Clergé compara les zélés pour les Dissidens à Aggrippine, mere de Néron, à qui il fut pronostiqué qu'elle mourroit des mains de l'enfant qu'elle mettroit au monde. Il assura que le Roi, avec tous ses talens & toutes ses vertus, n'auroit aucun mérite distingué, s'il ne se montroit craignant Dieu, & qu'il ne pouvoit se croire chéri de ses Peuples, si ces projets leur ravissoient la liberté pour introduire chez eux le despotisme, & qu'il en résulteroit des guerres civiles, qui dureroient aussi long-tems que celles qui dévasterent l'Angleterre sous les deux Maisons d'Yorck & de Lancastre.

Stanislas surpris d'un discours aussi séditieux, dit à l'Assemblée : » Que le bon sens & la
» sagesse ne devoient jamais se manifester davan-
» tage que lorsque le danger étoit à craindre de
» toutes parts ; que pour lui, il avoit cherché
» tous les moyens d'augmenter le bien être de
» ses Sujets dans ce tems de calamité ; qu'il avoit
» fait tous ses efforts pour en détourner les mal-
» heurs, & que la postérité impartiale lui ren-
» droit justice. La derniere Diète, continua-t-il,
» ne prouvera pas que tout y ait tourné à l'avan-
» tage de la Patrie. Un Peuple libre avoit à

An. 1767.

» conclure pour le maintien de sa liberté ; voilà
» la source de toutes les démarches qui se font
» aujourd'hui. Maintenant il est à propos de con-
» sidérer ce que l'on a fait lorsque la Nation
» s'est confédérée ; quels sont les points de son
» association qu'elle a déterminés, & que la
» substance de son projet est la même dont ses
» Députés ont été chargés de demander l'exé-
» cution à l'Impératrice de Russie. Toutes les
» Provinces, les Palatinats, les Districts en
» avoient fait autant à la confédération géné-
» rale & avoient souhaité que son Maréchal de-
» vînt celui de la Diète ; il est donc d'une obli-
» gation naturelle que les États confédérés de
» la République se conforment dans la Diète aux
» actes de la confédération générale & à ce que
» leurs Députés accrédités à Moscow, ont proposé
» à l'Impératrice de Russie. Aussi suis-je d'avis,
» dit ce Prince, que les lettres de créances dont
» les Députés de la Nation confédérée sont mu-
» nis, soient lues aux États, & on verra qu'elles
» ne contiennent que ce qui a été conclu jus-
» qu'à présent «.

En conséquence des dernières paroles que Sa Majesté venoit de prononcer, le Secrétaire de la Diète fit la lecture des lettres de créance ; & lorsqu'on demanda de qui elles étoient signées, il répondit que le Maréchal de la Confédération

An. 1767. générale & les Sénateurs y avoient apposé leurs seings. Après cette réponse on s'écria que les confédérations n'avoient point une autorité fixe; que tout ce qu'on avoit reglé pouvoit être changé par une Diète, approuvé ou rejetté dans une assemblée de la République. Que les Confédérés ne pouvoient dresser de lettres de créance, puisqu'elles n'avoient ni la nature de missive, ni la forme d'instructions, mais qu'elles contenoient simplement une nomination, afin qu'on ajoûtât foi à ceux qu'on envoyoit aux Cours étrangeres; & supposé qu'il en fût autrement, on n'ignoroit pas que les écrits de la Confédération lui avoient été suggérés.

On demanda ensuite au Roi ce que renfermoit l'instruction donnée par Sa Majesté dans l'assemblée du Conseil du Sénat. Stanislas répondit : « Que ce n'étoit pas la premiere fois » qu'il eût mieux valu, pour le bien de la Pa- » trie, refuser d'entendre une réquisition que » d'y consentir ; il prit en même tems Dieu à té- » moin qu'il avoit employé tous ses efforts » pour le bien de la Patrie, & qu'il prévoyoit » que le Royaume ne devoit s'attendre qu'à des » malheurs, si l'on ne s'accommodoit prudem- » ment aux tems & aux circonstances ». Après avoir conclu qu'il falloit délibérer de nouveau sur tout ce qui avoit été proposé, le Roi ajouta:
» Que

» Que puisque les conférences n'avoient eu juf- An. 1767.
» qu'à préfent aucun fuccès, il les prolongeoit pour
» trois jours, pendant lefquels on travailleroit à
» lever toutes les difficultés, s'il étoit poffible ».

Les Magnats & les Nobles s'affemblerent chez
le Prince Primat, députerent vers Staniflas & le
prierent d'employer fon crédit pour obtenir la liberté de ceux qui avoient été enlevés. Le Roi leur
dit dans l'audience, qu'il leur accorda : » Lorfque
» l'amour de la Patrie ne dirige pas les démarches
» de fes enfans; que par une indifférence criminelle
» ils lui refufent leurs confeils & leurs fecours, &
» qu'ils ne veulent fe prêter ni au tems, ni aux cir-
» conftances, rien ne fe fait à propos, & au lieu
» de lui tendre un bras fecourable, on la précipite
» dans de nouveaux dangers. Tranquille dans le
» calme le Pilote ne l'eft pas pendant l'orage.
» C'eft alors qu'il emploie toutes les reffources de
» fon art, pour réfifter à la fureur des flots ; il a
» les yeux continuellement fixés fur fa bouffole,
» il obferve attentivement les fréquentes varia-
» tions des vents, & il s'en fert à propos pour
» le falut du vaiffeau qu'on lui a confié ; moins
» occupé de fa propre confervation que de ceux
» qui ont mis en lui toute fa confiance, il s'occupe
» fans ceffe des moyens d'arriver heureufement au
» port. C'eft ainfi que dans les circonftances ac-
» tuelles je n'ai rien négligé de tout ce qui étoit

Tome I. M

» nécessaire pour rétablir la tranquillité dans mes
» États, & ce n'est que l'opiniâtreté de mes Su-
» jets qui m'a fait penser plus d'une fois à abdiquer
» le sceptre & le diadême. Je l'eusse déjà fait, si
» mes engagemens & mon amour pour ma Patrie
» ne m'eussent porté à sacrifier mes intérêts les plus
» chers, ma Personne même, pour ne pas plonger
» mon Royaume dans un abîme de malheurs.

Le Prince Primat s'approcha du Roi pour lui baiser la main, & représenta vivement à l'assemblée, que le peu de succès de la Diète, devoit engager à la prolonger & à nommer des Députés & des Commissaires pour conférer avec le Prince Repnin, & pour éclaircir les deux projets qui servoient de matiere à contestation; c'étoit la maniere la plus convenable de lever toutes les difficultés qui étoient survenues à cette occasion.

On regardoit comme une chose inouie que des Évêques, des Sénateurs & des Nonces fussent traités en criminels pour avoir donné sincèrement leur avis & on proposa de s'intéresser vivement à l'élargissement de ceux qui avoient été enlevés par les Russes. » Un pareil exem-
» ple, dit un Noble, ne se trouvera point dans
» l'histoire: quelque absolue que soit l'autorité
» d'une Puissance, elle doit regler sa con-
» duite sur l'équité & la justice. Mais ici les prin-

» cipaux membres d'un État libre sont arrêtés An. 1767.
» sans avoir été, ni accusés, ni condamnés. On
» devroit honorer Rzeowski, Lieutenant Gé-
» néral de la Couronne, du nom de *Fabricius*,
» cet ancien Romain, qui souffrit sans avoir of-
» fensé personne ; à moins de regarder comme
» une offense son zèle pour la Patrie & son exac-
» titude à remplir ses devoirs en qualité de Séna-
» teur. Il convient à Sa Majesté que ces zélés
» Patriotes recouvrent au plutôt leur liberté,
» & que tous ceux qui sont présens à l'assem-
» blée soient à couvert de pareilles violences.
» Ce qui vient d'arriver prouve que personne
» n'est libre. Si l'on garde le silence, il est
» réputé trahison de la Patrie ; si l'on veut
» parler, les murs de la chambre se récrient
» contre le vuide des sièges & des bancs, des-
» titués de leurs Sénateurs. On ne devoit point
» permettre de délibérer, continua-t-il, sur au-
» cune proposition que les prisonniers ne fussent
» rendus & qu'on n'eût des suretés contre un
» événement semblable ».

Stanislas répliqua : « Que dans cette dé-
» plorable calamité il avoit témoigné aux Dépu-
» tés, envoyés vers sa Personne, quelles étoient
» ses sincères dispositions & ses souhaits pour
» la liberté des Sénateurs, dont les places étoient
» vuides par leur enlèvement. Qu'il réunissoit

» l'affliction générale à celle dont il étoit pénétré.
» Je desire, dit Sa Majesté, que plusieurs mem-
» bres de la Diète renoncent à leur obstina-
» tion, qui porte obstacle à tout arrangement,
» & qu'ils fixent leur attention sur ce qu'il y a de
» plus salutaire à conclure dans la conjoncture
» présente. J'ai entendu que les États vouloient
» que la Diète fût prolongée, & que pour parve-
» nir à une heureuse conclusion, à l'égard des
» deux projets dont il étoit mention, on nommât
» des Députés pour conférer avec le Prince Rep-
» nin; c'est-là mon sentiment, mais il faut que le
» Maréchal de la Diète confédérée demande aux
» États s'ils y consentent unanimement ». Le
Maréchal ayant fait cette réquisition jusqu'à trois
fois, elle fut suivie d'un consentement général &
confirmée par trois cris ordinaires de zgoda. On
convint ensuite que le traité en faveur des Dissidens
seroit dressé avec l'approbation de l'assemblée,
& qu'au lieu des Députés qui avoient été appellés
en petit nombre, on en nommeroit soixante-dix,
dont une partie seroit composée de membres du
Sénat & le reste de l'Ordre Équestre, après quoi
la limitation de la Diète au premier Février
1768 fut signée par le Roi, par le Maréchal de
la Diète & par les Députés de l'Ordre Équestre.

Les Commissaires de la Diète s'étant rendus
chez le Prince Repnin, son Excellence leur pro-

posa d'inviter à leurs séances, les Ministres de
la Grande-Bretagne, de Suéde & de Dannemarck, & conclut à ce que quelqu'un des Commissaires fût leur en faire le compliment; mais
ceux-ci s'excuserent sur ce que leurs instructions
pour la limitation de la Diète, ne renfermoient
rien de semblable. Sur leur refus, le Prince s'offrit
de faire lui-même cette invitation; ce qui n'eut
pas lieu, parce que le Prince Primat invita
lui-même ces trois Ministres à assister aux conférences des Commissaires, nommés par le Roi
& qui étoient munis d'un plein pouvoir [75]
qui les autorisoit à arranger, statuer, conclure
& signer tout ce qu'ils jugeroient être le plus
avantageux & le plus convenable aux vrais intérêts de l'État.

Les conférences que les Plénipotentiaires de
la Couronne tinrent avec l'Ambassadeur de
Russie & les Ministres d'Angleterre, de Suéde,
de Danemarck & de Prusse, eurent tout le succès qu'on en attendoit. Avant de lever toutes
les difficultés qui concernoient les Citoyens en
général, on traita celles qui regardoient les Dissidens & dont les point capitaux consistoient à leur
accorder le libre exercice du culte divin; à les
rendre d'une parfaite égalité avec leurs concitoyens; à ériger un Tribunal mixte, composé de
Juges de différentes Communions; à les soustraire

An. 1767. à la Juridiction du Clergé Romain, & à leur accorder une part égale avec les Catholiques dans le partage des biens temporels.

Afin d'assurer le reglement de ces points essentiels & d'autres qui étoient compris dans leurs demandes, il fut décidé qu'un corps de quarante mille Russes resteroit provisionnellement dans le pays aux dépens de la République, & que l'armée de la Couronne seroit aussi nombreuse. Pour la subsistance de l'une & de l'autre armée, on devoit établir des magasins en différens endroits du Royaume. En conséquence de ces décisions, qui étoient propres à réunir les esprits divisés, il fut résolu, d'un commun accord, que les Protestans ne seroient plus désignés sous le nom de Dissidens, & moins encore sous celui d'Hérétiques, Qu'à l'avenir on s'abstiendroit de déshonorer leurs Eglises & leurs Pasteurs par des dénominations injurieuses. Que les Luthériens & les Réformés seroient qualifiés du nom d'Évangéliques ; que les Grecs porteroient celui d'anciens Grecs, ou de Membres de l'Église Orientale, & que ces distinctions seroient exactement observées sous peine de châtiment. Que les Protestans rentreroient dans la possession de leurs Églises & de leurs Écoles ; qu'ils auroient leur consistoire particulier avec le libre exercice de leurs Communions respectives ; qu'ils pourroient en-

terrer leurs morts publiquement & honorable- *An.1767.*
ment. Que les étrennes du nouvel an, réservées
auparavant au Clergé Romain, reviendroient dé-
formais au Clergé Évangélique & aux Directeurs
des Cercles, ou qu'elles seroient appliquées à leur
besoin. Que les enfans qui naîtroient des mariages
contractés par des personnes de différentes Religions seroient élevés, les fils dans la croyance
de leur pere & les filles dans celle de leur mere.

A cette concession avantageuse pour les Dissidens, signée le vingt-un Novembre 1767, on
ajouta qu'ils auroient dans la Capitale des Églises,
des Temples & des Écoles, ainsi que dans
toute l'étendue du Royaume & du Grand Duché
de Lithuanie. Que lorsqu'ils voudroient en faire
construire dans les Villes, ils en obtiendroient
préalablement l'agrément de Sa Majesté, & qu'il
seroit permis aux Nobles de leur accorder cette
grace dans leurs terres respectives; qu'ils pourroient se servir de cloches & d'orgues, faire administrer le baptême à leurs enfans, se marier
& donner la sépulture à leurs morts, suivant
leur Lithurgie.

Dès que l'affaire des Dissidens fut conclue,
le Prince Repnin dit qu'il ne s'agissoit plus que
de délibérer sur les matieres d'État, qui intéressoient la Confédération générale. Mais les Commissaires de la République, demanderent & ob-

M 4

An. 1767. tinrent quelques délais pour se réunir en corps. Ce délai étant expiré, ils s'assemblerent pour décider qu'on confirmeroit la loi, *Rex Catholicus est*. Que le droit d'élection seroit irrévocable & qu'on n'auroit jamais égard à la succession des descendans des Rois. Que dans tous les tems la Religion Catholique Romaine seroit maintenue dominante. Que le Roi n'auroit jamais l'autorité d'aliéner les biens appartenans à la République. Qu'on ne pourroit arrêter qui que ce soit, sans avoir été premièrement entendu en Justice & sans une condamnation préalable; que le *liberum veto* seroit conservé dans toute sa force en matiere d'État. Que la rentrée & la possession des charges & dignités données par le Roi, se seroient simplement, sans la moindre contradiction & sous prétexte qu'elles dépendent de la République. Que le libre exercice du culte divin ne souffriroit aucune restriction dans aucun cas. Que les prérogatives des Villes seroient maintenues; qu'on procéderoit à l'enregistrement de leurs priviléges, trois mois après leur octroi. Qu'on ne remettroit jamais sur le tapis une affaire d'État qui auroit été une fois rejettée. Qu'il seroit permis de vendre ou de céder, par forme d'héritage, ou par contrat emphitéotique, des terres, tant aux bourgeois qu'aux laboureurs. Qu'on supprimeroit la qualité de serf. Que tout étranger qui auroit habité dix ans dans le Royaume, seroit réputé concitoyen. Qu'on accorderoit au Roi le *Jus Caducum*, ou Parties Casuelles. Qu'on pourvoiroit à ce que les grandes Villes, telles que Cracovie & autres eussent voix & droit de séance dans les Diètes, & qu'on permettroit, comme ci-devant, que les personnes d'extraction bourgeoise, fussent revêtus d'emplois dans les Cours de Justice Assistoriales.

Soutenus par un Prince, qui s'étoit fait une réputation brillante par l'étendue de son génie & le succès de ses armes, les Dissidens mirent tout en usage pour obtenir une tolérance entiere. La Religon dominante n'ayant pas eu égard aux représentations & aux plaintes de ses Freres Évangéliques, ceux-ci eurent recours aux hostilités. On étoit à la veille d'éprouver tout ce qu'une guerre de Religion a de cruel & de destructeur, lorsque pour le salut de la République, on crut devoir la prévenir, en examinant les raisons des Dissidens dans la Diète qui avoit été assignée à la fin de cette année.

Après plusieurs discussions de part & d'autre dans les diverses conférences de cette Diète, il fut convenu & signé, sauf l'approbation de la République, qu'on regarderoit comme légitimes les confédérations de Thorn & de Stuck, que les Grecs non unis & les Dissidens avoient faites, pour obtenir d'être rétablis dans leurs anciens

An. 1767. droits, spirituels & temporels. Qu'on abrogeroit pour toujours les Statuts & les Édits que Jagellon avoit faits contre les hérétiques en 1424 & 1429; ainsi que les décrets de Janus, Prince de Mazovie, faits en 1525, & tous les reglemens, qui avoient été dressés contre les Grecs non unis & les Dissidens, dans les constitutions de 1717, 33, 36, 64 & 66, avec les réserves contre le libre exercice de leur Religion.

Les Dissidens séculiers furent désormais reconnus pour Grecs Orientaux, Dissidens non unis, ou évangéliques, & non comme hérétique, schismatiques, ou désunis. Les Ecclésiastiques Dissidens devoient porter le nom de Pasteurs, Prêtres, ou Ministres de la parole de Dieu, & jamais celui de Pseudo-Evêques, de faux Ministres, ou Prédicans. Leurs maisons érigées à la gloire de Dieu, furent qualifiées d'Eglises & non de Synagogues; & dorénavant on devoit dire foi, Religion & confession en parlant d'eux, & jamais secte, ou hérésie. Il leur étoit permis de réparer leurs Eglises, Ecoles, ou Hôpitaux, dans toute l'étendue du Royaume de Pologne & du grand Duché de Lithuanie, sans qu'il fût besoin de permission de la part du Clergé Catholique. Ils pouvoient bâtir de nouvelles Eglises, ériger des Hôpitaux & des Ecoles dans tous les endroits, où la communauté des Diffidens & où la libéralité des poffeffeurs des terres, voudroient fe charger de l'entretien d'un Pafteur, & ils y avoient la libre faculté, dans le fens le plus étendu, d'éxercer tous les actes de piété, d'ordonner des Prêtres, d'adminiftrer les Sacremens, de prêcher, en quelque langue que ce fût, même dans les Villes & dans les autres endroits où il fe trouveroit des établiffemens de leur Communion. Ils pouvoient établir des Confiftoires & tenir des Synodes, pour y décider les affaires relatives au dogme & à la difcipline, les cas de divorce, fans que le Clergé Catholique pût s'en mêler, particulierement à Lefno, Ville de la grande Pologne. Leurs féculiers & leurs Écléfiaftiques ne pouvoient être cités aux Confiftoires catholiques & au Tribunal mixte, *Compofiti Judicii*. Le Clergé Catholique n'étoit point en droit d'exiger d'eux la moindre redevance, fous le titre de droit de l'étole.

L'Évêché de la Ruffie blanche, les Archimandrites de Stuck, de Wilna, de Minsko, de Prinsk, de Brefta, de Jablonowski, de Bielsk, Drofeïh, & les autres Monafteres & Églifes, dépendans du Métropolitain de Kiovie, appartenoient pour toujours à la Religion Grecque orientale.

Les Diffidens étoient autorifés à faire imprimer librement les livres concernant les devoirs de leur

An.1767.

culte sans pouvoir y insérer des expressions contraires à la charité Chrétienne, ou injurieuses au culte des Catholiques. Leurs mariages mixtes, même avec les Catholiques, étoient déclarés libres & alors les garçons devoient être élevés dans la religion du pere & les filles dans celle de la mere, à moins qu'il n'y eût entre les deux époux une convention particuliere qui y dérogeât; la cérémonie de leur mariage devoit se faire par un Prêtre de la Religion de l'épouse & à son refus par un Prêtre de la Religion de l'époux, fût-il Dissident. Ils n'étoient point obligés de célébrer les fêtes de l'Église Catholique, d'assister à ses processions ou aux autres cérémonies. Les Séminaires & les Écoles des Grecs non unis, actuellement existans, comme celui de Mohiloff, ou ceux qu'on voudroit établir, pour l'éducation de la jeunesse, ne pouvoient être inquiétés par qui que ce fût; & conformément au statut du grand Duché de Lithuanie, les Prêtres Grecs, leurs familles, leurs Monasteres Ecclésiastiques & les Serviteurs des Églises ne devoient jamais être cités que devant leurs Évêques Grecs non réunis & leur consistoire, excepté pour les causes territoriales. Dans aucun cas ils ne pouvoient être forcés à changer de Religion. Les contributions politiques étoient imposées également sur les Dissidens & sur les Catholiques; les priviléges accordés par les

Rois aux Villes habitées par les Grecs non unis, An.1767.
étoient conservés. Les Temples & les Monasteres,
qui leur avoient été ôtés, leur étoient rendus après
la vérification, qui devoit être faite par les Judi-
catures mixtes, *Judicia mixta*, ou ce qu'on nom-
moit autrefois en France, la *Chambre mi-partie*,
dont moitié étoit composée de Catholiques &
l'autre moitié de Protestans. On établissoit un
Tribunal mixte, composé d'un nombre égal de
personnes des Religions Catholique Romaine &
Dissidente. Le Président de ce Tribunal devoit
être tour-à-tour Catholique & Dissident, l'É-
véque de la Russie blanche devoit y présider; & ce
Tribunal pouvoit juger sans appel tous les griefs &
les procès des Dissidens, commencés depuis la paix
d'Oliva, & par rapport aux Grecs non unis, ceux
qui avoient été entamés depuis l'année 1686. Ils
devoient aussi décider toutes les contestations relatives à la Religion, qui surviendroient à l'avenir
entre les Catholiques, les Grecs non unis & les
Dissidens, & les ordonnances de ce Tribunal devoient être insérées comme une loi immuable dans
les Constitutions de la Couronne.

Les Grecs non unis & les Dissidens nobles,
avoient dans leurs terres héréditaires, le même
droit de patronat que les Catholiques dans les leurs,
en présentant des Prêtres Catholiques dans les
Eglises de cette Religion, qui releveroient d'eux,

An. 1767. comme les Catholiques étoient tenus de préfenter dans les Églifes Grecques, ou Diffidentes de leurs territoires, des Prêtres de ces Religions, à la réferve du grand Duché de Lithuanie, où les fondateurs ont cédé au Synode évangélique, le droit de préfentation de Pafteur. Les Couvents & les fondations, qui ont été fécularifés depuis la réforme, devoient refter dans le même état & avec les changements faits après la paix d'Oliva. On les remettoit au même point où ils étoient avant la guerre, terminée par cette paix. Les Diffidens Nobles étoient déclarés capables de tous les emplois de la Couronne de Pologne, du grand Duché de Lithuanie & des Provinces annexées ; ils pouvoient être revêtus des dignités de Senateur & de Miniftre, des charges & des offices de la Couronne & des Provinces, des Nonciatures, des députations aux Tribunaux & de toutes autres commiffions. Ils pouvoient jouir de toutes les graces de Sa Majefté, comme fiefs, Starofties de juridiction, ou fans juridiction, terres Royales, Juridictions provinciales : en un mot ils avoient avec les Catholiques une égalité parfaite, une activité égale dans le civil & le militaire, & ils participoient à tous les bénéfices de l'État. Les bourgeois & les payfans, Grecs non unis, ou Diffidens, jouiffoient, ainfi que les Catholiques, du droit de bourgeoifie & de magiftrature dans les Villes & possessions héréditaires. Il leur étoit libre de demeurer par-tout où bon leur sembleroit, de fabriquer, établir des fabriques, & de chercher leur profit d'une maniere convenable à leur état. La Religion Grecque non unie, ou Dissidente n'étoit plus pour les étrangers un obstacle à l'Indigenat de Pologne, ou aux lettres de naturalisation ; les Dissidens étoient admis au rang de la Noblesse Polonoise, sans être obligés de changer de Religion. Enfin tout ce qu'on a dit ci-dessus devoit être inviolablement observé comme une loi stable & perpétuelle, & ceux qui y apporteroient quelque atteinte, devoient être regardés comme perturbateurs du repos public & ennemis de la Patrie.

An. 1767.

Ces articles étoient trop avantageux aux Dissidens, pour qu'ils négligeassent de les faire confirmer par un traité conclu entre le Roi, la République de Pologne & les Puissances qui en garantissoient les effets. Pendant qu'on y travailloit, les Commissaires de la Diète, désignés sous le nom de Commissaires du grand traité, ne négligeoient rien pour former, avec la ville de Dantzic, une alliance plus étroite que celle qui existoit actuellement, tant par rapport à sa part de contributions, qu'à sa dépendance de la Couronne de Pologne. Pour cet effet ils remirent à l'Am-

An. 1768.

An. 1768. bassadeur de Russie un mémoire, par lequel ils le prioient d'engager Catherine II à faire en sorte que cette Ville donnât à la République des marques évidentes de son obéissance, & que sur-tout elle lui envoyât une partie de sa milice, pour mettre la Pologne à couvert des incursions des Haidamaks.

Aussi-tôt que ce mémoire fut remis au Prince Repnin, on expédia un courrier au Magistrat de Dantzic, avec des dépêches relatives aux objets ci-dessus, & après quelques séances, qui furent tenues sur le même sujet, on proposa aux Commissaires de la Diète de démolir les fortifications de cette Ville. Comme il paroissoit alors qu'on étoit dans le dessein d'affermir pour toujours les loix fondamentales du Royaume, on convint que le Roi, le Sénat & la Noblesse, composeroient constamment les trois Etats de la République. Que la Religion Catholique Romaine continueroit d'être la dominante & celle que le Roi professeroit. Que la nomination au Trône se feroit toujours par élection. Que la Pologne seroit maintenue dans la jouissance de ses limites & possessions actuelles; qu'elle conserveroit ses fiefs & qu'on regarderoit comme une loi générale qu'aucun Polonois ne pût jamais être arrêté, qu'auparavant la Justice ne l'eût formellement convaincu de son crime.

La

La politique & l'ambition, ne trouvant pas leur intérêt dans la tranquillité de la Pologne, susciterent secrettement de nouveaux embarras. On engagea chaque Province, chaque Palatinat, & chaque District à proposer des articles particuliers ; à demander qu'ils fussent mis au nombre des loix fondamentales de l'État. On refusa ce qu'on avoit déjà promis aux Dissidens. Au moyen de plusieurs articles, qu'on devoit retrancher, ou substituer, pour avoir force de loix d'État, on mécontenta le Prince Repnin, au point que ce Ministre se dispensa d'assister aux délibérations provinciales, jusqu'à ce qu'on fût convenu de tous les points qui devoient être statués comme loix fondamentales.

Ce retranchement ayant excité les plaintes des Dissidens, elles furent trouvées aussi justes, que la maniere vive avec laquelle le Vaivode de Podlachie parla en faveur de la suppression de la qualité de serf, que les Commissaires du grand traité n'avoient pas jugé à propos de mettre en délibération. L'affaire des Dissidens étant enfin heureusement terminée pour eux, on conclut un traité définitif, qui fut signé du Prince Repnin, du Prince Primat, de tous les Commissaires de la République & revêtu de leurs sceaux.

An. 1768. Ce traité, qui est divisé en cinq articles, contenant plusieurs paragraphes, accorda aux Dissidens toutes les demandes qu'ils avoient faites. Immédiatement après sa conclusion, les Conseillers & les Députés des confédérations de Pologne, de Lithuanie, de Prusse, de Courlande & de Piltin, eurent une audience de Sa Majesté Polonoise, qu'ils remercierent des graces que ses soins & ses bontés leur avoient prouvées. Dans le compliment qu'ils firent au Prince Repnin, ils le remercierent de la grandeur d'ame avec laquelle Sa Majesté Impériale de Russie avoit daigné les prendre sous sa protection & les rétablir dans leurs anciens droits. Ce traité, en faveur des Dissidens, portoit qu'il avoit été conclu entre l'Impératrice de Russie, les Rois de la Grande-Bretagne, de Prusse, de Danemarck & de Suède, comme Puissances garantes du traité de paix d'Oliva de 1660, & le Roi & la République de Pologne.

Le premier de ces articles contient quatre paragraphes & dit que la Religion Catholique Romaine, sera nommée Religion dominante dans toutes les loix & les actes publics; qu'aucun Prince, s'il n'est Catholique Romain, ne pourra aspirer au Trône, comme Candidat, ni aucune Princesse être couronnée Reine; à moins qu'elle ne professe la même Religion. Que les Tribunaux, actuellement existans, infligeront la peine de bannissement à celui qui quittera sa Religion, pour en embrasser une différente; que les prétentions respectives des personnes d'une Communion différente, ne pourront être à la charge les unes des autres, qu'à compter du premier Janvier 1769.

Par le second article, qui renferme dix-sept paragraphes, il est établi que la confédération des Dissidens sera déclarée valide & patriotique & qu'on supprimera les statuts de Jagellon de 1424 & 1439, ainsi que le décret de Janus de 1525, & les constitutions de 1717, 33, 36, 64 & 66, comme préjudiciables aux Grecs & aux Dissidens; que la dénomination de Dissident, par laquelle on désignoit autrefois un Réformé, sera dorénavant la seule qualification, qu'on donnera aux Grecs, à leurs Églises & à leurs Ecclésiastiques; qu'ils spécifieront quels étoient ci-devant leurs Temples, leurs terres & ce qu'ils exigent des anciennes possessions Ecclésiastiques; qu'ils auront le pouvoir de bâtir partout des Églises, des Écoles & d'exercer librement leur culte, sans aucune restriction; qu'ils auront le droit de tenir des Consistoires & de dresser des reglemens pour leurs

Temples, suivant les loix fondamentales; qu'ils seront indépendans de tout Consistoire Catholique & du Tribunal Ecclésiastique de Lithuanie; qu'ils seront exempts de leur droit d'étole, qu'ils étoient ci-devant obligés de payer au Clergé Romain. Que sans déroger à ce dont il est en droit de redemander la restitution, l'ancien Évêque Grec de la Russie blanche, conservera indivisiblement toutes les Églises, Écoles, Hôpitaux & Territoires, qui dépendent de son Diocèse; qu'ils auront la liberté d'avoir des Imprimeries pour leur propre usage. Que les personnes de différentes Religions pourront contracter des mariages entr'elles & élever leurs enfans dans la croyance de leur pere & de leur mere; qu'ils ne seront point tenus de célébrer les fêtes de l'Église Romaine. Qu'ils conserveront une entiere jurisdiction sur leurs Séminaires, leurs Écoles, leur ressort & les personnes qui en dépendent & qu'ils contribueront également aux charges publiques. Qu'on érigera un Tribunal mixte, composé de Catholiques, de Grecs & de Dissidens, par-devant lequel toutes les affaires entre les Ecclésiastiques & les séculiers seront terminées, tant pour droit d'église & leurs libertés, que pour biens, fondations & prétentions quelconques. Que le droit de patronage sera sans distinction de religion; que toutes les fondations sécularisées seront maintenues dans leur état actuel. Que les Gentilhommes anciens, Grecs, Dissidens & Catholiques, seront également admis à tous les emplois de la Couronne & aux charges des Cours de Justice, sans en excepter la dignité de Sénateur, l'Indigenat & les graces de Noblesse; que les bourgeois & les paysans des différentes Religions conserveront l'égalité, suivant leur état.

Le troisieme article, concerne particuliérement les Villes de la Prusse Polonoise, & statue que dans toutes les Villes & Villages de cette Province, l'exercice de la Religion Évangélique sera libre, conformément au traité d'Oliva, & que ceux des Dissidens, qui, pour cause de Religion, auront été destitués du droit de Bourgeoisie, ou de leurs emplois, seront réintégrés, sans gêner l'élection libre, suivant les priviléges des Villes & nonobstant le decret de 1724, qui regarde la Ville de Thorn.

Dans le quatrieme article, composé de treize paragraphes, il fut arrêté que le Clergé Romain ne se mêleroit plus d'aucune affaire d'État, que la Ville de Thorn recouvreroit le Consistoire, qu'elle avoit ci-devant, & que sous ce Consistoire seroient compris tous les Dissidens de Culm & de Marienbourg, ainsi que ceux de l'Archidiaconat de Kaminieck & de Pomérélie : que toutes les visites & les decrets des Évêques Romains contre les Dissidens, seroient déclarés nuls : que tous ceux, qui par leur travail sur les terres Ecclésiastiques porteroient quelque préjudice à la subsistance des habitants des Villes, seroient assujettis à l'acquittement des impôts & soumis à la puissance Souveraine. Que, sans aucune distinction de Religion, tous les étudiants vivroient tranquilles, partout où ils feroient leurs études, & que ceux d'entre eux, qui troubleroient la tranquillité publique, seroient saisis & traduits aux Tribunaux des Juges compétens, afin d'y être punis. Que les Jésuites de Thorn ôteroient de leur Collége la colonne & l'inscription, qui y furent érigées en vertu du decret de 1724, & qu'ils remettroient le tout, avec leur Collége, à la Régence du lieu, laquelle demeurera déchargée de l'obligation du decret. Qu'en vertu de l'abrogation de ce même decret, l'École de Thorn & l'Imprimerie de cette Ville seroient déclarées légitimes & confirmées à perpétuité, que la nouvelle Église Évangélique, construite dans cette Ville, seroit à l'abri de toute vexation & pourroit être pourvue d'une tour avec des cloches. Que la Noblesse du Palatinat de Culm éliroit pour Échevins, telles personnes qu'elle jugeroit à propos d'entre les Membres de la Régence de Thorn, sans aucun égard pour la Religion; que le droit de nommer aux Cures Catholiques de Thorn resteroit au Magistrat de cette Ville, sans que les Jésuites pussent désormais y apporter le moindre obstacle, & qu'il exerceroit ce droit à la premiere place vacante; que les Catholiques conserveroient à Thorn le Couvent des Religieuses de Saint-Jacques & le Monastere des Bernardins, moyennant que la République en dédommage la Ville. Que les Catholiques d'Elbing accompliroient ponctuellement dans toute sa teneur, la convention passée en 1616 entre cette Ville & le Prélat Ruduzcki, Évêque de Warmie, & que les Constitutions de 1713, 30 & 64, contre la principale paroisse de Dantzig, seroient entierement supprimées.

An. 1768

Ce quatrième Article, confirme encore tous les droits des Duchés de Courlande & de Sémigalle & permet aux Catholiques Romains d'y exercer des actes de religion dans leurs maisons. Les clauses, qui y sont relatives, sont stipulées en cinq paragraphes, dont le premier accorde aux anciens Grecs le libre exercice de leur culte. Le second porte l'abolition de l'abus qu'avoit introduit le Clergé Romain, en ce que les sujets & les domestiques ne pouvoient se marier sans la permission de leurs Maîtres. Le troisième ordonne, que non-seulement on restituera à ce Duc les Églises de Noufriedhof & de Kouen, dont les Curés Romains de Mittaw & de Goldingen sont en possession, mais encore les Églises Catholiques, auxquelles manque le consentement des Collateurs; il prescrit le maintien des Jésuites & la conservation des Églises Évangéliques, entre les mains de ceux de cette Communion. Le quatrième, défend de bâtir dans les Villes des Duchés & sur les terres héréditaires des Seigneurs, aucun Cloître, Église, ni Chapelle, sans une permission expresse du Duc de Courlande, & que le Clergé ne pourra hériter d'aucun bien fonds. Le cinquième permet aux Catholiques Nobles de Pologne, domiciliés en Courlande, de jouir de toutes les prérogatives, attachées à la Noblesse du Pays, à condition que les Dissidens Nobles de la Courlande, jouiront en Pologne des prérogatives affectées à la Noblesse du Royaume, & qu'une semblable réciprocité aura lieu pour la Bourgeoisie.

Le cinquième & dernier Article traite de l'affaire du Cercle de Piltin & lui assure les droits que le traité de Cronembourg lui avoit accordés en 1486; cet Article, qui est divisé en quatre paragraphes, veut qu'on laisse à part les biens de l'Église & tout ce dont la Religion est en possession, qu'on anéantisse le titre d'Évêché de Piltin & qu'on annulle les procès intentés devant les Tribunaux de Relation. Qu'on accorde aux Catholiques, aux anciens Grecs & aux Dissidens la liberté de posséder des biens & des Charges, suivant la forme de la Régence établie en 1617, laquelle subsistera en entier. Que tous les Nobles de Piltin, ainsi que ceux qui y ont obtenu le droit d'Indigenat, soient réputés Gentilhommes de la Livonie & jouissent toujours d'un semblable droit dans la République, s'ils y sont domiciliés, malgré la différence de Religion. Que le Château de Piltin & sa Starostie restent invariablement dans leur nature, sous la forme de Régence, que tous les autres biens soient possédés de la même manière que les Livoniens possèdent les leurs, conformément à la Constitution de 1764, & qu'en tout tems on livre les sujets évadés.

Ce traité étoit à peine arrêté, que Rome, toujours attentive à la conservation de la Religion Catholique & à sa propagation, fut alarmée des priviléges qu'on accordoit aux Dissidens. En annonçant cette nouvelle au Sacré Collége, le Pape dit que la Religion Catholique venoit de recevoir en Pologne le coup le plus funeste. Dans l'espoir d'y remédier, Clément XIII envoya au Prince Primat un Bref très-énergique, dans lequel il se plaignoit de ce que dans l'affaire des Dissidens, ce Prélat avoit témoigné si peu de zèle pour la paix de sa patrie & de ce que ses démarches, quoiqu'avantageuses au Royaume de Pologne, seroient nuisibles au Clergé Catholique.

Ce Bref ayant déplu aux Commissaires de la Diète, on y proposa que désormais la Nonciature Apostolique n'auroit plus lieu dans le Royaume, ce qui empêcheroit qu'il n'en sortît des sommes considérables, parce que le Tribunal Ecclésiastique ne se contentoit pas de condamner les coupables à des amendes médiocres, mais qu'il les portoit très-souvent au-delà de mille ducats. Que d'ailleurs le Prince Primat étant Légat né du Saint-Siège, il pouvoit remplir les fonctions de Juge, sans qu'on eût besoin d'un Nonce du Pape. Quoique cette proposition fût faite à la Diète & qu'on n'eût encore rien déterminé à cet égard, Croptowitz, Noble Lithuanien, plein de zèle pour la Cour de Rome, vint dans cette Ville, afin de remettre à la Chambre Apostolique une protestation contre les résolutions qu'on pourroit prendre dans la Diète actuelle de Warsovie. Mais ce projet d'abolir la Juridiction de la Nonciature, ne fut que proposé & n'eut pas lieu.

Les ennemis de la tranquillité publique, qui devenoit une suite naturelle de la conclusion du traité des Diffidens, répandirent plusieurs écrits dans le public afin d'aigrir les esprits. Quoique cette démarche retardât de trois semaines la reprise de la Diète & qu'on eût remis la réponse à ces libelles à l'ouverture de l'Assemblée générale, on jugea cependant à propos de devancer ce tems afin de faire naître de nouveaux inconvéniens, ce qui servit de prétexte aux troupes Russes pour entrer dans Warsovie & y prévenir les désordres que ces écrits séditieux auroient pu causer. Rome même voulut faire encore un dernier effort pour rompre ou reculer la tenue de la Diète. Pour cet effet, le Nonce du Pape demanda & obtint du Roi une audience, dans laquelle il remit à Sa Majesté un Bref, où le Souverain Pontife n'oublioit rien pour l'engager à ne pas permettre aux Diffidens de rentrer dans la possession de leurs prérogatives, & où il concluoit que pour conserver la couronne céleste, ce Monarque ne devoit pas balancer un instant à perdre la Couronne terrestre. Le Nonce, acquitté de sa commission envers le Roi, distribua à tous les Évêques un nouveau Bref circulaire, par lequel on les avertissoit d'être fidelles à leur Apostolat & de se souvenir de ce que leurs prédécesseurs avoient fait pour la foi. Le zèle de ce Nonce fut plus loin, il demanda que la Chancellerie de la Couronne publiât une protestation, portant excommunication contre tous ceux qui auroient signé le moindre Article en faveur des Dissidens. Les vrais Patriotes, qui voyoient bien que cette vivacité religieuse ne seroit pas longue, disoient publiquement que dans peu le Nonce du Pape ne se trouveroit pas plus en Pologne, que l'Évêque de Cracovie. Ce bruit public fit une telle impression sur le Prélat Romain, qu'au lieu de publier une excommunication contre ceux qui avoient été d'avis d'accorder aux Dissidens les prérogatives, qu'ils avoient demandées, s'en tint simplement aux menaces & évita de paroître en public, parce qu'il craignoit quelque insulte de la part des Polonois.

Tout paroissoit contribuer à maintenir les esprits de la Nation dans la fermentation la plus violente. Non-seulement les étrangers y travailloient clandestinement, mais encore les principaux de ce Royaume, faisoient de leur côté tout ce qui pouvoit dépendre d'eux pour entretenir & fomenter la division. On avoit cru intimider suffisamment ceux-ci par l'enlévement des Évêques de Cracovie & de Kiovie, du Palatin de Cracovie & de son fils, & par la réponse que l'Impératrice de Russie fit faire au mémoire de Psarsky, résident de Pologne à Moscow, pour obtenir l'élargissement de ces quatre prisonniers. Dans cette réponse, qui fut communiquée à l'assemblée des États, Sa Majesté Impériale disoit que son Ambassadeur en Pologne étant chargé, par des ordres exprès, de pourvoir à la sureté de l'assemblée générale de la Nation, la mauvaise conduite de ces quatre particuliers, l'avoit forcé à s'assurer de leurs personnes; que s'il eût tardé à remplir son devoir, il n'eût plus été possible de rémédier aux suites terribles, que sa foiblesse, ou sa négligence auroient occasionnées. Que ces prisonniers s'étant refusés aux représentations qu'on leur avoit faites, aux vues pacifiques de la confédération & au bien de la Patrie, ils avoient poussé leur égarement, jusqu'à insulter publiquement Joseph II, pour détruire l'ouvrage de la Nation & celui de Stanislas & livrer la Patrie à tous les malheurs d'une guerre civile & étrangère ; que ces quatre perturbateurs du repos public n'avoient cherché qu'à engager une guerre entre la Russie & la Pologne. Que l'Evêque de Cracovie

An.1768.

An. 1768. s'étoit oublié au point de changer le sens des paroles sacrées des déclarations de Sa Majesté, de semer des soupçons contre sa bonne-foi, afin de détruire cet heureux accord de la confiance de la Nation Polonoise & de la générosité de Sa Majesté Impériale ; que si elle faisoit élargir ces prisonniers, ils ne manqueroient pas de se faire passer dans l'esprit de ceux de leur parti pour des victimes de la liberté & de la Religion ; qu'alors il n'y auroit plus de sureté pour la Diète & plus d'espérance de rendre le paix à la Nation.

Cet exemple n'ayant pas été suffisant pour assurer la tranquillité de la Pologne & empêcher que les troubles ne devinssent plus considérables, Catherine II fit enlever, au milieu des États assemblés, plusieurs Évêques, Sénateurs & Nonces, sans avoir égard aux dignités de ces personnes & aux droits du Souverain, chez lequel elle exerçoit un suprême pouvoir.

Cet acte d'autorité excita une telle surprise que Golegereski, Nonce de Wolhinie, supplia Stanislas-Auguste de vouloir bien interposer ses bons offices auprès de Sa Majesté Impériale de Russie, pour obtenir la liberté de tous ceux qu'elle avoit fait arrêter. Quelque mouvement que le Roi de Pologne se donnât en faveur des Seigneurs que l'Impératrice avoit fait arrêter, ni l'Évêque, ni le Vaivode de Cracovie, ne pouvoient se flatter d'obtenir leur élargissement, parce que le Prince Primat paroissoit souhaiter leur détention, à cause des embarras que ces deux personnes lui auroient suscités, si elles eussent recouvré leur liberté. Ces soupçons du Primat étoient d'autant mieux fondés, que l'Évêque de Cracovie trouva le moyen de faire répandre dans Warsovie un manifeste, à-peu-près semblable à celui de Chratopwitz, mais cependant conçu en des termes plus modérés, & de distribuer une lettre Pastorale, adressée à tous ses Diocésains. Ce Prélat, qui méprisoit les ressentimens dont il étoit menacé de la part de la Russie, fit parvenir à Grodno, par le moyen de ses amis, un nouveau manifeste, plus violent que le premier ; ce qui détermina le Tribunal de la Confédération à faire le procès à Chratopwitz, complice de ce Prélat & Greffier du Grod de la Ville de Grodno.

La Diète s'étoit flattée qu'au moyen de l'éloignement des personnes, qui s'opposoient à la nomination des Commissaires de la République, elle parviendroit à faire approuver ce qu'on avoit réglé sous l'autorité des Puissances étrangères ; mais plusieurs de ses Membres, qui avoient consenti à la commission, ayant trouvé des prétextes pour n'être pas satisfaits des résolutions qui avoient été prises, Sa Majesté Polonoise crut qu'en différant l'ouverture de la Diète, on applaniroit les principales difficultés, qu'on avoit fait naître. Mais comme les esprits n'étoient pas disposés à la conciliation, plusieurs Membres de l'Assemblée générale se retirerent chez eux jusqu'à l'expiration du terme que Stanislas avoit indiqué pour renouer les négociations.

Les séances de la Diète ayant été reprises au jour que Sa Majesté avoit indiqué, quelques Nonces se souleverent contre plusieurs propositions. Les oppositions furent plus fortes que jamais, & comme il étoit convenu qu'il seroit permis à chaque Membre de l'Assemblée de dire son avis, les Nonces abuserent de cette liberté, au point que celui de Wolhinie ayant commencé à parler, & le Prince Lubomirski, Nonce de Czersk, lui ayant dit de se taire, parce que le Roi vouloit prendre la parole, il eut l'audace de répondre: *Chacun sçait que le Roi est au-dessus de moi, mais je représente la République, qui surpasse le Roi en ancienneté*, & il continua son discours.

La Diète se termina enfin heureusement par la conclusion de tous les points qui concernoient les Dissidens; & par un acte, qui fut annexé au traité conclu en leur faveur, on déclara que ce traité

traité seroit à jamais valide & permanent ; que ceux qui oseroient contrevenir, ou porter atteinte aux réglemens qui y étoient contenus, seroient regardés comme perturbateurs du repos public & ennemis de la Patrie.

Le second acte fut divisé en vingt-un paragraphes, dont voici la teneur : le Roi, le Sénat, l'Ordre Équestre, composeront toujours la République, & ce ne sera que conjointement qu'ils pourront rendre des Ordonnances. Le Royaume continuera d'être électif à perpétuité. Le Statut de Jagellon, qui défend de condamner personne, sans une conviction préalable en Justice, subsistera quand à cette partie, mais n'aura plus lieu dans les attentats & les délits ouverts. On maintiendra dans toute leur force les priviléges qui concernent l'honneur & les biens. Toutes les prérogatives, légitimement accordées à chacune des Provinces, seront confirmées & ne pourront être anéanties par d'autres Provinces. Les unions, qui sont formées entre les Provinces & les Districts, seront pareillement confirmées pour toujours. Les droits féodaux seront conservés en entier. L'égalité de la Noblesse s'étendra sur tous ceux qui appartiennent à cette classe. Tout ce qui a été décidé en faveur des anciens Grecs & des Dissidens, sera affermi à perpétuité. Les droits & les libertés des Palatinats & des Villes de la Prusse Polonoise seront confirmés, conformément à l'acte d'incorporation. La Principauté de Livonie jouira des mêmes immunités. On maintiendra toujours la Courlande, suivant les pactes de sujettion & sa forme de Gouvernement. Le Cercle de Piltin sera aussi maintenu selon la forme de Régence qu'il avoit en 1617, le *Liberum veto*, sera conservé en entier dans toutes les Diètes libres. Les contrats emphitéotiques subsisteront aussi, quand même ils auroient été passés avec des étrangers, & ceux-ci seront considérés, comme naturels du Royaume, lorsqu'ils en seront habitans depuis quelques années. Chaque Gentilhomme continuera de jouir de ses droits acquis dans ses terres, à l'exception de celui de haute & basse Justice, qui appartiendra exclusivement aux Tribunaux ordinaires. Les homicides prémédités seront punis du genre de supplice accoutumé, sans distinction de rang. Personne ne devra fidélité & obéissance au Roi, s'il n'observe lui-même la constitution de 1609, sauf néanmoins le respect dû à Sa Majesté, laquelle, selon la même Constitution, ne sauroit être offensée sans crime, en lui disant des paroles injurieuses & pleines de mépris. Les biens appartenans aux Ecclésiastiques ne changeront point de nature, le droit d'aubaine sera entierement supprimé, & dans l'espace de trois ans, après la mort d'un étranger, ses parens hors du Royaume pourront recueillir sa succession, en payant dix pour cent de sa valeur. Après le terme de trois ans elle écheoira au Roi. Le tems des Diètes libres ordinaires sera religieusement observé, & ces sortes de Diètes ne pourront être limitées que d'un commun accord.

Afin d'encourager les Étrangers à constituer leur argent en rente dans les Provinces de la République, ce qu'ils n'osoient plus risquer à cause des difficultés & des délais qui se presentoient lorsqu'il s'agissoit d'obtenir justice, on promulgua une loi qui ordonnoit que toutes les causes des Étrangers, soit à l'égard du remboursement de leurs capitaux ou du payement des intérêts, ne ressortiroient que de la Commission du Trésor, de même que les procès pour lettres-de-change. En conséquence il étoit ordonné à cette Commission de rendre justice dans ces circonstances, le plutôt possible & sans permettre aucun détour de droit, & que pour cet effet il seroit formé un nouveau registre.

L'affaire des Dissidens étant terminée, les Commissaires de la République, proposerent d'assigner à Goltz & à Grabowski, Maréchaux des deux confédérations Diffidentes, une somme de cent mille florins de Pologne, en dédommagement des frais confidérables qui leur en avoit coûté pour s'acquitter dignement des fonctions de leur charge. Mais ces deux particuliers, auffi animés de l'efprit de vrai patriotifme que d'une véritable grandeur d'ame, s'excuferent généreufement d'accepter aucune rétribution ni aucune récompenfe, en déclarant que dans leurs entreprifes pour le bien général, ils n'avoient jamais eu en vue d'être à charge à la République & moins encore de chercher leur propre intérêt au dépens de leurs concitoyens; qu'ils étoient trop heureux d'avoir fervi utilement leur Patrie & qu'ils étoient entierement fatisfaits du fuccès de leurs peines. Cet acte de générofité de la part de ces deux Maréchaux, mérita la reconnoiffance des Commiffaires, qui dreffèrent en leur honneur un acte de remerciment au nom de la République, pour être confervé dans les Archives de la Couronne.

La Diète finie & le *Te Deum* chanté en action de graces de fa clôture, Marie-Thérèfe, Reine de Hongrie, fit publier dans tous les Diftricts de fon Royaume, un Édit qui enjoignoit à tous les Tribunaux Eccléfiaftiques & féculiers de vivre en paix avec les Diffidens, de ne porter aucun préjudice à leurs droits & de n'employer aucune violence contre leurs profélites.

Quelques jours après la clôture de la Diète, il parut à Warfovie une expofition de tout ce qui s'y étoit paffé dans les dernieres féances. Les neuf Articles, qui font rapportés dans cette expofition, difent que le Traité de paix de 1686, entre la Ruffie & la Pologne fera folemnellement renouvellé dans tous fes points; qu'en vertu de ce renouvellement, leurs États actuels & réciproques en Europe, feront affurés aux deux Puiffances ; que les droits & les libertés, réglés dans les actes poftérieurs, tant pour le Royaume que pour les habitans, anciens Grecs & réformés, feront à jamais facrés & inviolables, en confidération de l'intercession de l'Impératrice de Ruffie, de fes Alliés & de fes amis; qu'il en fera de même de l'acte de confédération, concernant les loix fondamentales, dont on avoit demandé la fureté; que Sa Majefté Impériale garantiroit le tout, formellement & à perpétuité, tant pour Elle que pour fes fucceffeurs au Trône; qu'il ne feroit porté aucune atteinte aux traités de Carlowitz & d'Oliva; qu'il y auroit une entiere fureté par rapport aux frontieres ; que fuivant la coutume entre Nations amies, le commerce des Sujets, Ruffes & Polonois, fe feroit à l'avantage des uns & des autres; qu'à compter du jour de

An. 1768. la signature du présent Traité, il seroit ratifié dans l'espace de deux mois ; que l'échange s'en feroit par deux exemplaires en langues Russe & Polonoise & que la garantie des Puissances étrangères, (l'Empereur, les Rois de Suéde, de Dannemarck & de Prusse), ne regardoient uniquement que la paix perpétuelle, l'acte concernant les Dissidens & les loix fondamentales du Royaume.

PIECES
JUSTIFICATIVES
DES RÉVOLUTIONS
DE POLOGNE.

[1] LETTRE *de l'Impératrice de Russie au Primat du Royaume de Pologne. Du 8 Novembre 1763.*

AYANT appris le décès inopiné de Sa Majesté, le Roi Auguste III, notre bon voisin & ami, événement au sujet duquel nous témoignons, par la présente à Votre Altesse, nos sincères regrets, Nous avons jugé nécessaire, pour assurer la République de Pologne de notre affection constante, & de l'attention continuelle que nous apporterons à tout ce qui peut lui être avantageux, non-seulement d'accréditer de nouveau notre Ambassadeur le Comte de Keyserling, mais encore d'envoyer, pour le seconder, un Ministre Plénipotentiaire, titre dont nous avons revêtu le

Prince de Repnin, Général Major de nos Armées. Nous prions particuliérement votre Altesse d'ajouter une confiance entiere aux représentations de nos deux Ministres, elles n'auront pour but que de procurer le bien de la République & en même-tems de vous marquer le cas particulier que nous faisons de vous, dans des circonstances si intéressantes pour votre Patrie. Nous mettons la plus grande confiance en votre habilleté dans les affaires & en l'intelligence avec laquelle vous faites part de l'appui & de la protection que nous sommes dans l'intention d'accorder à tous les Polonois, qui, à la future élection du succeseur au Trône, auront sincèrement à cœur le maintien des loix & la liberté des suffrages. Vous assurerez toute la République en général que nous employerons tous les moyens possibles pour empêcher que le premier & le plus précieux de ses droits, la libre élection de ses Rois, ne souffre la moindre atteinte. Comme les sentimens patriotiques de votre Altesse nous sont connus depuis long-tems, nous ne doutons point que vous n'apprenez avec plaisir la nature de nos dispositions & que les trouvant conformes aux intérêts réels de la libre Nation Polonoise, vous ne leur donniez plus de force, en joignant à nos efforts le pouvoir que vous donnent non-seulement les Loix, mais encore vos vertus, qui vous ont concilié l'estime, la confiance & l'amour de tous vos concitoyens. Nous vous recommandons d'ailleurs à la protection Divine, Nous vous assurons de notre constante bienveillance & du plaisir, que Nous nous ferons de vous rendre justice en toute occasion.

Signé, CATHERINE.

[2] *Discours du Comte Keyserling au Prince Primat de Pologne. Du 10 Novembre 1763.*

LE décès imprévu d'Auguste III, Roi de Pologne & Grand Duc de Lithuanie, donne une nouvelle preuve que les Têtes Couronnées ne sont point à l'abri de la mort. L'Impératrice de toutes les Russies, ma gracieuse Souveraine, est sensiblement touchée de la perte d'un si bon Prince, son voisin & son ami. Elle déplore la fâcheuse situation de l'illustre République & souhaite, avec toutes les Puissances voisines, qu'à la faveur du repos & de la paix, elle rentre dans cet état de prospérité où elle étoit avant ce triste événement. Cependant, afin qu'il ne manque rien du côté des bons offices de voisinage & d'amitié, il a plu à ma gracieuse Souveraine, de renouveller mes lettres de créance, en qualité d'Ambassadeur auprès de la République, comme un témoignage de son ancienne bienveillance envers elle. Il importe infiniment à une Nation voisine

& libre, d'être maintenue dans ses droits, & Sa Majesté Impériale ne peut qu'être attentive à ce que le repos, la liberté, les immunités & prérogatives de l'Illustre République ne souffrent aucune atteinte, comme Votre Altesse Sérénissime le verra plus amplement par les lettres de créance que j'ai l'honneur de vous présenter.

[3] *Réponse du Prince Primat à l'Ambassadeur de Russie.*

IL est vrai que la mort des Monarques est un exemple du sort qu'ils ont en commun avec le reste des hommes, & que le triste état où se trouve actuellement la République, est une suite de la perte de son Chef, elle reconnoît avec de sinceres remercimens la bonté qu'a Sa Majesté Impériale d'y prendre part. On croit, autant que l'on l'espére, que la République, au moyen de ses loix fondamentales, persistera dans le repos, d'autant plus qu'elle s'en repose sur les souhaits de Sa Majesté Impériale & qu'elle est pleinement convaincue des assurances qu'elle lui fait donner par la bouche de son Ambassadeur. Dans cette confiance je reçois humblement de votre Excellence ses lettres de créance, comme une marque des bonnes intentions de Sa Majesté pour la République ; je ressens de mon côté beaucoup de satisfaction d'avoir dans la Personne de votre Excellence, un Ambaſſadeur dont le mérite s'eſt déja fait connoître dans l'interrégne précédent; un Miniſtre chéri de chacun & pour qui j'ai, en mon particulier, toute l'eſtime imaginable; au reſte, j'aurai ſoin d'informer la République de ce qui s'eſt paſſé dans cette audience.

[4] *Ordonnance du Roi de Pruſſe pour défendre à ſes Sujets d'inquiéter les Polonois pendant l'interregne. Du 25 Novembre 1763.*

NOUS, FRÉDÉRIC, par la grace de Dieu, Roi de Pruſſe, Margrave de Brandebourg, Archi-Chambellan du Saint-Empire Romain, & Électeur, &c.

Faiſons ſavoir à tous & un chacun que comme notre intention fut toujours que les ſujets de nos Provinces limitrophes de la Pologne, vivent en bonne intelligence avec ceux de la République leurs voiſins & ne leur donnent aucun juſte ſujet de plainte, principalement par des excès que la méchanceté eſt capable de ſuggérer; c'eſt pourquoi, nous avons ordonné & enjoint, comme nous ordonnons & enjoignons par les préſentes, qu'aucun de nos ſujets & habitans des endroits de la Poméranie, qui avoiſinent la Pologne, n'ait à commettre aucune violence &

user de voie de fait envers leurs voisins les Polonois, sur-tout pendant la vacance actuelle du Trône, ni de passer les frontieres pour y faire bande avec des gens sans aveu & adonnés au pillage, sous peine de punition corporelle, ou même de mort, suivant l'exigence du cas. Déclarons en outre, que ceux de nos sujets, qui contreviendront à notre présente Ordonnance, seront réputés pour voleurs publics, & que s'il arrive qu'ils soient arrêtés; ils ne jouiront comme tels, d'aucune assistance de notre protection Royale.

Signé, FREDERIC.

[5] *Lettre de l'Ambassadeur de Russie à la République de Pologne, au sujet d'une Lettre du Grand-Seigneur. Du 3 Janvier 1764.*

La Porte a résolu de se conformer aux vues de Sa Majesté Impériale, notre gracieuse Souveraine & à celles de la Cour de Berlin, relativement aux affaires de la Pologne, c'est-à-dire, de laisser aux Polonois la liberté entiere de se choisir un Roi d'entre les Piastes, suivant les loix & les Constitutions de la République. La Porte n'a pas manqué d'en faire les déclarations dans les lieux convenables, en ajoutant qu'elle ne souffriroit jamais que l'élection se fît en la personne d'un Prince étranger, quel qu'il pût être. On peut en informer les bien intentionnés & ceux qui ont réellement à cœur les intérêts de la République, ainsi que ceux qui se flattent de voir les affaires embrouillées & qui fondent leurs espérances sur des chimères.

[6] *Déclaration de l'Impératrice Reine de Hongrie & de Bohême, sur l'interregne de Pologne.*

Dès le commencement de cet interrégne, l'Impératrice Reine de Hongrie & de Bohême, s'est fait une espèce d'obligation de faire connoître l'intérêt qu'elle prend, comme voisine & alliée de la République, au maintien de tous ses droits, à la conservation de ses Domaines, à la pleine jouissance de ses prérogatives en général, & sur-tout de celle qu'elle a de nommer au Trône vacant par une élection libre & volontaire. Mais Sa Majesté étant informée des bruits qui se sont répandus en Pologne, comme si l'on avoit raison d'y douter de la réalité & de la fermeté de ses intentions, elle a jugé nécessaire de les manifester par une déclaration authentique. En conséquence, Sa Majesté Impériale & Royale déclare de la maniere la plus forte & la plus solemnelle qu'elle considére la République de Pologne comme un État Souverain & indépendant, dont le droit, que lui assurent les Loix & les Constitutions du Pays de se choisir un Roi par la liberté des suffrages, ne peut être en aucune manière restreint ; que par conséquent l'exclusion d'aucun Candidat ne sauroit avoir lieu, sans porter atteinte à son indépendance & à son entière liberté, qui n'admettent ni exception, ni limitation, & que les voix de fait, ou les menaces, que l'on pourroit employer pour lui en empêcher l'exercice, sont également incompatibles avec ces prérogatives.

C'est sur ces principes & le dispositif des Traités, qui depuis long-tems subsistent heureusement entre les États de Sa Majesté & la République, qu'elle a dessein de régler ses démarches à tout événement ; elle s'engage même dès ce jour de reconnoître pour Roi celui qui aura été élu au Trône par une élection libre & conforme aux Loix. D'ailleurs Sa Majesté étant résolue de ne point gêner les suffrages de la Nation directement ni indirectement, elle ne voit pas quels obstacles on seroit fondé d'y apporter. Tels sont les vrais & invariables sentimens de l'Impératrice Reine envers la République de Pologne & à l'égard de l'élection d'un Roi, sentimens, dont elle a fait donner part aux Puissances voisines & qui justifient la pureté de ses vues. Au reste Sa Majesté Impériale & Royale a sujet de croire que l'on songe d'autant moins à mettre la violence en usage contre la liberté de la Nation Polonoise, qu'en ce cas toutes les Puissances qui s'intéressent à la conservation des droits de la République, se verroient obligées de s'opposer à de pareilles entreprises.

[7] *Déclaration du Roi de France, sur la prochaine élection d'un Roi de Pologne.*

L'ÉVÉNEMENT le plus important qui puisse éclore dans un Royaume électif, est lorsque le Trône devient vacant. Aussi est-ce dans un cas aussi essentiel que le Roi desire donner à la Nation Polonoise, de nouveaux témoignages de son amitié & de l'intérêt qu'il prend à la splendeur & à la prosperité de cette République. Les Ambassadeurs & les Ministres de Sa Majesté dans les Cours étrangeres & nommément le Marquis de Paulmy auprès de celle de Warsovie, ont eu ordre d'y faire connoître, par des déclarations & de bouche, quelles sont ses intentions relativement à la prochaine élection d'un Roi de Pologne; mais comme Sa Majesté souhaite qu'il ne reste pas le moindre doute sur la pureté de ses vues & que l'on sache qu'elle ne se fait aucun scrupule d'en instruire tout le monde, elle a jugé à propos de les rendre manifestes par une déclaration formelle & authentique.

En conséquence, le Roi déclare de la maniere la plus forte & la plus solemnelle qu'en cette occasion il ne cherche uniquement que l'avantage de la République & qu'il n'a rien de plus à desirer, sinon que la Nation Polonoise continue de jouir de tous ses droits, ses Domaines, de toutes ses libertés & sur-tout de la plus précieuse de toutes ses prérogatives, qui est celle de se nommer un Roi par une élection libre & volontaire; que pour accomplir ses intentions & effectuer ce qu'elle doit au vrai intérêt qu'elle prend au bien-être d'une Nation, ancienne alliée de sa Couronne, Sa Majesté remplira tout ce que l'équité, les Traités & les biens réciproques d'alliance exigent d'elle; que le Roi appuyera la République de tous les moyens qu'il a en sa puissance, s'il arrive que contre toute attente elle soit troublée dans l'exercice de ses droits incontestables, qu'elle peut compter sur ses secours & les reclamer en toute confiance, au cas que l'on porte atteinte aux priviléges de la Nation. Cependant Sa Majesté a tout lieu de croire que l'on n'en viendra pas à commettre ces sortes d'attentats, vu que les Puissances voisines ont également & solemnellement déclaré qu'elles étoient dans la ferme résolution de maintenir la République dans son état actuel, dans la jouissance de ses droits & de ses libertés, ainsi que dans la possession de ses Domaines, bien loin de permettre qu'aucune des Puissances étrangères, quelles qu'elles puissent être, y apportent le moindre préjudice.

judice. Des Déclarations aussi positives, aussi uniformes & aussi raisonnables doivent faire connoître à la Nation Polonoise qu'elle peut faire usage de ses droits dans toute son étendue, & qu'en les exerçant elle n'a nullement à craindre que ses libertés en souffrent par l'envoi des troupes étrangeres sur les terres de la République.

Quand aux différens compétiteurs de la Couronne, le Roi n'en propose ni recommande aucun, il est même encore plus éloigné d'en exclure un seul de l'élection, ce qui répugne à la disposition des Loix fondamentales, & moins encore disposé à entreprendre sur la liberté Polonoise. Sa Majesté, au contraire, se gardera bien de donner aucun conseil dans une affaire aussi délicate, convaincue, comme elle l'est, que la République est trop éclairée sur ses vrais avantages, pour ne point donner la préférence à celui des Candidats, qui seroit le plus en état de la gouverner avec plus de justice & de splendeur. La Pologne compte de grands hommes parmi ses Piastes. Plusieurs Maisons Souveraines lui ont fourni des Princes d'un égal mérite, qui se sont rendus aussi célèbres par leurs actions, qu'ils étoient distingués par leur naissance. Il appartient à la Nation de régler son élection sur les considérations de sa propre convenance, sans avoir attention aux influences des étrangers. Sa Majesté déclare en outre, que non-seulement elle reconnoîtra pour Roi de Pologne & pour Allié de sa Couronne, mais encore qu'elle secondera & protégera celui qui aura été élevé au Trône par une élection libre de la Nation, conformément aux Loix & Constitutions du pays.

[8] *Lettre du Roi de Prusse au Comte Poniatowski, Grand-Panetier de Lithuanie.*

MONSIEUR LE COMTE,

Je suis très-sensible à la lettre que j'ai eu la satisfaction de recevoir de votre part & à la maniere obligeante avec laquelle vous vous êtes expliqué envers le sieur Benoît, mon Résident, sur les demandes qu'il étoit chargé de vous faire en mon nom. Soyez persuadé que j'en conserverai une vraie reconnoissance & que je vous en donnerai des marques dans l'accroissement de votre parti, en facilitant l'exécution du projet, dont je verrai l'accomplissement avec plaisir. Je m'y intéresse sincèrement pour le cas que je fais de votre personne & ne souhaite que de vous le témoigner par des preuves convaincantes dans toutes les occasions qui se présenteront, relativement à cette affaire & conformément aux sentimens avec lesquels je suis, votre affectionné,

FRÉDÉRIC.

[9] MANIFESTE *des Seigneurs assemblés à Graudentz. Du 27 Mars 1764.*

Nous, Sénateurs, Ecclésiastiques & séculiers, Dignitaires, Officiers des Palatinats & de l'Ordre Équestre de l'Illustre Province de Prusse, assemblés le 27 Mars 1764, à Graudentz, lieu assigné par la Loi, suivant l'alternative des Villes, & indiqué par les Universaux de son Altesse le Primat, pour la tenue des Etats de cette Province ; sachant que toutes les Diétines particulieres, tenues le vingt-deux du présent mois dans les trois Palatinats de Culm, Mariembourg & Poméranie, en vertu desdits Universaux, tirés du Grod de Kowal, ce même jour vingt-deux, ont eu le succès desiré, conformément aux Loix, usages & priviléges de la Province, unanimement & sans aucune atteinte à la liberté des suffrages des Citoyens ; sachant aussi qu'on avoit observé dans lesdites Diétines, suivant l'exemple de nos ancêtres, toutes les formalités requises, & que, dans la vue de rétablir le meilleur ordre pour le maintien de la Justice, on avoit nommé des Juges Capturaux & élu provisionnellement des Nonces chargés de porter à la Diète générale de convocation, les vœux de la Province, conformément à leurs instructions ; Nous tous sommes assemblés dans cette Ville pour

P 2

faire approuver ces mesures par la Diète générale de Prusse, & pour donner toute la force & mettre la derniere main à de si justes résolutions. Mais, contre les Loix expresses du Royaume, contre les usages les plus anciens & les plus sacrés, & enfin contre l'attente générale des Citoyens, nous avons trouvé la Ville de Graudentz, remplie de troupes Russes, commandées par le Général Kommotow, dont une partie occupoit les portes & le reste ardoit & investissoit les environs ; cependant le Général Russe les avoit fait sortir de la Place, quelques jours avant la tenue de la Diète ; mais à la veille de notre assemblée & comme s'il eût dessein d'empêcher qu'elle eût lieu, il a fait rentrer ses troupes, lesquelles ont désarmé les Gentilshommes qui se rendoient à ladite Diète, & ont investi la Maison de Ville, lieu fixé pour les délibérations. Toutes les remontrances & représentations faites & réitérées au Général Kommotow, ont été inutiles & il a refusé de retirer ces troupes, étrangères à une Nation libre, qui n'a présentement d'autres armes que ses Loix, ses libertés & ses priviléges : nos portes même ont continué d'être soigneusement gardées contre nous-mêmes. Dans cette malheureuse circonstance, il ne nous reste que la liberté d'adresser nos plaintes à Dieu & à notre République, nous confiant en notre innocence. Mais privés des moyens de donner à nos délibérations la force convenable, nous nous contentons de dresser le présent manifeste, conjurant toute la République, dont nous sommes Membres, en vertu de l'incorporation faite avec elle par nos ancêtres, & des confirmations réitérées de nos usages non interrompus depuis tant de siécles, de ne pas tenir sans nous la future Diète générale de convocation. Nous fondons cette demande sur nos priviléges, suivant lesquels notre présence à la Diète est nécessaire & indispensable. Au surplus, nous reclamons, contre les violences que nous venons de rapporter, la justice de l'Impératrice de Russie, ainsi que les bons offices & le crédit des Puissances, qui ont déclaré si authentiquement qu'en vertu de l'amitié établie par les Traités entre leur Couronne & notre République, elles vouloient nous maintenir dans la jouissance de nos Loix & de nos libertés & nous laisser délibérer en paix sur nos intérêts communs.

[10] *Note remise au Comte de Keyserling, Ambassadeur de Russie, de la part du Prince Primat. Du 16 Avril 1764.*

COMME les troupes Russes, en pénétrant jusques dans le cœur du Royaume, causent à la Nation Polonoise des inquiétudes d'autant plus vives, que le tems fixé pour la Diète de convocation, approche de sa fin, le Prince Primat se voit obligé, tant pour satisfaire à son devoir, qu'afin de veiller à ce que pendant l'interrègne, il ne se commette rien au préjudice des Loix & des libertés de la Nation, & de répondre en même tems aux sollicitations qui lui ont été faites, de demander en conséquence des déclarations prises & si souvent réitérées, que leurs Excellences MM. l'Ambassadeur extraordinaire & le Ministre Plénipotentiaire de Sa Majesté l'Impératrice de Russie auprès de cette Cour, s'expliquent sur les motifs qui engagent celle de Petersbourg à cette démarche, éclaircissement nécessaire pour la tranquillité de la Nation Polonoise. En attendant, vû que suivant lesdites déclarations, Sa Majesté Impériale de Russie, loin de vouloir porter atteinte aux loix & aux libertés de la République, assure que son intention est de les appuyer & de les maintenir; Le Prince Primat, fondé sur les sentimens pacifiques & les assurances d'amitié de Sa Majesté envers le Royaume de Pologne, se flatte de recevoir incessamment une résolution compatible avec la bonne harmonie, qui, en vertu des Traités, subsiste entre les deux Couronnes, afin que du moins la Nation Polonoise puisse s'en reposer avec confiance & certitude sur les favorables dispositions de Sa Majesté Impériale pour la conservation des intérêts & de l'honneur de la République & qu'elle lui a fait si expressément connoître dans les circonstances présentes.

[14.] *Réponse des Ministres de Russie à la Note ci-dessus. Du 17 Avril 1764.*

Sa Majesté, l'Impératrice de toutes les Russies, notre gracieuse Souveraine, est éloignée de troubler le repos de l'Illustre République, ou de faire violence à ses Loix & à ses priviléges, non plus qu'à la liberté qui lui appartient de s'élire un Roi. Elle a déclaré au contraire, à la face de toute l'Europe, le dessein où elle est de les protéger & de les maintenir contre tout attentat. La retraite du corps que Soltikow commandoit, l'année précédente, en est une preuve, & la convention, passée à ce sujet, démontre suffisamment que l'on est de l'autre part bien loin d'en atteindre le but. Sa Majesté Impériale se seroit volontiers portée aux réquisitions du Prince Primat, en rappellant le corps de troupes qui séjourne sur le territoire de la République aux ordres du Général Kommotow, si l'on pensoit de même en Pologne à l'égard d'autres troupes étrangeres, comme il paroît par la note, qui fut remise le mois de Novembre dernier par l'Ambassadeur extraordinaire de Russie.

On a pour les droits & les libertés d'un Peuple indépendant, toute l'estime imaginable; les Diétines, ou Assemblées particulieres de la Noblesse des Palatinats, tant en Pologne qu'en Lithuanie, n'ont aucune violence à craindre de la part de la Russie. Jamais elle n'entreprit d'appuyer à main armée l'établissement des Tribunaux de Capture, de crainte de toucher aux loix de l'Illustre République. Le Général Kommutow s'est comporté de la même maniere, il a évacué tous les endroits où devoient se tenir les Diétines de la Prusse Polonoise, & lorsqu'il apprit que la Ville de Graudentz étoit destinée pour la tenue de la Diète générale, il en sortit quelques jours auparavant avec ses troupes & abandonna ses magasins. Mais tout cela n'a produit aucun effet sur l'esprit de ceux qui avoient osé s'écarter des Loix. Ils défendirent expressément que les troupes fussent présentes aux Diétines, néanmoins, on les y ramena en plus grand nombre, afin d'exécuter par la force ce qu'on ne pouvoit obtenir par la pluralité des suffrages libres. Il seroit aussi inutile que superflu d'en alléguer des exemples, on en a beaucoup & ils ne sont que trop connus. L'entrée des troupes Russes en ce Royaume n'a d'autre objet que le maintien de la tranquillité des droits de la République & de la liberté de l'élection.

On ne songe qu'à étouffer les étincelles pour prévenir l'embrâsement, & l'on est aussi peu intentionné d'apporter obstacle à la Diète générale qu'on l'a été d'empêcher les Diétines; les troupes payent tout argent comptant & ne seront à charge à aucun des sujets. Au reste, Nous, Ambassadeur extraordinaire & Ministre Plénipotentiaire, soussignés, ne manquerons pas de faire parvenir à Sa Majesté, l'Impératrice de toutes les Russies, notre gracieuse Souveraine, la note qui nous a remise. *Signés*, HERMEN CHARLES, Comte KEYSERLING; NICOLAS, PRINCE REPNIN.

[12] *Manifeste du Palatin de Pomérélie, au sujet de la rupture de la Diète de Graudentz.*

Nous, Conseillers, Dignitaires, Officiers & Nobles des Palatinats de Culm, Mariembourg & Pomérélie, après les Diétines tenues dans les Districts & Palatinats des terres de Prusse, en vertu des Universaux, donnés par son Altesse, le Prince Primat du Royaume & du grand Duché de Lithuanie, souhaitant de maintenir en entier les Loix de la Patrie & de les conserver inaltérablement, nous nous sommes rendus au lieu marqué par nos délibérations dans la Diétine générale, convoquée pour le vingt-sept Mars à Graudentz; mais la nombreuse concurrence des personnes, arrivées chez nous des autres Provinces pour exercer, dans notre Diète générale, la fonction de Nonces, a fait naître une discussion parmi nos concitoyens, & a excité par-là la jalousie entre nous, qui sommes nés avec une égale liberté. C'est pour ces raisons & non pour aucune autre que notre Diétine générale s'est séparée sans succès & n'a pas même été ouverte. En conséquence nous donnons avec douleur ce manifeste, nous promettant d'ailleurs que nos Seigneurs, les Sénateurs Ecclésiastiques & séculiers & nos Palatinats, ainsi que les Nonces élus des autres Palatinats, pour la future Diète de convocation, voudront bien avoir l'attention, dans ces circonstances critiques, de défendre & de maintenir en entier les Loix de notre Province.

[13] *Lettre du Grand-Visir au Prince Primat sur la future élection d'un Roi de Pologne.*

Le Royaume de Pologne fut de tems immémorial reconnu par toutes les Cours de l'Europe pour une République libre & indépendante, qui a par conséquent le droit de s'élire un Chef de la Nation, sans que d'autres Puissances s'en mêlent. Fondée sur ce principe, Sa Hautesse, le Tout-Puissant & très-Illustre Empereur des Ottomans, veut & desire, par un effet de sa magnanimité naturelle & de ses hauts sentimens, que dans les circonstances actuelles, l'élection d'un

Roi de Pologne se fasse conformément aux anciennes Constitutions, Loix & usages du pays, avec l'exercice de cette précieuse liberté, qui appartient à la République, bien loin que la sublime Porte, ni d'autres Puissances, puissent s'ingérer de cette affaire en aucune maniere, & qu'ainsi la Nation Polonoise prenne la résolution de faire, entre ses sujets, le choix d'un Roi & le placer sur le Trône. Telles sont les intentions de Sa Hautesse, lesquelles je vous déclare & manifeste à vous nos anciens amis & principaux Membres de la République. Et comme nous voulons que l'Ambassadeur de France, l'Envoyé de Prusse & le Résident de Russie, Ministres actuels auprès de la Sublime Porte, en soient instruits, nous leur avons donné connoissance de ses intentions, dans le sens qu'elles sont exprimées ci-dessus, non-seulement par une Déclaration par écrit, qui leur a été remise par un exprès, mais même de vive voix. En attendant, le Suprême Chef de l'Empire Ottoman ne doute point que lesdits Ministres ne communiquent à leurs Cours respectives l'estime que Sa Hautesse porte à la République & l'intérêt qu'elle prend au maintien des libertés de la Nation. Elle souhaite de plus que le grand Maréchal de la Couronne soit informé du contenu de cette lettre, & qu'il en fasse part aux Magnats de Pologne, afin que l'entremise d'aucune Puissance n'influe sur l'élection. En ces points consistent les vrais desirs & le zele de Sa Hautesse sur lesquels j'avois à m'expliquer.

[15] *MANIFESTE du Général-Major Kommotow.*

Les Déclarations publiques de Sa Majesté l'Impératrice de Russie, ma gracieuse Souveraine, sont un témoignage incontestable du cas qu'elle fait de l'amitié de la Pologne & de son attention à ne pas permettre qu'on porte atteinte à ses Loix. Elle a donné des marques en toute occasion, & sur-tout en ce qui regarde la conservation de ses droits, qu'elle s'y intéresse avec plus d'ardeur qu'aucun des Membres même de la République.

C'est en conséquence de ses équitables intentions que je reçus ordre de retirer mes troupes de toutes les places où les Diétines devoient se tenir, ordre auquel je me suis conformé avec tant de précision, que la Régence de Graudentz ayant refusé de se charger du soin des magasins que j'avois dans cette Ville, je n'y laissai que quelques soldats pour leur sûreté. Néanmoins dans un manifeste, dressé à Graudentz, & daté du vingt-sept Mars de cette année (1764), on m'accuse, moi & mes troupes, d'avoir été la cause de la rupture générale de la Diète qui devoit y être ouverte; &

sorte que pour me justifier de cette accusation, je me vois obligé d'exposer aux yeux du public les véritables circonstances de l'affaire.

Conformément aux ordres que j'avois reçus, je sortis de Graudentz, accompagné de mes gens, & fis roder, comme l'exige la prudence de tout bon Commandant, quelques patrouilles dans les environs de l'endroit où je me trouvois campé. A chaque instant il me vint des avis que des troupes, tant de la Couronne que de quelques Magnats, étoient en marche vers Graudentz, que celles de la République avoient à leur tête M. Mogolinski, Starofte de Nieszowski, & Régimentaire de la Couronne; qu'elles étoient composées du Régiment de Sokocky, de ceux de de Goltz & de Skorzewsky; que les autres troupes particulieres confistoient en deux cents Hussards & cent seize Dragons du Prince de Radziwil, Vaivode de Wilna, sans les Ulhans du Palatinat de Sciowie, ci-devant au service de Saxe; les Cosaques de Humanstysna, les Dragons de Koltkowsky, Vaivode de Culm; les Dragons & Hussards du Vaivode de Mariembourg; les Ulhans & Fantassins de Motowsky, Vaivode de Pomérélie; les Ulhans & Hussards de Goltz, Starofte de Tucholsky; les Ulhans de Czapsky, Starofte de Knefzinski; ceux de Predendomsky,

Starofte de Mirachow & les Huffards des Staroftes Offiecky & Kofcierzinsky.

J'euffe agi directement contre mon devoir, fi je m'étois comporté felon les fouhaits des Commandans de ces troupes, qui menaçoient les miennes & mes magafins que j'avois à remplir. Auffi je détachai mon Adjudent Sultza vers le Vaivode de Mariembourg, qui étoit alors à Defpanaw, pour lui fignifier que s'il fe portoit en avant fur Graudentz, je ferois contraint d'y rentrer, n'en étant forti uniquement que pour ne pas gêner les délibérations de la Diète. On répondit à cet avis fur un ton auffi vif que cathégorique, que chacun étoit en droit de tenir des troupes fur pied & de les employer à telle fin qu'il jugeroit à propos. Comme la premiere partie de cette réponfe n'avoit point de rapport à la queftion, & que l'autre fe rapportoit aux Loix & aux Conftitutions de la République, je pris le parti de marcher à Graudentz, d'autant plus que les troupes de la Couronne s'en approchoient & que fuivant toute apparence elles fe feroient emparées de mes magafins.

Dès que je fus de retour dans la Ville, je dépêchai au Vaivode de Culm, comme Maréchal de la prochaine Diète générale, un exprès, chargé de lui déclarer que fi les troupes Polonoifes consentoient à s'éloigner de la place à la distance de deux milles, je l'évacuerois de nouveau avec mes gens & suivrois leur exemple. Mais au lieu d'une réponse, on m'envoya des députés qui me firent entendre que je devois quitter la Ville. Pendant ce tems-là, j'appris les menaces de M. Damsky, Castellan de Bazesk & Potocky, Vaivode de Kiowie; le premier assuroit que si on lui confioit le commandement des troupes de la République, il tailleroit en piéces toute ma division, & l'autre ne desiroit que le consentement du Vaivode de Russie pour nous déloger de la Ville dans l'espace d'une seule nuit. Enfin une troupe de gens inconnus sortit promptement du Château, attaqua mes sentinelles à la porte & mes gardes dans la Ville, & blessa trois hommes à coups de sabre & de pistolet. Maintenant je demande au public impartial si avec la moindre apparence de raison on peut m'imputer la rupture de la Diète générale de Graudentz, & si l'on ne doit pas plutôt en rejetter la cause sur les Polonois, eux-mêmes, en ce que n'ayant pas voulu suivre ce que les *Lauda* prescrivent essentiellement aux Nonces, ils ont mis leurs forces en usage, excité des désordres, assailli les maisons, attaqué & blessé mes gardes, au préjudice de la sureté publique, du droit des gens, & en particulier de celui du commandement dont je suis revêtu. C'est pourquoi je proteste, de la manière la plus solemnelle, contre toutes ces violences, & me réserve les moyens d'en prétendre une juste satisfaction, tant à l'égard du mauvais traitement qu'ont éprouvé mes troupes, que par rapport à l'outrage fait en général aux armées de Sa Majesté, l'Impératrice de toutes les Russies, ma gracieuse Souveraine.

[15] *Déclaration de l'Ambassadeur & du Plénipotentiaire de Russie, au sujet des nouvelles Troupes Russes qui entroient continuellement dans la Pologne. Du 4 Mai 1764.*

L'APPROCHE d'un corps de troupes de l'Impératrice de toutes les Russies ne peut & ne doit donner aucun ombrage à l'illustre République, soit du côté de sa liberté, ou de sa tranquillité intérieure. Le nombre de ces troupes n'est point assez considérable, pour qu'elles entreprennent rien contre les droits & les prérogatives d'une nation libre & puissante, telle que la Polonoise; ce qui en même tems est une preuve plus que convaincante de la pureté des intentions de Sa Majesté, l'Impératrice de toutes les Russies, qui ne se propose d'autre objet que le maintien de la liberté, à laquelle tous les membres qui composent la Nation, ont un droit égal & incontestable. Les frontieres qui séparent les États de la la Russie d'avec ceux de la Pologne, s'étendent au-de-là de deux cent-milles de chemin. Qu'y a-t-il donc de plus naturel & de plus important pour la Russie, que de prêter une exacte attention à tout ce qui peut attaquer la liberté & troubler la tranquillité de la République. Sa Majesté Impériale auroit souhaité de s'épargner la démarche qu'elle a faite jusqu'à présent, mais il a fallu céder aux circonstances, où, ni les loix, ni la raison, ni l'amour de la Patrie & la considération de la tranquillité commune ne faisoient aucune impression sur les esprits. Les troupes de la République, naturellement destinées à garder les frontières du Royaume, ont été employées dans les Diétines, afin de gêner les suffrages libres d'une Noblesse indépendante, & les Tribunaux de Capture ne se sont établis qu'à main armée. Ce qui s'est passé à Graudentz est trop récent pour être enseveli dans l'oubli. Les ordres donnés aux troupes de la République de s'approcher de Warsovie donnent sujet de craindre qu'on n'entreprenne ce que l'on a déjà vu ci-devant.

Sa Majesté Impériale, notre gracieuse Souveraine, ne souhaite que le maintien de la tranquillité publique & ne permettra jamais qu'en quelqu'endroit que ce soit, un parti opprime l'autre par une supériorité de forces, sur-tout si l'équité ne la déterminoit point à reprimer les

Tome I. Q

violences & les voies de fait. C'est pourquoi, nous soussignés Ambassadeur extraordinaire & Ministre Plénipotentiaire de Russie, déclarons en termes exprès, au nom de Sa Majesté Impériale, notre gracieuse Souveraine, de la maniere la plus solemnelle, au Primat & à l'Illustre République, que les troupes Russes n'apporteront absolument aucun obstacle aux délibérations; qu'elles ne se mêleront d'aucune chose qui concerne la Diète générale, & qu'elles n'agiront en aucune façon, aussi long-tems qu'ils plaira aux membres de la République de s'abstenir de toute violence, dont le but seroit de troubler la tranquillité publique ou la sûreté des particuliers. *Signés*, H. C. Comte de KEYSERLING; NICOLAS, PRINCE REPNIN.

[16] *MANIFESTE de l'Évêque de Cracovie sur les malheurs de sa Patrie. Du 10 Mai 1764.*

Nous soussignés, Sénateurs Ecclésiastiques & séculiers, assemblés pour la Diète de convocation dans le présent interrègne, versons, devant ses actes, des larmes amères & capables d'exciter, sur la situation critique de notre Patrie, la compassion, non-seulement de toute l'Europe, mais encore de toutes les Nations de l'Univers. La loi naturelle, l'intelligence & les lumieres que le droit des Nations nous ont fournies, nous apprennent que dans les dangers de la République, tout bon Patriote doit chercher à la foulager & faire, pour la fauver, tout ce que Dieu, la confcience & les loix lui prefcrivent de plus convenable. Nous étions convaincus qu'en demeurant dans un état de neutralité & en ne nous attachant à aucun parti, nous pouvions employer utilement nos foins pour réunir les efprits divifés, éteindre les animofités, qui augmentent de plus en plus, & arrêter les coups qu'on pourroit porter contre les loix fondamentales du pays. En effet, Dieu, qui voit tout, a été témoin des démarches & des efforts que nous avons faits pendant quelques femaines avant la Diète, & qui n'avoient pour but que le falut de notre Patrie. Le Public, qui eft informé de tout, ne les a pas ignorés. Cependant nos foins, malgré un fi faint motif, n'ont produit aucun effet. Un exemple inouï, depuis que la République exifte, a affligé nos yeux & nous a percé le cœur. Nous avons vu, dans un tems fixé pour les délibérations de la Diète, non-feulement les environs, mais encore les Fauxbourgs & les rues de la Ville de Warfovie, les portes mêmes du Sanctuaire des Confeils, entourées de troupes étrangères, armées en guerre & prêtes à combattre. Nous avons vu invertir & inonder de troupes particulieres l'intérieur & l'extérieur du Château. La Chambre des Nonces & le Sénat, lieu facré que nos ancêtres & nos Loix ont rendu si célèbre, sont avilis actuellement par l'indécence & l'audace de ceux qui les ont violés, en y paroissant deux fois le sabre à la main contre des Nonces légitimement élus, qui soutenoient nos Loix & nos libertés. Il ne nous est donc plus permis de regarder de tels excès avec cette indifférence que nous n'avons fait paroître que jusqu'au moment où les maximes fondamentales du pays ont été renversées. Ces excès sont l'objet de nos plaintes devant l'Univers & devant les Nations qui font cas de la liberté, & nous faisons le présent manifeste pour adhérer à celui qui a été fait depuis peu par un grand nombre de Nonces. Nous sentons qu'elle est la foiblesse de nos efforts, si Dieu ne nous donne son assistance; mais la Providence de ce Souverain Maître du monde, si connue & si souvent manifestée dans l'Univers, nous est un sûr garant de la justice qu'il rend tôt ou tard à qui elle appartient; c'est en lui que nous mettons toute notre confiance; il nous ordonne d'aimer notre Patrie, d'en défendre la liberté & les droits que nous tenons de ses bienfaits. C'est de sa justice & de sa toute-puissance, que nous devons attendre les secours nécessaires à ceux, qui, vrais enfans de la Patrie, sont prêts à sacrifier leurs biens & leurs vies pour l'intégrité & les libertés de la République. Nous nous reservons ici le

droit d'ajouter & de retrancher au préfent ma-
nifefte, que nous fignons de notre propre main.
Signés, Cajetan Soltyk, Évêque de Cracovie,
Prince de Sévérie; Jofeph Salusky, Évêque de
Kiowie, ami des Perfonnes, ennemi de leur façon
d'agir; Adam Kralinsky, Évêque de Kaminieck;
Thomas Soltyk, Palatin de l'Encyez; Mathieu
Soltyk, Caftellan de Cracovie.

[17] DISCOURS *du Prince Primat, prononcé à
la Diète générale de Convocation.*

LA fageffe éternelle s'eft manifeftée en tout
tems d'une maniere étonnante envers notre République dans les circonftances qui ont rapport
à fon gouvernement. Ce Royaume fans Monarque, ce Trône fans Chef & fans Régens font un
effet de la volonté du Très-Haut. Nous voyons
& reffentons combien la fciffion, qui régne parmi
nous, rend fâcheufe & critique la fituation actuelle
de notre Patrie, & à quel point elle augmente la
perte déplorable que nous avons faite en la perfonne de notre Seigneur & Maître, dont le décès
afflige nos cœurs. Cependant nous n'avons pas
lieu de nous étonner que le préfent interrégne
foit accompagné d'un pareil défordre, mais nous
devons, quand même nous nous croirions encore plus en fureté, concilier nos fentimens &
nos délibérations.

Cette même sagesse éternelle nous procure deux puissans appuis dans l'administration des affaires du Royaume ; je veux dire, les deux classes d'état les plus distinguées de la République, en ce qu'elles se sont unies par un lien solide & indissoluble. Le Sénat, & toute la Patrie désolée, desirent, qu'en leur nom, j'adresse à la Noblesse leurs vœux de prospérité, tant à cause de la conformité de sentimens, que par rapport au bon choix d'un digne Maréchal, si souhaité des deux Nations. Quoique dans la conjoncture présente les délibérations publiques sur les affaires de l'État paroissent ne pouvoir être qu'embrouillées & épineuses, néanmoins nous avons, à tous égards, sujet de nous promettre que tout étant sagement dirigé, conformément à notre attente, nous parviendrons à notre but, qui est le maintien de nos droits, la confirmation de nos libertés, le repos intérieur, la tranquillité & la sureté au dehors. En mon particulier, je souhaite à M. le Maréchal, tout le bonheur possible, ainsi qu'à ses confreres d'entre le grand nombre des Membres respectables des Colléges. Je ne doute nullement que l'élite de ces personnages ne contribue, par ses soins, à conserver dans leur intégrité les prérogatives & libertés Polonoises.

Il est vrai, Messieurs, nous nous trouvons dénués de Chef, de Roi & de Maître, mais le Tout-

Puissant est avec nous. Cet Être Suprême nous conduit & nous gouverne d'une maniere surprenante. Nous respirons sous sa protection, & aussi longtems que nous aurons ce bonheur, ne craignons pas de perdre notre liberté & notre indépendance. Ce Dieu miséricordieux, qui a porté les deux principaux États de la République à n'être que d'un même sentiment dans une intime union, veillera à la conservation de nos droits. Élevons nos yeux & nos cœurs vers le ciel qui nous est si propice, & j'ose vous assurer que l'esprit de vérité, de conseil & de paix nous guidera dans la confusion des circonstances présentes. Vous voyez, Messieurs, vous reconnoissez vous-même que la Patrie, non-seulement est sur le bord du précipice, mais encore qu'elle est prête à périr avec tous ses droits, ses priviléges & prérogatives.

Considérons un moment les troubles domestiques qui déchirent le Royaume. Toutes nos délibérations ne tendent à aucune fin, les Dietes n'ont aucune issue. En un mot on peut dire qu'il se trouve parmi nous peu de gens qui puissent assurer avoir vû une Diete générale à laquelle ait présidé la liberté des suffrages, à l'exception de l'Assemblée tenue à Grodno en 1726, encore les opinions d'une partie des États y furent-elles renversées par la violence de l'autre. Nous nous estimons & prétendons être une Nation libre & indépendante, cependant nous sommes sous le joug de l'esclavage & exposés à la fureur des armes. Nous éprouvons tous les malheurs de cette servitude & néanmoins nous n'avons pas assez de forces pour nous conseiller nous-mêmes, ni assez de courage pour remédier à notre sort, tandis qu'en aveugles nous agissons contre notre propre volonté & précipitons notre ruine. Redevables de nos maux à notre conduite, nous languissons sous le frein de la crainte ; nous qui n'avons rien sur quoi nous puissions compter, ni conseil, ni augmentation de forces, ni forteresses, que d'entièrement négligées, ni de garnisons, que foibles & dépourvues de munitions de guerre, ni frontieres à l'abri d'insulte, ni armée pour notre défense. Disons le hardiment, ce Royaume est semblale à une maison ouverte, à une habitation délabrée par les vents, à un édifice sans possesseur & prêt à s'écrouler sur ses fondemens ébranlés, si la Providence ne daignoit le soutenir. Encore un coup, examinons de plus près ces désordres, qui surpassent l'imagination.

Les Loix dégénérées en inactivité, & la plûpart avilies ; les Tribunaux contre les attentats, abolis ; le parjure toléré au risque de la perte des ames & de la ruine de la Patrie ; la liberté opprimée par la force, & par une volonté arbitraire ; le Tréfor Royal déterioré par l'introduction des monnoies étrangères de mauvais aloi ; les Villes des Provinces, principaux ornements du Royaume, dépeuplées & fruftrées des avantages du commerce, qui fe fait par les Juifs. Enfin il faut que nous cherchions des Villes dans les Villes mêmes, dont tant de rues, tant de champs, tant de marchés publics font dévaftés & deferts. Ces étranges métamorphofes viennent de ce que depuis un demi-fiécle, il ne s'eft tenu aucune Affemblée, ou Diète, & pourquoi? Parce qu'ignorant le Chriftianifme & les principes de l'amour fraternel, nous vivons fans union, fans confiance & fans droiture de cœur. De-là les querelles, les diffenffions, les défiances, les fuprifes, les guerres & les hoftilités inouïes, que nourriffent dans les efprits les idées contraires dont ils font prévenus. Tantôt amis, tantôt ennemis, le plus puiffant entraîne la multitude, & telle eft la nature de notre liberté qu'il en réfulte une méfintelligence entre les particuliers & des familles entieres ; de forte qu'il ne refte plus que l'ombre de la fraternité, qui nous met de niveau felon les rangs. Chacun veut commander, chacun afpire aux Staroffies & à la jouiffance des graces affignées au mérite, mais perfonne, ou du moins rarement un seul, ne s'empresse à s'en rendre digne. De-là vient, que nos Assemblées générales sont rares & infructueuses & que les Diètes dégénèrent en embarras, en clameurs & en suffrages indéterminés. Autre-fois nos dignes ancêtres avoient pour maxime de choisir des Églises pour les lieux de leurs délibérations, afin qu'animés d'un zèle religieux par la sainteté des Temples consacrés à la Divinité, ils pussent parvenir plus sûrement à assurer leurs libertés, leurs Loix & leurs Statuts. Maintenant, au contraire, la plûpart des Églises ne servent que de boucheries où l'on s'égorge impunément. Comment donc prétendre que Dieu, infiniment juste, répande sur nous ses bénédictions. Un aussi pernicieux exemple se pratique aujourd'hui dans les Palatinats, sans en excepter la Diète de convocation, qui, cependant est par elle-même la seule & la plus générale des Assemblées de la République, & qui, depuis trente-huit ans, s'est tenue en vain, sans autre fruit que d'avoir excité la risée des Nations étrangères. Tout ce que la méchanceté est capable de suggérer fut mis en usage pour s'opposer aux délibérations, jusqu'à ce qu'enfin l'orgueil, l'envie & l'avarice rompissent les conférences.

Nous croyons sans doute troubler par-là la Diète, faire resistance à son Chef ou déconcerter les mesures des mal-intentionnés ; mais en même-tems nous nous déclarons ennemis de la Patrie, & déchirons ses entrailles. Pendant que d'un côté nous travaillons à détourner les résolutions de la Diète générale, nous nous opposons de l'autre aux arrangemens des deux Nations, nous empêchons l'accomplissement des Loix, nous rendons incertaine la sureté & la libre possession de nos biens, nous luttons en un mot contre la prospérité commune, & en général contre toutes les bonnes dispositions, qui tendent à l'affermir. Concevons par tous ces procédés à quel point nous chargeons nos consciences ; combien il est difficile de réparer ce que nous détruisons & quel châtiment nous attirons sur nos têtes, de la part d'un Dieu vengeur. Concevons, dis-je, le compte que nous avons à lui rendre de donner lieu à nos Provinces frontieres de passer sous le joug.

Quelles idées ne doivent pas se former de nos désordres, les États voisins ? Les uns se réjouissent de la flatteuse espérance de susciter parmi nous des divisions qui leur facilitent l'usurpation du Royaume; d'autres, témoins de nos désordres, non contens de nous avoir déja épuisés de substance, continuent de nous arracher des mains notre or & notre argent, comme si nous étions leurs vassaux & leurs tributaires, & ce qui est encore plus étrange, les Juifs & d'infâmes usuriers doivent être les instrumens de ces extorsions. D'autres encore se prévalent de nos foiblesses, en nous enlevant des hommes, des chevaux, toutes sortes de provisions de guerre & de bouche, pour tel prix qu'ils jugent à propos. Rappellons-nous le souvenir des traitemens qui nous ont appris à les connoître, lorsque pendant six ans qu'ils furent en guerre, non-seulement ils emporterent de nous & de nos pauvres habitans, plusieurs millions, mais emmenerent, au de-là des confins du Royaume, beaucoup de sujets, qu'ils engagerent à embrasser une Religion contraire à leurs lumieres. Toute l'Europe a compassion de notre sort en ce que nous n'avons sçu prendre conseil que de nous-mêmes. Le répéterai-je, Messieurs, notre République se trouve actuellement dans un état où elle ne fut jamais. Notre seule confiance est en Dieu, Il ne permettra pas que nous succombions aussi longtems ; qu'unanimes en avis, unis par la concorde & l'amour fraternel, nous suivrons l'esprit de droiture & de justice contre les efforts opposés. Car telles sont les paroles de l'esprit Divin, que le bonheur est où régne le conseil & que sans lui aucune Nation ne peut subsister.

La présente Diète est une Assemblée, dans laquelle on doit réformer les abus commis jusqu'ici envers les Loix, remédier aux atteintes portées à la liberté publique, & corriger les excès qui se sont multipliés chez les États des deux Nations. Le Tout-Puissant nous a fixé le tems présent pour que nous rentrions en nous-mêmes; que nous consultions notre intérêt; que nous sortions de l'état d'assoupissement où nous sommes; que nous songions aux moyens justes & raisonnables de soulager la Patrie, en mettant à couvert de tout danger, notre pays & ses habitans, nos facultés & nos biens, nos familles & nos patrimoines.

Ayons soin d'assurer d'abord l'intérieur de la Patrie. Cette sureté exige une uniformité d'esprits, une parfaite union & une confiance sans réserve; elle est fondée sur le droit & la justice; elle a pour base ces deux soutiens du gouvernement, & elle veut indispensablement des peines aussi sévères pour le crime, que de dignes récompenses pour la vertu; c'est ainsi qu'agissent les peuples les plus grossiers, qui n'ont que la nature pour instinct & pour règle de conduite. Avec combien plus de raison ne sommes-nous pas obligés, nous Chrétiens, de régler nos démarches sur le sens du droit & de la justice, dont nous avons juré l'observation, comme principes de la sureté intérieure d'un pays? Cette sureté a encore besoin d'être étayée de l'amitié & de l'alliance de nos plus proches voisins; mais avant tout, il lui faut des forces suffisantes, qui lui appartiennent en propre & dont le partage soit dans une exacte proportion. Aucune de ces deux choses ne sauroit promettre de succès, à moins d'un établissement convenable de finances, de payement régulier & de solde des troupes. Non, il n'est pas possible qu'il puisse y avoir de solde sans avances, des avances sans administration du Trésor, de Trésor sans argent & des revenus. Les revenus même ne serviront de rien, aussi longtems que d'utiles arrangemens n'auront pas pourvû au commerce, aux douanes, à l'économie dans les Villes comme dans le plat pays, & qu'une Intendance bien entendue n'en prévienne les abus.

L'ancienne concorde Polonoise, l'amour qui doit régner entre les Chrétiens & la réunion des esprits sont capables de suppléer à tout ce qui nous manque. Nous sommes tous également enfans de la Patrie, nous appartenons tous à un Corps d'État qui est la République. Soyons donc d'un même sentiment, ne faisons qu'un cœur & une ame & contribuons chacun à relever les débris du naufrage de notre Gouvernement. La maxime de Platon, que nos ancêtres ont toujours eue présente à la mémoire, ne nous est pas inconnue. » Les For-
» teresses & les Châteaux, disoit ce Législateur,
» ne résistent pas si longtems aux insultes du de-

» hors que les habitans, unis de cœur, pour la
» défense de leur pays.

Une semblable union d'idées, de cœurs & de volontés, nous procurera la conservation de nos droits & de nos libertés ; mais l'équité demande d'abord que l'on soit secondé par un puissant appui, qui fasse respecter les Loix, établisse l'ordre & le concert parmi les Tribunaux de Justice, les mette à couvert de violence & de révolte, autrement rien n'est plus certain que la main de Dieu s'appesantira sur nous.

Maintenant que notre liberté, dénuée de frein & de guide, erre à l'avanture entre les caprices & les désordres, il semble qu'elle auroit besoin d'entraves, pour empêcher qu'elle ne retombe dans ses premiers écarts, ne courre à sa ruine & ne se précipite dans la servitude. Une liberté de cette nature n'est véritablement que pure licence. D'ailleurs, comme elle affecte le plus sensiblement les Assemblées & les Délibérations publiques, il seroit aussi nécessaire qu'on la soumît à un réglement, qu'on la ramenât sous la discipline des Loix, & que pour leur sureté, on la renfermât dans des bornes convenables. La Diète générale est le lieu propre où doit être réprimée cette liberté effrénée & en fureur, qui prépare notre perte, nous afflige, nous opprime, renverse nos Statuts, blesse la Justice & nuit à la sureté publique.

Le tems présent est le plus favorable pour s'opposer à des entreprises, qui, bien loin d'être compatibles avec la liberté, ne sont que des effets du caprice. Il faut, dis-je, profiter de ce tems, si l'on veut que les Loix subsistent en entier, & dans toute leur vigueur; si l'on desire que l'éminente dignité du Royaume soit respectée, & que le bien général, ainsi que la prospérité de chacun de nous en particulier, subsistent à l'avenir. N'est-ce pas des résultats de la Diète que dépendent l'exécution & la stabilité de ces sortes d'arrangemens, de même que les mesures, capables de prévenir les troubles qui entraînent après eux les malheurs du pays & de ses habitans?

Nous comptons qu'en soixante-quatre ans, il ne s'est tenu qu'une seule Diète générale dans les formes & avec un succès convenable. La mauvaise issue des autres est attribuée aux événemens. Mais afin qu'au défaut de bon conseil, nous évitions notre perte, songeons à un moyen de donner de la fermeté à nos délibérations. Nous ne manquons pas de bons & de salutaires projets; il n'est question que d'en prendre le goût. Créons

du

du moins une Cour de Justice permanente, dont les Juges & les Assesseurs, pris d'entre les Membres des deux États de la République, soient autorisés à combattre & à punir les injustices. Je crois cependant qu'une commission, que l'on établiroit dans cette vue, pourroit apprêter le projet relatif à la prochaine Diète de couronnement. Les traités d'amitié avec les Puissances voisines sont indispensablement nécessaires, afin que lorsqu'il naît des contestations au sujet des limites, ou lorsqu'il s'agit des prétentions à former, ces sortes d'affaires puissent être plus facilement terminées par les voies de la négociation. Jusqu'ici les titres dont la République doit qualifier les Cours de Berlin, & de Petersbourg, ont rencontré beaucoup de difficultés, par rapport aux reversales exigés & sur lesquels on n'a pu s'entendre de part & d'autre. Néanmoins ces difficultés ont déja été levées en partie par les Ambassadeurs de la République, envoyés en dernier lieu à ces deux Cours, & ce qui reste encore à régler est soumis aux soins de leurs Ministres Plénipotentiaires auprès des États du Royaume. Rien n'empêche qu'aujourd'hui on ne renoue les conférences sur ces objets dans la présente Diète & qu'on ne s'arrange avec la Russie, touchant les limites des deux Couronnes; on pourroit égalementment s'accommoder sur le même sujet avec la Cour de Berlin, en nommant des Commissaires, ainsi qu'il a déja été proposé ; & cela d'autant plus facilement que les Ambassadeurs de Russie & de Prusse sont, dit-on, munis d'un plein pouvoir pour cet effet.

La Capitation, trop onéreuse, est bien moins une taxe imposée sur des Chrétiens, qu'un tribut levé sur des Turcs. J'estime qu'il seroit à propos de l'abolir & qu'en place on établît, suivant la proposition, qui en a été faite, un impôt sur la consommation des vivres, plus supportable, plus raisonnable & d'un rapport suffisant, tant pour subvenir aux dépenses publiques, que pour maintenir l'État dans sa Puissance. Les affaires que je juge encore être les plus importantes & que la Diète doit prendre en considération, comme étant celles qui constituent le bien-être de la République, sont, l'administration du Trésor & le payement des sommes que les héritiers du précédent Trésorier ont encore entre les mains; l'établissement d'une commission, qui, à l'exemple des Cours étrangères, non-seulement s'intéresse à étendre, protéger & affermir le commerce, mais éclaire de près les démarches des Juifs, s'informe des richesses de cette Nation, & sache quel en est le nombre dans le pays ; autant de sources, où l'on puisera des lumieres pour régler, au plus grand avantage de la République, les revenus sur les facultés ; enfin la direction des Hôtels des Monnoies, qu'il est à propos de rouvrir & d'affermer à une société des gens les plus opulens des deux Nations, en imitant ce qui se pratique à cet égard dans les États les mieux policés. Outre ces affaires, il s'en présente encore d'autres, dont la connoissance & l'arrangement appartiennent à la Diète ; elles regardent les Assemblées qui ont rapport au choix d'un Roi, que le Ciel a résolu, dans ses décrets, de nous donner pour Chef & Maître, telles que les Diètes de relation & celles d'élection ; qui doivent suivre la Diète générale actuelle ; les unes dont il faut fixer les tenues ; les autres, dont il est nécessaire de déterminer le tems & le lieu. Quand aux points de la capitulation Royale, je pense qu'il seroit nécessaire que l'on nommât, d'entre le Corps du Sénat & celui de la Noblesse, des personnes d'un mérite distingué, qui en dressassent le projet & le tinssent prêt pour la prochaine Diète d'élection ; mais avant qu'ils ne soient proposés, il y aura encore d'autres matieres à finir.

Nous avons, Messieurs, bien des choses qui nous manquent & auxquelles nous devons suppléer ; tous les changemens que la nécessité nous oblige de faire, & les défectuosités auxquelles le bien de l'État nous engage de remédier; mais tout cela ne peut s'exécuter que dans les assemblées publiques des deux Nations, en rétablissant les affaires sur un pied solide & en les portant à un dégré de perfection, qui serve d'exemple aux siècles à venir. Par ces moyens, & sous les auspices du Tout-Puissant, nous rendrons à la Patrie sa premiere splendeur, en même-tems nous débrouillerons le chaos des affaires, dont l'entassement nous pèse sur les bras. Appliquons-nous donc à agir dans ces délibérations publiques avec autant de jugement que de concorde, & pratiquons la leçon qu'un Ambassadeur de Hongrie nous donna dans la réponse qu'il fit en certaine occasion. *Un Conseil léthargique, désirs particuliers & des intrigues des ennemis cachés, ont perdu la Hongrie; c'est à vous, Pologne, (disoit-) à prendre garde, qu'un pareil desastre ne vous arrive.* Délibérons avec attention & non superficiellement; avec présence d'esprit & non avec vivacité. Apprenons à connoître exactement & à propos notre situation, & fixons nos regards sur les circonstances, tant au-dedans qu'au-dehors du Royaume. Reglons nos projets sur la condition, sur les droits & les besoins, sur la constitution naturelle, les mœurs & la capacité des habitans de la République. Que notre vue soit de maintenir en entier la Religion, la pureté des consciences, l'honneur & la probité, afin que les droits divins, ceux de l'Eglise, de la Noblesse & de la Patrie, au lieu de porter scandale, soient constamment observés, & que, bien loin de donner occasion aux disputes & aux désordres, ils puissent être la base de la tranquillité & de la concorde. Sacrifions de bon gré le bien commun de la Patrie à la nécessité, à l'exigence du tems, & aux circonstances de nos projets. Faisons attention à la violence que souffrent les loix de la vérité, la croyance de Dieu, les sermens, l'attachement & l'amour pour la Patrie. Étudions-nous à trouver un puissant moyen qui nous arrache aux désordres dans lesquels nous croupissons, comme ensevelis dans un profond sommeil. Comportons-nous de maniere que les étrangers n'ayent d'autre reproche à nous faire, sinon que dans nos Diètes nous ne nous proposons d'autre avantage que de nous rassembler, d'entrer en connoissance les uns avec les autres; de nous complimenter réciproquement; de nous promettre une satisfaction mutuelle; de nous désunir ensuite; de prendre congé de nos collegues, & de nous séparer enfin, sans avoir rien décidé, ou conclu. Mais aujourd'hui, sur-tout, tâchons de nous lier dans une sympathie de sentimens par les nœuds de cette ancienne union, de cette amitié & fidélité de nos Pères. C'est le seul & le vrai moyen de nous concilier l'affection de toute la Patrie.

Je l'ai déjà dit, le Tout-Puissant, ce Scrutateur des replis les plus cachés de nos cœurs, est présent parmi nous, il nous a doué chacun d'une âme & nous a laissé le soin de travailler à notre salut. Nous avons juré à cet Être Suprême & à la Patrie, la bonne-foi dans nos délibérations, la fidélité dans l'accomplissement de nos devoirs, & nos efforts pour la conversation de nos droits. Empressons-nous donc à remplir les obligations que nous nous sommes imposées par serment & renonçons à cette mésintelligence, à cette envie, à cette animosité qui règnent dans nos assemblées. N'avons-nous pas entamé nos délibérations sous l'inspiration du Saint-Esprit, & ne pouvons-nous pas les finir par l'infusion de ses lumières, selon le conseil de la vérité & d'une unanimité de suffrage ? De grace dépouillons-nous de nos passions & imitons, dans une union inaltérable, les cœurs des anciens Romains, qui, avant de se rassembler au Sénat, avoient coutume de se rendre au temple & d'implorer l'assistance de leurs Divinités dans leurs délibérations. Dieu soit loué, nous sommes membres de la vraie Eglise. Puissent les deux principales classes de la République s'attacher aux principes qu'elle enseigne & se joindre intimement par l'amour fraternel que la sagesse éternelle souhaite, prescrit & ordonne aux hommes, s'ils veulent qu'elle répande sur eux ses graces & ses bénédictions.

[18] *Mémoire de la Confédération de Lithuanie, adressé à l'Impératrice de Russie.*

L'ÉTAT violent où se trouve la Pologne, à la veille d'être en proie à tous les maux d'une guerre intestine, ne peut que toucher sensiblement le cœur de Sa Majesté Impériale. Les Droits, que reclament l'humanité, suffiroient pour qu'il ne lui fût pas permis de rester spectatrice tranquille des fureurs, qui, après avoir fait couler des torrens de sang, entraîneroient la destruction totale d'une Nation. Le Trône est le défenseur du genre humain, & le pouvoir donné sur une partie, répand son intérêt sur la totalité. Mais Sa Majesté a des engagemens propres qui sollicitent son appui en faveur de la République de Pologne. Médiatrice naturelle & autorisée par les traités entre les différents États qui composent la République, elle veille, à l'exemple de ses prédécesseurs, à ce que rien ne puisse porter atteinte aux loix fondamentales. Les circonstances toujours critiques d'un interregne, ont été prévues par l'Impératrice dans toutes leurs suites. En conséquence, aussitôt après la mort du Roi, elle crut devoir remplir le devoir sacré de l'humanité & de la foi des traités, en faisant assurer la République, par ses Ministres, & l'assurant elle-même, par ses lettres, qu'elle alloit redoubler d'attention pour détourner les dangers auxquels l'exposoit la perte de son Chef. Ces Ministres dans toutes les Cours de l'Europe ont eu ordre d'y faire connoître les dispositions de Sa Majesté & leur conduite les a parfaitement justifiés jusqu'à ce jour.

Aux engagemens de l'amitié & de l'alliance, l'Impératrice joint ceux du voisinage. Il rend les premieres obligations plus étroites & en forme d'autres qui sont uniquement propres à l'État voisin. Une correspondance mutuelle est le lien, la base, le fondement du bonheur & de la commodité des deux États limitrophes. Si l'un est attaqué en quelques-unes de ses parties, le contre-coup sensible force son voisin à prendre part à un mal dont il se ressent. Les motifs de l'amitié, ceux de l'alliance reçoivent de nouvelles forces & exigent de lui les plus grands efforts, après ceux qu'il se doit à lui-même. Ces raisons réunies ont porté Sa Majesté aux démarches qu'elle a faites, aux assurances qui les ont précédées & qu'elle a réiterées autant de fois que les cas l'ont exigé. Sa gloire, la prospérité de son règne, son attendrissement sur les malheurs de ses voisins, le propre intérêt de son Peuple, exigent qu'elle remplisse des paroles aussi sacrées & dictées par l'honneur & la sagesse. C'est une Nation qui vient l'en prier, qui lui rappelle ses engagemens, qui sollicite son secours. Elle se rendroit coupable du mal ultérieur, si elle ne déféroit à des motifs aussi pressans. Dans la droiture des principes qui la guident & des sentimens qui l'animent, elle a ordonné, aussitôt après la réclamation faite par la Confédération générale de Lithuanie, qu'un corps de ses troupes marchât vers cette Province pour y appuyer les bonnes intentions des vrais Patriotes, y arrêter tout désordre, maintenir la liberté des Citoyens & rendre aux Constitutions de la République leur première vigueur.

Sa Majesté devoit donc, pour se déterminer à agir de la sorte, la confiance au zèle patriotique de la Confédération; & celle-ci, loin de s'opposer à la tenue de la Diète générale, seule voie propre à consolider les Constitutions de la République dans un état aussi critique que celui de l'interrègne, a chargé son Maréchal d'y envoyer des Députés pour exposer, aux États de la République assemblés, la pureté de ses intentions & la justice de ses desirs, & de prier ses freres des Provinces de la Couronne de secourir de concert la Patrie, en les faisant souvenir de l'union de la Lithuanie avec le

Royaume, confirmée par un serment sacré & maintenue inaltérablement depuis plusieurs siécles. Le secours, que l'Impératrice envoye à cette Province, est d'une nécessité si pressante, que, depuis que la Confédération s'est formée, on apprend que le Prince Radziwil, qui se tient armé depuis longtems, le plus ardent à troubler le repos de sa Patrie, a fait des mouvemens & des entreprises contre la Confédération, & qu'il ne se propose rien moins que d'étouffer dans sa naissance, tout le bien qu'on doit s'en promettre.

Les Généraux de Sa Majesté n'ont d'autres instructions que de rester tranquilles, de s'opposer à toutes violences; d'éviter scrupuleusement tout ce qui pourroit les occasionner; de faciliter en tout les libres délibérations de la Noblesse; enfin, de garder uniquement la défensive & de ne faire usage des armes que lorsqu'ils y seroient forcés, étant attaqués eux-mêmes, ou le dépôt précieux commis à leur garde. Sa Majesté se repose sur les sentimens d'humanité & d'amour pour la paix, sentimens dont elle a donné des preuves depuis le commencement de son règne. Aussi elle espere qu'on rendra la justice qui est due à la légalité de la démarche qu'elle se trouve obligée de faire. Comme elle en avoit prévu le cas, elle fit son possible pour le détourner & ne balança pas d'en faire part dès-lors à toutes les Puissances avec lesquelles elle est en amitié, quoique différemment intéressée aux affaires présentes. Elle crut se devoir cette satisfaction à elle-même, à la pureté de ses intentions, & à l'uniformité des principes qu'elle a admis une fois pour toutes.

[19] *Acte de la Confédération Générale du Grand Duché de Lithuanie. Du 8 Avril 1764.*

Nous, les Etats Ecclésiastiques & séculiers, &c. Faisons savoir à tous en général & à chacun en particulier, que notre patience a été enfin poussée à bout & notre espérance frustrée en attendant modestement, si ce n'est la fin, du moins la diminution des violences, qui anéantissent nos Loix, notre liberté & notre égalité. Éloignés encore du dernier danger & comme endormis dans une douce tranquillité, nous évitions tout ce qui pouvoit la troubler, regardant avec étonnement le présage de nos malheurs futurs par les étincelles qui s'allumoient dans le cœur de notre Patrie & dont les éclats, fortifiés par l'impunité des crimes, nous menacent aujourd'hui d'un incendie universel. L'ambition démesurée se mettant au-dessus de l'égalité & des Loix dans une Nation libre & soutenue par le nombre des milices particulieres, comme aussi des garnisons auxquelles la République (ce qui est d'autant plus douloureux) donne la subsistance. Ayant formé une association de nos Palatinats & Districts, inusitée, nullement nécessaire, ni convenable, de personnes qui se faisoient valoir, plus par leur méchanceté que par leur nombre ; qui méprisoient l'autorité des Loix ; qui se distinguoient des autres Citoyens par un esprit turbulent, par une licence effrénée, par des mœurs abominables & même par leur maniere de vivre, par leur habillement & par des cuirasses, qu'ils portoient, au milieu de la paix comme dans une bataille, contre l'ennemi. Ces nouveaux associés ont montré premierement leur audace aux Diétines, par des attentats contre la sureté publique, garantie par les Loix, en étouffant, par des menaces & par des traitemens indignes, la voix libre de leurs compatriotes. On souffroit tout cela, sans oser s'en plaindre, ou si quelques-fois nos freres opprimés s'enhardissoient d'en faire mention, ce n'étoit qu'autant que le leur permettoient les oppresseurs armés.

Cette même ligue, renversant toutes les Loix, détruisoit scandaleusement, dans quelques endroits, toutes les Diétines & faisoient élire secrettement, à l'insçu du reste de la Noblesse, pour Députés aux Tribunaux, ou pour Nonces de la Diète, des sujets, qui souvent n'y étoient pas présens; dans d'autres, elle agissoit ouvertement par la force militaire, en y conduisant des troupes nombreuses pour verser le sang des Citoyens, intimider les esprits, opprimer la liberté des sentimens, troubler la sureté des consultations publiques jusqu'à profaner & ensanglanter souvent les Églises où l'on étoit assemblé. Ayant empesté, par de telles actions, la source d'où les Loix, qui sont ensuite formées à la Diète & exécutées aux Tribunaux, tirent leur premier principe; la licence effrénée s'est jettée sur la Juridiction Suprême des Tribunaux, en employant des violences extrêmes dans leur établissement, auquel la justice & la paix doivent seule présider.

Nous y avons vû avec douleur des illégalités scandaleuses quand on faisoit prêter serment, sans aucun égard à des oppositions légitimes, en étouffant, même souvent par la force, la voix libre des opposans aux personnes, que des décrets juridiques obtenus légitimement contre elles, ou des protestations contre des inconvéniens passés aux Diétines, rendoient incapables de la fonction de Juge; quand on établissoit au gré de la ligue des Députés des Palatinats, ou par des doubles Diétines, les Citoyens s'étoient partagés & qu'on éloignoit par des manifestes que l'on faisoit faire à des personnes qui n'étoient pas présentes aux Diétines, & par toutes sortes d'empêchemens, invalides d'eux-mêmes, mais soutenues les armes à la main par ceux qui avoient été légitimement élus.

Nous avons vu, avec une extrême sensibilité, la maniere outrageante qui nous mettoit au désespoir, & dont on a agi à la derniere fondation du dernier Tribunal avant la mort du Roi ; où, après avoir fait entourer la Chambre de Justice par des soldats & fait pointer des canons devant le Château de Wilna, on ferma l'entrée, non-seulement aux Gentilshommes, qui étoient venus avec des manifestes & des decrets contre des Députés mal élus, mais encore à un grand nombre de ceux qui l'avoient été légitimement.

C'est ce qui a porté nos Frères, zélés pour le maintien des loix, dont ils ressentoient le renversement fatal, à dresser, le 17 Avril 1763, un premier manifeste contre les préparatifs militaires, lequel, attendu l'inefficacité de leur premiere précaution, ils confirmerent, le lendemain dix-huit, par un second contre la violence des entreprises déjà exécutées. Ainsi notre Province se trouvant sans administration légitime de la Justice, notre douleur augmenta d'autant plus, que, même dans cette Juridiction usurpée, on forçoit encore les opérations des Juges pour avoir la pluralité dans les causes qu'on vouloit soutenir ; que l'on écrivoit les decrets sans avoir égard à une parité évidente des voix, & qu'au mépris des loix les plus fondamentales de la Patrie, on n'avoit nulle attention pour des Arrêts des Tribunaux précédens, ni pour ceux de l'Assessoire, ou du grand Maréchal, ni d'aucune autre Cour de Justice.

De-là sont venus ensuite tant de crimes, lesquels, quoique manifestés & connus de tout le monde, non-seulement sont restés impunis, mais même le plus souvent déclarés innocens par des Arrêts juridiques. De-là, l'impunité augmentant la licence, les maisons particulieres & les palais même des Ministres d'Etat furent témérairement insultés, les fenêtres cassées à coups de fusil, & quelques personnes tuées ; de-là, le danger dans les maisons, dans les rues de la Ville, & dans les chemins publics de la part des scélérats qui se promenoient par-tout munis d'armes à feu jusques dans les chambres de la Justice & dans les Églises. Tout ceci, arrivé sous les yeux de la Justice, a passé sans punition & même sans le moindre reproche. Jusqu'à présent nous entendons les cris qui demandent vengeance de la mort des personnes cruellement assassinées par des gens apostés dans l'endroit où le Tribunal exerçoit sa juridiction, nommément le Staroste de Mariembourg & quelques autres, tués dans la sale & pendant la Diétine à Minsko ; de plusieurs Gentilshommes blessés à coups de sabre &

à coups de feu dans la *Diétine de Lida*, comme aussi d'autres en différens Palatinats & Districts, persécutés dans leur honneur, lézés dans leurs biens par des méchans que l'appui & la protection des Grands soutenoient & encourageoient. Enfin les droits de l'Église, les decrets & les excommunications ont été généralement méprisés comme dans un pays hérétique. Cependant comme le nom de la paix, agréable à chacun, regnoit encore dans le pays, & quoique les habitans ressentissent les effets de ces attentats particuliers, nous nous retenions, dans le dessein de prendre des mesures usitées dans notre Patrie, pour éviter à l'avenir de pareils malheurs. On s'amusoit de l'espérance d'un changement, on se flattoit que les criminels rentreroient en eux-mêmes, attendu l'inefficacité de leur premiere précaution & que leur audace effrénée se ralentiroit dans son cours; mais nous éprouvons malheureusement que ces premiers pas dans l'infraction des loix nous exposent à de plus grands dangers. On a fait à Wilna une scission scandaleuse, où quelques personnes, s'étant séparées du corps de tout le Palatinat, qui expédioit la Diétine selon les loix, & avoit déjà élu pour Nonces, Horain, Chambellan, & Giedroye, Stornick de Wilna, & nommé les Juges de Capture marqués dans le *Laudum* du même

même Palatinat, ont choisi de leur côté d'autres Nonces & d'autres Juges de Capture, dont plusieurs étoient inéligibles par decrets contre eux, ou n'étoient pas présens à la Diétine. Dans le District d'Upita, quelques personnes ont publié de même d'autres Nonces, hors du tems & de l'endroit destiné pour la Diétine, après que celle de Léparsky, Postoli d'Upita, & Szukzta, en qualité de Nonce, ainsi que la nomination des Juges de Capture, qui avoit été faite légalement par toute la Noblesse de la Diète. La même chose est arrivée à Orssa après l'élection de Josefowicz, Staroste; de Zambrzycky, de Stolnich, comme Nonces, & après celles de Juges de Capture. On y agit avec tant de violence, qu'on en vint jusqu'à verser le sang de nos freres. A Rzeczica, la Diétine ayant été expédiée, conformément aux loix avec l'élection des Nonces & des Juges de Capture, dont les premiers sont Chalecki, fils du Chambellan de ce District, & Pruszanowsky, & dont les seconds se trouvent exprimés dans le *Laudum* de la Diétine ; on a attaqué, à main armée & avec de l'artillerie, la Juridiction du Tribunal de Capture sous la direction du Chambellan Chalecky. La rage alla si loin qu'on y tua plusieurs personnes, en choisissant pour Juges & complices de cette violence

Tome I. S

criminelle, ceux qu'on soutient jusqu'à présent dans leurs usurpations.

À Minsko, on a attaqué pareillement, jusqu'à deux fois, les armes à la main, le Tribunal de Capture, & après en avoir expulsé plusieurs Juges qui avoient déjà prêté serment & qui exerçoient actuellement leurs fonctions, on fit faire des decrets par les autres, qui n'étoient pas au nombre complet prescrit par les loix. Tous ces attentats audacieux & témér. es nous conduisent visiblement à une anarchie. Que pouvons-nous espérer à l'avenir, d'une telle licence qu'aucune digue ne peut plus retenir ? De-là, il n'est rien de sacré dans notre Patrie, qui soit à l'abri d'une animosité furieuse, après l'exemple inconnu à nos prédécesseurs, (& Dieu veuille qu'il le soit à nos descendans,) d'attenter à l'autorité & à la sûreté de la premiere personne de notre Province, par son état & par sa dignité. Si l'on a été assez hardi de faire une invasion armée dans le Palais du premier Sénateur & de commettre un sacrilége, en menaçant publiquement la vie de son Pasteur, cette violence de l'immunité d'une Maison Ecclésiastique & ce crime détestable, défendu par toutes les loix, avertit chacun des dangers auxquels nous sommes exposés. Ce qui vient d'arriver nous présente une triste perspective pour l'avenir.

Mais ce ne font pas feulement ces violences qui nous obligent à la jufte démarche que nous faifons; tant d'autres abus gliffés dans le Gouvernement; le défordre & la confufion dans les Diètes & dans toutes les autres confultations publiques; la négligence pour l'économie intérieure du pays, & dans l'adminiftration des revenus de l'État; la longueur des procédures juridiques, ruineufes pour les plaideurs; l'apauvriffement univerfel des habitans, par l'exportatation du refte de la bonne monnoie & l'introduction des mauvaifes efpèces; les préjudices caufés aux prérogatives de l'Ordre Équeftre; tous ces inconvéniens, avec plufieurs autres, qui fe font accumulés dans la République, privée depuis fi longtems de tout confeil, doivent animer les amis de la Patrie à chercher au plutôt les moyens les plus efficaces de remettre le tout dans un meilleur ordre.

L'unique efpérance qui devoit nous refter encore d'arrêter, par la prochaine Diète, les malheurs dont nous fommes menacés, cette efpérance même nous eft ôtée à la vue des préparatifs, deftinés pour y mettre la confufion. Les enrôlemens particuliers des troupes, fans craindre la rigueur des loix qui les interdifent, avec le deffein de s'en fervir contre nous & de les envoyer à Warfovie, nous préfagent une conduite &

des actions violentes plutôt qu'une tranquillité convenable & nécessaire dans les consultations publiques, selon les exemples pratiqués à la Diète passée, & tout récemment à la Diétine générale de Prusse.

La situation dangereuse où nous sommes étant telle, nous protestons devant Dieu, témoin & juge de notre innocence & de la pureté de nos intentions, devant toute la Patrie, que ce n'est point par haine & animosité, mais par l'unique motif d'assurer nos loix, notre liberté, notre égalité, nos biens, notre honneur & notre vie, que nous avons pris un étroit engagement entre nous pour qu'un conseil & une défense commune, nous garantissent réciproquement, nous liant par serment, & promettant de ne pas nous abandonner tous en général & chacun en particulier, & de nous défendre jusqu'à la derniere goute de notre sang contre quiconque, de quelque état & condition qu'il soit, qui voudroit troubler la sureté publique, renverser l'ordre, les loix, la forme du Gouvernement, l'immunité des Juridictions, & tenter quelque chose à notre préjudice & contre notre Confédération; de tenir ferme pour la conservation des loix & de la liberté; de poursuivre en Justice & à la rigueur des loix celui, ou ceux qui seroient coupables de leur infraction, & d'entreprendre tout ce qui pourra procurer notre défense, mettre un frein aux criminels, sauver la Patrie & la rendre heureuse. Pour parvenir à ce but, comme la Diète prochaine peut & doit nous montrer le chemin & les moyens efficaces, non-seulement nous ne l'empêchons pas, par notre présente Confédération, dans son pouvoir de statuer entièrement tout ce qu'elle voudra ; mais au contraire, nous obligeons les Nonces de notre Province d'y appuier nos soins pour le redressement de tout ce que dessus. Et pour donner plus de poids à leurs représentations, nous permettons à son Excellence, le Maréchal de notre Confédération générale, d'y envoyer des Députés accrédités de la part de celle-ci, pour exposer par eux, aux États de la République assemblés, la pureté de nos intentions dans cette entreprise salutaire, & la justice de nos desirs; & pour prier nos Freres des Provinces de la Couronne de secourir la Patrie de concert avec nous, & de joindre leurs conseils & leurs forces aux nôtres pour nous assister réciproquement, en les faisant souvenir de notre union avec le Royaume, confirmée par un serment sacré & maintenue inaltérablement depuis plusieurs siècles. Nous devons croire que toute la Patrie ressent vivement ce qui blesse si cruellement une de ses parties. Nous ne prétendons pas non-plus empêcher la Juridiction des Tribunaux de Capture, dans les Palatinats & Districts, de continuer l'administration de la Justice; au contraire nous en soutiendrons l'autorité & la sûreté.

Au reste, avant que cette Confédération, faite pour le maintien & l'avancement de la Religion Catholique Romaine & des droits de la Sainte Eglise, comme aussi pour le bien public de notre Patrie, obtienne son effet desiré, nous nous promettons, réciproquement & sous serment, de ne point nous séparer & abandonner l'un & l'autre, serment persuadés que nos freres, qui ne se trouvent pas actuellement ici présens, se joindront à nous & appuieront nos bonnes intentions & nos justes entreprises; ce que nous les prions de faire incessamment pour achever cet ouvrage si nécessaire. Si cependant il se trouvoit quelqu'un endormi, soit par l'ambition, soit par la politique, ou par une avidité abominable, qui ne sentiroit pas nos afflictions & que nos cris ne pourroient réveiller au plutôt de son assoupissement; il se rendroit, par là même, coupable de tous les préjudices qui arriveroient à la liberté, à l'égalité, à l'honneur, à la vie & aux biens de nous tous, qui sommes exposés, pour l'amour de la Patrie & par zèle pour son bonheur, à l'envie & à l'animosité des méchans.

Ce seroit nous faire souvenir de cet avertissement de l'Evangile, *qui n'est pas avec nous, est contre nous*. Ce seroit enfin nous mettre dans la nécessité de nous assurer contre ceux mêmes, dont nous ne pourrions plus espérer ni conseil, ni aide pour nous soutenir.

A quoi voulant pourvoir de bonne-heure, Nous permettons, à son Excellence, le Maréchal de notre Confédération, d'envoyer des Nonces accrédités à Son Excellence le Grand Duc de Lithuanie, pour le prier de se joindre à Nous, selon la coutume pratiquée dans les précédentes Confédérations, & en conservant sa fidélité, jusqu'à présent inaltérable, à laquelle il est engagé par serment envers la Patrie, de s'opposer aux desseins mal-intentionnés, pour les rendre infructueux.

De cette façon, ayant formé, par un acte légitime, notre confédération provinciale, à l'exemple de nos prédécesseurs, qui se sont toujours heureusement servis de ce moyen pour le bien public, & après l'élection des Maréchaux & Conseillers des confédérations particulieres dans les Palatinats & Districts, nommés & autorisés dans leur *Lauda*, nous choisissons, pour Maréchal de notredite confédération, son Excellence Michel Brzostowsky, grand Écuyer du grand Duché de Lithuanie, tant pour la connoissance que nous avons de son zèle pour le bien public, que de sa parfaite capacité dans les affaires. Nous lui adjoignons deux Conseillers accrédités de chaque Palatinat & District, lesquels Conseillers seront obligés de tenir régulièrement leurs séances sous la présidence dudit Maréchal, d'expédier & de décider toutes les affaires par la pluralité des suffrages. Comme nous nous promettons réciproquement de rester fermes dans ce présent engagement en faveur du bien commun, & que nous voulons qu'il soit inséré aux actes publics des Palatinats & Districts, Nous le signons de nos propres mains, pour être d'autant mieux assurés qu'il sera maintenu inviolablement.

[20] *Universaux publiés par la Diète de Relation. Du 26 Juin 1764.*

Nous, Uladislas-Alexandre Lubienski, par la grace de Dieu & du saint Siége, Archevêque de Gnesne, Légat né, Prince Primat du Royaume de Pologne & du grand Duché de Lithuanie; savoir faisons, à tous & un chacun à qui il appartiendra, & donnons en particulier à connoître aux Vénérables, Illustres & Puissans Seigneurs spirituels & temporels, les Sénateurs de la République, hauts-Officiers & autres Employés de la Couronne, ainsi qu'à tous les Nobles, tant de Pologne que de Lithuanie, nos collégues, amés & freres; lesquels nous assurons de notre bienveillance & de nos bons Offices, en vertu de notre prééminence; qu'après les résolutions salutaires, prises d'un commun accord dans la présente Diète, & qui se trouvent redigées en un si gros volume, qu'il seroit impossible d'en informer particuliérement tous les Palatinats & Districts, dans le terme fixé par la tenue des Diètes provinciales de relation, Nous avons jugé à propos de n'exposer au Public, par les présens Universaux, que les arrangemens les plus essentiels, & qui n'ont simplement qu'un rapport direct à la future élection du Roi. Savoir, qu'il y sera procédé le 27 Août de l'année courante; à laquelle élection sont invités tous les États de la République, & sur-tout les Nobles, à qui seuls est réservée la prérogative d'élire & de nommer un Chef du Royaume, ainsi que tous ceux qui, d'ancienneté, ont droit d'y être présens, à l'exclusion néanmoins de tous autres qui, pour cause de troubles, se sont eux-mêmes frustrés du privilége de participer à cette élection, sans qu'au reste le pays de la Prusse Polonoise, les Duchés de Zator, d'Orwiecim & de Massau; le Palatinat de Podlachie; les Districts de Halitz & de Lucko, & tous ceux qui sont situés sur les frontieres de la République, souffrent aucun préjudice dans leurs libertés. Chaque Diète de relation durera le moins qu'il fera possible; &, au cas qu'elles ne puffent se terminer assez tôt, le terme le plus long se bornera absolument à six semaines, qui est le tems prescrit par les Ordonnances, & au-delà duquel il ne peut y avoir de prorogation. D'un autre côté, si quelques Palatinats, dans la vue de prévenir les disputes qui s'élevent ordinairement dans ces monstrueuses assemblées, étoient convenus, dans leurs précédentes Diètes, de nommer un certain nombre de Nonces, ou de députer d'une autre manière à la Diète d'élection, ces sortes de conventions sont sensées louables, comme tendant au maintien du bon ordre, & servant d'exemple aux autres Palatinats; il ne résultera même aucune diminution de leur liberté, supposé que des Députés comparussent, en leur nom, homme pour homme, ou que des Nonces se présentassent en personne à la Diète d'élection.

Quand à l'ordre qui sera observé à cette Diète & aux moyens de pourvoir à la sureté publique pendant les séances, il est réglé que l'on s'en tiendra à l'ancienne confédération générale, & principalement à la plus récente de 1733, non-seulement pour ce qui regarde la conservation des biens, tant de la Couronne que du Clergé & de la Noblesse, de quelque nature qu'ils puissent être, mais aussi par rapport à la sureté de chacun; suivant le dispositif de la confédération de

1647, intitulée : *Reglement concernant la Diète générale d'élection, entre Wolaw & Warsovie.* D'ailleurs, pour que le choix d'un Maréchal des Nonces ne cause aucun retard à l'ouverture de la prochaine Diète, il sera élu avant qu'on n'entre en discussion sur aucune matiere. Ainsi, chaque Palatinat, chaque District ou Pays, nommera trois Nonces qui, dès qu'ils seront rendus à la Diète, éliront, comme ils ont coutume de faire en d'autres circonstances, leur Maréchal dans quelque place, au-tour de laquelle on aura creusé un fossé, comme étant l'endroit destiné à son élection, pourvu néanmoins & sous condition expresse, que cet acte ne peche point contre l'ordre, selon lequel il s'exerce tour-à-tour dans les Provinces ; que par-là il ne porte préjudice, ni au grand Duché de Lithuanie, ni aux Palatinats de la Prusse Polonoise, & qu'il s'exécute par le nombre de Nonces que prescrivent les Loix. Les Diètes de relation & autres, que les Palatinats & Districts de la Couronne & de Lithuanie, de même que les Duchés de Zator & d'Oswiecim doivent tenir avant la Diète d'élection, sont fixées au 23 Juillet prochain, tant à la réquisition du Castellan de ces Duchés, au défaut de Nonces, que sur les instances de ceux du pays de Haliex. Mais comme la Diète générale de la Prusse Polonoise n'a pas eu lieu, & que pour cette raison les Palatinats de cette Province, n'ont envoyé aucuns Nonces à la présente assemblée des États de la République, ni élu des Juges de Capture, ils pourront la consulter sur ces deux articles, & voir de quelle maniere ils s'arrangeront au sujet de la Diète d'élection. Cependant on leur assigne le même jour 23 Juillet, pour la tenue de leur Diète générale & des Diétines, qui, suivant la coutume, doivent être antérieures à la Diète d'élection.

Tels sont les points essentiels qui ont été arrêtés dans la présente confédération générale. Nous les communiquons par nos Universaux; &, afin qu'à l'avenir personne n'en prétende cause d'ignorance, non-seulement nous avons sérieusement recommandé au Président de la Chancellerie du Château, & aux autres Officiers civils, d'en répandre des exemplaires, mais encore muni l'original de notre seing & de l'empreinte de nos armes. *Signé*, ULADISLAS LUBIENSKY, Archevêque & Primat.

[21] *Manifeste du Prince Radziwil. Du 16 Juin 1764.*

Moi, Charles Stanislas, Prince de Radziwil, Vaivode de Wilna, atteste & proteste devant Dieu, qui connoît la pureté de mes intentions, & qui détermine le succès de tous les événemens, à la face du corps entier de la République, dont je suis un fils aussi zélé & un membre aussi fidele qu'aucun de mes concitoyens; aux yeux de toutes les Puissances de l'Europe, principalement de celles qui nous sont voisines, lesquelles, par des déclarations unanimes, ont promis de maintenir nos libertés & nos Loix en général, non moins que de protéger nos personnes en particulier; que quoique je m'apperçusse que l'ambition de quelques particuliers excitoit la discorde & des désordres dans ma patrie, j'étois néanmoins assuré que leurs entreprises s'anéantiroient d'elles-mêmes, sans leur opposer aucune résistance, & que dans cette certitude je continuai d'être tranquille par rapport à mes biens situés dans le Palatinat de Brzesc en Lithuanie. Mais ayant voulu me rendre dans la suite sur les terres que je possede dans celui de Novogrodeck, j'appris, dès le premier jour de mon voyage, des nouvelles si tristes & si positives, que je ne doutai nullement que je n'euſſe à me répentir de mon inactivité. En effet, on me rapporta qu'une certaine famille, à laquelle la mienne fut toujours égale en rang, & l'eſt encore à tous égards, s'étoit émancipée d'attaquer, à main armée, & de canoner mon Château de Nierwſez, dans la vue de m'en chaſſer, lors même, que je me félicitois de vivre en paix; & cela, ſans avoir été préalablement inquiété, ni cité en Juſtice par ajournement perſonnel, ſuivant l'uſage entre concitoyens. Je fus informé en même-tems, que cette famille & ſes proches avoient poſté des gens en différens lieux ſur la route, afin de guetter ma perſonne, & de me forcer à retourner ſur mes pas, comme j'en fus convaincu bien-tôt après à Tereſpol, ville appartenante au Comte de Flamming, grand Tréſorier de Lithuanie, où je trouvai les chemins garnis de pluſieurs mille hommes en armes. La prudence & ma propre ſureté ne me permettoit pas qu'environné de ces troupes, je les laiſſaſſe à dos; &, pour échapper au danger, dont elles me menaçoient de toutes parts, je me vis contraint de les déſarmer, ſans bruit & ſans la moindre violence.

Je prends Dieu à témoin, que cette démarche n'eut pour but aucune voie de fait, & qu'elle ne provint ſeulement que d'un principe de défenſe naturelle : j'en jure la vérité devant toute la République, à laquelle j'offre de répandre mon sang pour la défense de ses Loix, & la conservation de ses libertés. Je fais la même déclaration aux Puissances Souveraines, & proteste à tous mes concitoyens, de la maniere la plus solemnelle, que mon unique souhait est de me réunir avec eux, d'employer toutes mes forces à maintenir nos Loix, de défendre la Noblesse contre toute oppression, & de garantir nos libertés de toute atteinte. Au reste, je me réserve le droit de changer le présent manifeste. *Signé*, CHARLES STANISLAS, PRINCE DE RADZIWIL.

[22.] *Lettre du Roi de Prusse au Prince Radziwil, Vaivode de Wilna. Du 3 Juillet 1764.*

MONSIEUR,

OUTRE la lettre que le Comte Pac-d'Ihnen m'a remise de votre part, & à laquelle j'ai déjà répondu, j'en reçois une autre, en date du 18 Juin. Je suis fâché de la situation embarassante où vous vous trouvez, & souhaiterois que vous n'en eussiez aucun reproche à vous faire ; mais la démarche à laquelle vous vous êtes laissé aller, ne pouvoit que vous attirer les suites dont vous vous plaignez aujourd'hui, & que vous eussiez évitées par une conduite plus moderée. Il est dangereux de hasarder des pas qui, dans les circonstances actuelles du Royaume de Pologne, donnent occasion aux plus grandes discordes. La résolution que vous avez prise d'assembler des troupes, & de les faire agir, tant à Graudentz qu'en divers autres endroits, contre vos propres concitoyens, doit être justement envisagée comme la source des présens troubles qui agitent la République, & comme le seul motif de ce qui vous arrive. Il est difficile de concilier les extrémités auxquelles vous vous êtes porté encore récemment, avec les devoirs d'un citoyen envers sa patrie, & avec les sentimens pacifiques que contient votre lettre. Tel étant votre cas, vous jugerez vous-même que je ne puis me mêler d'une affaire que vous vous êtes suscitée de plein gré, qui est du ressort de ceux à qui il appartient d'en connoître, & dans l'examen de laquelle ma qualité de voisin & d'ami de la République ne me permet pas d'entrer. Il ne me reste donc que de vous rappeller le souvenir des avis que je vous ai donnés dans ma précédente réponse, & souhaite que Dieu vous ait en sa sainte garde.

Signé, FRÉDÉRIC,

[23] *Lettre*

[23] *Lettre de Monsieur le Duc de Praslin, à M. Hennin, Résident de France auprès de la République de Pologne. Datée de Compiegne. Du 20 Juin 1764.*

VOUS pouvez, Monsieur, facilement vous imaginer l'étonnement que m'ont causé les différentes dépêches que j'ai reçues des couriers, expédiés à la Cour par le Marquis de Paulmy. Ce Ministre a fidèlement exécuté ses ordres. Je lui avois mandé, au nom du Roi, d'avoir une audience du Prince Primat, & de lui signifier, qu'attendu la division de la République, & la présence des troupes étrangeres dans Warsovie, Sa Majesté ne jugeoit pas à propos qu'il y fit un plus long séjour, & qu'en conséquence il eût à se retirer de-là, jusqu'à ce que le repos & le bon ordre fussent rétablis dans le Royaume. Telle est l'instruction que j'envoyai au Marquis de Paulmy, & à laquelle il s'est littéralement conformé. Il n'y a rien dans ces expressions qui puisse blesser la délicatesse du Primat, offenser la République, ni déplaire à qui que ce puisse être. Je conviens que c'est une malheureuse vérité, capable d'exciter de la douleur, mais non de choquer personne, & quand même on y auroit ajouté que la République ne subsistoit plus, & qu'il n'y restoit aucune des prérogatives

Tome I. T

dont elle jouissoit ci-devant, encore n'auroit-on avancé que ce qui auroit été avoué de quiconque a la moindre connoissance des Loix de la Pologne, sans risquer d'être contrarié par ceux qui savent y avoir eux-mêmes porté atteinte.

Le Marquis de Paulmy a rempli ses devoirs, en s'acquittant de ses ordres; mais, de son côté, le Primat a manqué à ses obligations, en s'écartant des égards & du respect qu'il devoit au caractère d'un Ambassadeur de la Couronne de France. Il étoit naturel qu'après un tel affront, aussi marqué & aussi public, aucun Ministre de Sa Majesté Très-Chrétienne ne pouvoit s'arrêter plus long-tems en Pologne. Aussi l'intention du Roi est que vous, Monsieur, partiez incontinent de Warsovie, sans voir le Primat; que vous lui rendiez compte de vos ordres par un mot d'écrit, & lui déclariez que le Roi, votre maître, se reserve de s'expliquer ultérieurement, tant sur la satisfaction qu'il a droit de prétendre, que sur tout ce qui s'est fait jusqu'ici en Pologne pendant l'interregne.

Vous savez sans doute, Monsieur, que le 9 du mois dernier, le Primat dépêcha de Warsovie M. Olusky, Gentilhomme Polonois, & Capitaine de Dragons au service de la République, chargé d'un paquet de lettres à l'adresse du Roi &

à la mienne, contenant un détail de ce qui s'étoit passé entre ce Prélat & M. de Paulmy, dans l'entrevue qu'ils eurent le 7 Juin dernier. Ce Député est arrivé ici avec ses dépêches qu'il m'a remises. J'y remarque que M. le Primat cherche à justifier sa conduite, & dénie positivement le fait dont il s'agit; mais ces détours ne justifient point un procédé aussi injuste qu'avéré. Il allegue, contre M. de Paulmy, qu'à son arrivée à Warsovie, il n'avoit présenté, ni à sa personne, ni à la République, ses lettres de créance, lui qui en étoit muni, tant pour les États que pour le Sénat. On sait qu'il en produisit des copies au Prélat, en attendant l'occasion de lui en présenter les originaux. D'ailleurs le Ministre n'étoit point tenu de lui constater sa mission par des pièces authentiques, puisque le Roi n'accréditoit son Ambassadeur que relativement auprès de la République de Pologne. En outre, le Primat accuse de partialité M. de Paulmy; mais vous, Monsieur, vous êtes mieux convaincu que personne du peu de fondement de cette accusation.

Les intentions du Roi, dans les affaires de Pologne, & le sincère intérêt que Sa Majesté prit, en tout tems, à la prospérité d'une Nation qu'elle regarde comme une ancienne alliée, se manifestent dans des actes publics & sont connus par l'impartialité dont elle a toujours donné des marques sensibles. Comment donc peut-on soupçonner aujourd'hui ses Ministres d'agir contre les Constitutions fondamentales de la République, ou de perdre de vue les instructions qui leur sont données pour règle.

Enfin, le Primat raconte, d'une maniere fort différente, les particularités de son entretien avec M. de Paulmy; mais le Roi peut d'autant moins révoquer en doute la droiture & la bonne-foi avec laquelle son Ambassadeur & son Résident lui en ont rendu compte, que leurs rapports se trouvent confirmés par des avis, tant de Warsovie même, que d'autres endroits où l'on a eu connoissance de cet étrange procédé. Outre cela, quand même la chose paroîtroit, en quelque sorte, douteuse, M. le Primat la rend indubitable, en avançant qu'il s'étoit entretenu avec M. de Paulmy, qu'il lui avoit dit qu'il ne le reconnoissoit plus pour Ambassadeur, & qu'il l'avoit congédié par ce compliment : *Adieu, Monsieur le Marquis de Paulmy*. Ce langage seul rejette toute la faute sur M. le Primat. M. de Paulmy n'étoit point rappellé, il n'avoit que simplement l'ordre de s'éloigner de Warsovie pour quelque tems. Bien plus, il n'avoit remis aucune lettre de rappel; &, en supposant, même gratuitement, le cas réel, encore auroit-il dû jouir jusqu'aux frontieres de la République, des honneurs & des prééminences attachées à la qualité d'Ambassadeur. Il n'appartient nullement à un Archevêque de Pologne, qui n'est le Chef de la République que pendant un petit espace de tems, de reconnoître ou méconnoître, à sa volonté, un Ambassadeur du Roi. Ce caractère ne dépend point du bon plaisir, ou du caprice d'un Primat de Pologne, qui, en tout tems & en toute occasion, doit respecter celui qui représente la personne d'un puissant Monarque. L'insulte est palpable, constatée par l'aveu de M. le Primat, & ne sçauroit se justifier.

Après tout, Monsieur, Sa Majesté est trop élevée pour qu'une pareille offense puisse en quelque maniere réfléchir sur sa dignité. Dans le fond la conduite du Primat est fort indifférente. Le Prélat s'est oublié dans ce moment, un instant de repentir effacera son écart. Il est vrai que le Roi a refusé d'accepter sa lettre & de donner audience à son Envoyé. Sa Majesté persiste même dans la résolution de rappeller ses Ministres qui résident à Warsovie.

[24] *Billet de M. Hennin, Résident de France à Warsovie, à M. le Prince Primat. Du 16 Juillet 1764.*

JE ne saurois mieux informer votre Altesse des motifs de mon départ précipité, qu'en lui envoyant une copie des ordres que j'ai reçus par un exprès de ma Cour. Comme je dois y obéir, votre Altesse me permettra de lui assurer que je suis très-mortifié de ne pouvoir prendre congé d'elle personnellement & de ne lui témoigner, que par écrit, le profond respect avec lequel j'ai l'honneur d'être, &c.

[25] *Discours du Comte Poniatowski, à la Diète de Relation de Warsovie.*

SI quelque chose, Messieurs, peut égaler l'empressement & le zèle avec lesquels, en satisfaisant à vos ordres, je me suis chargé de l'emploi de Nonce du District de Warsovie, c'est le plaisir & l'avantage de vous rendre aujourd'hui un compte aussi fidèle qu'exact de la manière dont je m'en suis acquitté. On sçait à quel point les Nonces & tous les bons citoyens ont été alarmés par les avis que l'on reçut de tous les Palatinats, qu'au mépris des loix on avoit usé de la puissance militaire aux Diétines. Ces avis portoient qu'on devoit en ufer encore à la Diète de convocation & de s'y fervir de ce même foldat, quoique national, quoique fujet de l'Etat, pour opprimer la République fa Souveraine, à laquelle on fe propofoit de donner des loix écrites de notre fang. Dieu, qui dirige le cœur des Monarques, nous a procuré un fecours, qui a dérangé les mefures des violateurs des loix, des oppreffeurs de l'égalité. Ils ont changé, non le but de leurs entreprifes odieufes, mais la manière de les mettre en exécution. Ils venoient d'éprouver la fermeté de ce Prélat, véritablement grand & vertueux, de fon Alteffe le Primat. Vainement ils avoient tenté de le forcer à prolonger le terme marqué pour la Diète de convocation, quoiqu'il n'eût alors auprès de lui qu'un feul des Sénateurs bien intentionnés, mais affez courageux pour leur faire tête. Voyant qu'à cette prochaine Diète, ils ne feroient pas les maîtres & qu'ils ne pourroient l'employer à notre perte, ils ont pris le parti de n'en point reconnoître la validité.

Leur manifefte devoit tout-à-la fois, felon leurs vues, annuller la Diète & commencer les malheurs d'un long interregne. Les Généraux de la Couronne, après avoir affemblé cette armée dans le centre du Royaume, à la tête de laquelle, felon leur ferment, ils ne devoient se mettre que sur les frontières, ont tiré de la Capitale l'artillerie de l'État, abbattu les ponts sur la Pilica, interrompu les communications intérieures du pays, qui, jusqu'alors, avoient été libres & se sont mis entierement en état de faire la guerre.

Le Primat, guidé par l'esprit de paix, si convenable à son état, engagea deux Sénateurs à porter au Général des représentations, qui, dans ces derniers momens, pussent encore lui faire envisager les dangers & les suites d'une telle levée de bouclier contre la patrie; mais cet avis salutaire n'a produit qu'une réponse fière de la part de ce Général. La Diète, représentant la République, prévoyant les malheurs d'un interregne, qui alloit être prolongé par la désobéissance du Chef de l'armée, & par la révolte des troupes qu'il contenoit, a jugé alors qu'il étoit tems de prononcer.

Elle a remis le commandement de l'armée en des mains assurées. Le Prince Czartorinsky, Palatin de Russie, en faisant usage du droit qui convient à tout État indépendant, d'entrer en liaison, & de conclure des traités avec qui bon lui semble, elle s'est assurée du secours d'une Puissance amie & voisine. Le succès a répondu à cette conduite, aussi nécessaire que sage. La valeur & la prudence de nos dignes Régimentaires, ont ramené déjà presque toute l'armée à l'obéissance de la République. De son côté, la Diète a employé ses soins à la réparation des maux les plus pressans de l'État, par des réglemens qui servent de base aux améliorations futures. D'abord nous avons pourvu à la conservation, à l'autorité, à la propagation de la Religion. Après ce premier devoir, notre attention s'est fixée sur trois objets principaux; la justice, les finances & l'armée. Les Juges les plus assidus ne pouvoient suffire à rendre justice à tous ceux qui la réclamoient dans ce vaste Royaume. Au lieu d'un Tribunal souverain pour tous les Pays, nous en avons érigé deux.

L'établissement des Tribunaux demandoit tous les ans des apprêts militaires. L'abus & le désordre étoient montés à un point, qu'on ne devenoit Juge que les armes à la main; & encore souvent les Députés, légitimement élus aux Diétines, étoient exclus de leur place de Petrikow, par la violence des factions, ou de la Cour, ou des Généraux, ou de quelque Seigneur puissant. La force regla tout, & la voix du foible citoyen ne fut point écoutée. Celui à qui ses talens, ses vertus, sa popularité, auront concilié les suffrages des Palatinats respectifs, sera dorénavant seul réputé bien élu, & sans doute il sera bon Juge, attendu que venant à perdre la bonne opinion que ses confreres ont conçue de lui, aucune protection des Grands ne pourra le faire nommer une seconde fois. C'est aux Diétines & non à Petrikow, qu'on prêtera le serment de Juge. Nous n'y admettrons assurément que celui que les formes légales & son mérite y auront conduit. C'est par-là que nous ferons revivre les réglemens primitifs du Duché de Mazowie. Jusqu'à présent ceux qui étoient les plus éloignés de Warsovie, ont été obligés de s'y rendre à grands frais pour se trouver à l'assemblée générale des terres de Mazowie. Désormais les Diétines se tiendront aux endroits, qui auront droit alors d'avoir des Députés. Chaque Palatinat est assuré d'avoir tous les ans des Députés, puisque les Diétines qui les nomment, ne pourront plus être rompues; d'ailleurs les Tribunaux en dernier ressort seront considérablement soulagés dans leurs travaux, vû que ceux de premiere instance qui, au grand scandale & au grand préjudice du public, vaquerent si souvent & si long-tems, seront toujours remplis.

Quant à l'administration des finances, jusqu'à nos jours les grands Trésoriers disposoient souverainement des revenus de l'État; un homme, un seul homme devoit se tromper quelquefois, & ne pouvoit pas avoir l'œil à tout. La question d'ailleurs étoit indécise, si c'étoit à titre de ferme ou d'administration qu'on devoit rendre ses comptes;

aujourd'hui ce point n'est plus douteux, on associe à celui qui est, ou sera revêtu de cette importante charge, des Commissaires tenus de rendre compte avec lui de tous les revenus de la République, & de faire, aux États assemblés à chaque Diète, des propositions sur l'amélioration des monnoies; sur l'augmentation du commerce, en un mot sur tout ce qui pourra opérer le rétablissement du bon ordre dans les finances & leur accroissement. Depuis plusieurs années les Palatinats de la grande Pologne gémissent sous le poids accablant de la capitation; pour les soulager, ceux qui possédent des biens royaux par grace distributive, se sont engagés à porter au Trésor public, la quatrième partie des revenus; mais comme il est encore incertain si cette branche pourra suffisamment suppléer à cette capitation, on en a établi une sur la nation Juive, à raison de deux florins par tête; en même-tems on a introduit une Douane générale & publique de péages, en supprimant toute défraudation particuliere.

Comme il est incontestable que notre Pays ne pourra jamais se trouver de niveau avec d'autres, aussi long-tems que nous ne chercherons pas à rendre nos Villes florissantes, on a cru que pour y parvenir, il falloit y abolir pour jamais les logemens par billets, & mettre un frein aux usurpations du Clergé. C'est ainsi qu'il a été pourvu éventuellement à l'administration des finances. Cependant la Justice & les Finances n'assurent pas le bonheur d'un État qui est sans forces pour se défendre. A la vérité nous avons des troupes, mais leur paye, reglée sur d'anciens taux, n'est plus proportionnée au prix des denrées. Le soldat, qui peut à peine subsister où il est placé, devient, au moindre mouvement que le service de l'État lui fait faire, à charge aux habitans du Pays. La Diète de convocation a établi un Conseil militaire, chargé de faire trouver & de diriger des projets propres à mettre sur un bon pied la paye des troupes & de tout ce qui y est relatif. Souvent ces mêmes troupes, & sur-tout depuis quinze ans, ont cherché à opprimer la liberté, à établir de force les Tribunaux, à vouloir même disposer de la Diète. Assurément cette armée, remplie de nos frères concitoyens, n'auroit pas agi comme elle a fait contre nous, si elle n'eût été commandée souverainement par les grands Généraux, qui, usant à leur gré d'une autorité plus étendue que celle des Rois, puisqu'ils disposent de la vie & de la mort, ne se laissoient plus borner par aucun serment, ni par aucune loi. La République a donc pensé qu'il ne convenoit point que parmi un peuple libre & bien gouverné, un seul homme eût un aussi grand pouvoir. Elle n'a pas moins reconnu & éprouvé qu'un Roi, en donnant des charges de Général, de Tréforier, de Chancelier à des gens devoués à lui feul, gouverneroit defpotiquement par eux & mettroit des entraves de fer à la Nobleffe. La Diète a jugé par conféquent qu'il falloit répartir l'autorité de chacune de ces charges entre plufieurs perfonnes. Il fera bien plus difficile au Roi, de gagner tous les membres de chaque Parlement, qu'un feul chef.

Des quatre Chanceliers, il ne nous en refte qu'un feul, le Prince Czartorinski, frere du Palatin de Ruffie, qui, placé depuis quarante ans dans le miniftere, s'eft attiré les plus juftes éloges & la reconnoiffance du Public. Perfonne n'a porté plainte contre lui, cependant il s'eft volontairement offert de partager avec des affeffeurs le droit de décider, que les loix donnent à un feul. Plufieurs Nonces s'y font oppofés, mais ferme dans la réfolution de faire ce facrifice, il y a perfévéré & en a minuté le décret. Un auffi grand exemple faifant honneur à la Nation, nous pouvons encore efpérer que le zèle des citoyens vertueux corrigera & fera revivre avec éclat ce qu'un âge de défordre avoit avili, corrompu & détruit.

Indépendamment des efpérances que l'avenir nous permet de concevoir, jouiffant des avantages actuels que nos puiffans amis nous présentent, non-seulement ils ne prétendent rien s'arroger, sous quelque titre que ce soit, au détriment de nos loix, ou de nos possessions, mais encore ils en garantissent solemnellement le maintien contre quiconque oseroit y toucher.

Cette garantie au-dehors, & la Confédération générale au-dedans, commencée à l'issue de la Diète, répandue déjà en divers endroits du Royaume & acceptée par nous-même depuis quelques jours, sont les deux gages de notre sûreté. Puisse l'union étroite de nos cœurs & de nos esprits, être désormais un faisceau de traits redoutables que rien ne sauroit rompre. Puisse-t-elle devenir la tige fleurie qui promette le doux fruit de la paix, & enfin, par l'élection d'un Roi, pris du sein de la Nation, laborieux & honnête-homme, le présage des tems plus heureux pour la Patrie.

[26] *Lettre du Roi de Prusse au Prince Primat en remerciment de ce que la République l'avoit reconnu Roi. Du 24 Juillet 1764.*

L'obligeante lettre qu'il a plu à votre Altesse de nous écrire, pour nous informer que les États de la République de Pologne, assemblés & confédérés, avoient reconnu le titre de Roi de Prusse attaché à notre Personne, nous est bien parvenue avec la constitution rendue à ce sujet dans la Diète générale. Ce témoignage de vénération particuliere, que nous donne l'illustre Nation Polonoise, excite en nous des sentimens de gratitude, & comme nous n'ignorons pas combien votre Altesse a contribué par ses soins au succès de cette affaire, nous y répondons par des remercimens qui lui sont dus. En ceci la République nous offre un nouveau motif qui nous engage à affermir de plus en plus l'affection que nous lui portons depuis long-tems & dont elle peut se promettre des arrérages non médiocres. L'espérance que votre Altesse a conçue de notre bienveillance, n'est point appuyée sur un vain fondement, elle répond exactement à son attente. En effet, nous avons résolu, & telle sera notre résolution à l'avenir, non-seulement de maintenir religieusement & inviolablement les traités de paix & d'alliance conclus entre nos ancêtres & la République, lesquels ont été transmis jusqu'à notre règne, mais même d'entretenir soigneusement & d'augmenter, s'il est possible, les bons offices de voisinage par une suite de l'estime que nous avons toujours eue pour la Nation. En particulier, nous tâcherons, autant qu'il dépend de nous, que l'élection désirée d'un Roi mette une heureuse fin au présent interrègne, sans que les libertés & les prérogatives publiques en souffrent la moindre atteinte. Telles sont nos constantes & sincères intentions, que nous déclarons à votre Altesse, par la présente réponse, en la priant de la communiquer à la République dans l'occasion & de lui faire nos remercimens. Au reste, nous souhaitons de bon cœur à votre Altesse, toutes les prospérités imaginables. *Signé*, FRÉDÉRIC.

[27] *MÉMOIRE de la Russie, en faveur des Dissidens de Pologne. Du 14 Septembre 1764.*

LES obligations qu'imposent à Sa Majesté, l'Impératrice de toutes les Russie, notre très gracieuse Souveraine, les traités qui subsistent entre elle & la République de Pologne, ainsi que l'intérêt le plus respectable, qui l'unit aux habitans de cette République de la Religion de Sa Majesté Impériale & à ceux qui y sont connus sous le nom de Dissidens, ne lui permettent pas de regarder avec indifférence, l'oppression sous laquelle gémit une partie considérable des habitans de la même République, à cause de leur attachement à des croyances publiquement adoptées par tant de grands États, par tant de Nations & de Puissances de l'Europe; autorisées d'ailleurs par les loix fondamentales de la République. Ces Dissidens, sont traités comme des Sectateurs obscurs & sans aveu. Ces Dissidens, par des constitutions

tutions surprises par des voies de force & illégales, ayant été, depuis quelque tems, & principalement sous le dernier règne, non-seulement dépouillés des droits, libertés & prérogatives, dont la jouissance leur étoit assurée par les loix fondamentales d'un État libre & où l'égalité la plus parfaite doit régner entre tous ceux qui le composent; mais même ayant été gênés au suprême dégré dans ce qui concerne le culte & l'exercice public de leur Religion. En conséquence, les soussignés, Ambassadeur extraordinaire, & Ministre Plénipotentiaire de Sa Majesté Impériale de toutes les Russies, ont ordre d'engager très-humblement, par le présent mémoire, Sa Majesté le Roi de Pologne à vouloir bien contribuer à ce que les Dissidens, tant Nobles que de moindre condition, soient entendus & rétablis, conformément aux loix ou constitutions générales & fondamentales de la République, dans l'entière possession de tous les droits, libertés & prérogatives, dont ils ont joui, notoirement par le passé, & spécialement de ceux qui ont rapport, de quelque maniere que ce soit, au libre exercice de leur Religion, droits, libertés & prérogatives, qui leur appartiennent incontestablement en qualité d'habitans, de libres, fidèles & irréprochables citoyens de la République, & qui, de plus, leur ont été confirmés plusieurs fois par

Tome I.   V.

des loix & constitutions de la plus grande authenticité. Sa Majesté Impériale est persuadée que le Roi de Pologne, dont les qualités éminentes viennent de remporter un prix si glorieux, dans le choix unanime & sans exemple que la Nation a fait de sa personne sacrée pour successeur au Trône, consentira à employer toute son autorité pour que ces représentations aient promptement leur effet désiré, & qu'ainsi soient religieusement observés, les traités qui subsistent entre les deux Etats. Pleins de la même confiance, les soussignés Ministres attendront le succès de la commission dont ils ont été chargés, lequel resserrera infailliblement les nœuds de l'amitié & de la bonne harmonie, qui, depuis si longtems & si heureusement, unissent la Russie & la Pologne. *Signés*, le Comte de KEYSERLING, N. PRINCE DE REPNIN.

[27 bis.] *MÉMOIRE du Roi de Prusse en faveur des Dissidens.*

NOUS, soussignés, Ambassadeur, & Résident de Sa Majesté le Roi de Prusse, avons eu l'honneur de présenter à Sa Majesté le Roi de Pologne, un mémoire daté du quatorze Septembre de cette année, relativement au cas présent des Dissidens de la République, lequel mémoire renfermoit les sentimens du Roi notre Maître sur cette affaire, ainsi que les motifs qui engageoient Sa Majesté à s'intéresser pour ces personnes, dont une partie, non seulement est attachée au même culte qu'elle professe, mais à laquelle différentes constitutions de la République accordent le libre exercice de religion & une parfaite égalité avec les autres sujets de la Pologne.

Quoique la confirmation de ces droits ait été réitérée dans le traité d'Oliva en faveur des Dissidens, ils n'en sont pas moins aujourd'hui frustrés de leurs anciens priviléges, qui leur avoient été accordés par la République & réduits à un état d'oppression encore plus fâcheux. Aussi le Roi notre Maître est résolu & obligé de travailler efficacement à ce qu'ils soient rétablis dans la pleine jouissance de leurs droits, par égard pour la gloire que Sa Majesté fait consister dans l'usage de sa grandeur d'âme à protéger les droits de l'humanité.

Ces motifs excitent Sa Majesté à envisager avec la plus grande compassion, l'état actuel des Dissidens en Pologne, dont les ancêtres jouirent, à titre égal, de toutes les franchises & prérogatives que les loix du Royaume accordent aux autres sujets, mais qui leur sont ôtées par des voies illégitimes, jusques-là qu'ils ne peuvent avoir part, ni au gouvernement, ni à ce qui constitue l'honorable & égale existence, non plus que la sûreté publique de chaque habitant du Royaume. La Noblesse, si fiere, si zelée pour la liberté, cesseroit d'être généreuse & équitable, si elle ne recherchoit pas le droit que ses confreres, nés d'un même sang, reclament auprès de la République, & que le Roi notre Maître souhaite ardemment qu'il leur soit restitué.

Les soussignés, Ministres de Sa Majesté le Roi de Prusse, ayant eu l'honneur de représenter à Sa Majesté le Roi de Pologne, le vif intérêt que leur gracieux Souverain prend à l'oppression des Dissidens en général, se réferent au contenu de leur mémoire, ci-mentionné, fermement persuadés que Sa Majesté le Roi de Pologne se conformera en ceci, comme en tout autre cas, à la justice qu'elle a fait éprouver à chacun, & qu'elle aura pour agréable de procurer aux Dissidens, qui, de tout tems, donneront des marques de leur zèle pour la République, le rétablissement dans tous leurs droits; d'autant plus que les sages constitutions du Royaume leur en ont solemnellement assuré la possession & que celle-ci leur a été confirmée, non-seulement par le traité d'Oliva, mais par d'autres conventions particulieres. En agissant autrement, ce seroit rompre les engagemens sacrés, contractés par la République en vertu de ses traités.

[28] *Lettre du Roi de Prusse au Prince Primat, sur l'élection du nouveau Roi de Pologne. Du 14 Septembre 1764.*

Notre lettre, du sept du mois dernier, par laquelle vous m'apprenez l'élection unanime de son Excellence, le Comte Poniatowski, Stolnik de Lithuanie, au Trône de Pologne, m'a donné une joie indicible. J'y prends d'autant plus de part, qu'il accomplit exactement mes souhaits, en même-tems qu'il répond aux intérêts essentiels de la République, lesquels j'avois uniquement en vue, lorsque je lui proposai & recommandai pour Roi, celui qui en est le Souverain actuel. Très-sensible à votre confiance & aux égards que vous avez témoigné pour ma recommandation, je félicite votre Altesse & toute la République sur un choix, qui, tant par lui-même, que par la manière dont il s'est fait, doit attirer à la Nation Polonoise un éclat de gloire, une réputation immortelle & les prospérités inséparables d'un heureux gouvernement ; ce que, de mon côté, je vous souhaite avec autant de sincérité que d'ardeur. Au reste, je prie Dieu qu'il vous ait en sa sainte & digne garde. *Signé*, Frédéric.

[28 bis] LETTRE *de Sa Majesté Impériale de Russie, au Prince Primat, sur l'élection du Roi de Pologne. Du 30 Septembre 1764.*

MONSIEUR LE PRINCE PRIMAT;

Il étoit naturel que j'apprisse, avec beaucoup de satisfaction, l'avénement du Comte Poniatowski au Trône de Pologne, par une élection aussi libre qu'unanime & dont votre lettre, datée du sept Septembre, m'a donné connoissance. Cette élection est l'évenement le plus heureux qui pût arriver à votre Patrie; aussi je vous en félicite avec sincérité de cœur, puisque personne ne s'intéresse plus ardemment que moi à sa prospérité. Vous avez, Monsieur, par vos soins infatigables & vos efforts à seconder mes vues, détourné tous les orages dont la République étoit menacée & contribué à l'élection d'un Piaste, d'un Roi, le seul qui pût remettre en vigueur vos constitutions, rendre aux loix leur force, affermir la liberté & l'égalité des sujets. De si louables efforts ont mérité à jamais mon estime & ma bienveillance. Au reste, je prie Dieu qu'il vous ait, Monsieur le Primat, en sa sainte & digne garde. Signé, CATHERINE.

[29] *UNIVERSAUX pour les Diétines antérieures à la Diète du Couronnement. Du 10 Septembre 1764.*

Nous, Uladislas Alexandre Lubienski, par la par la grace de Dieu & du saint Siége Apostolique, Archevêque de Gnesne, Légat né, Prince Primat de la Couronne de Pologne, & du grand Duché de Lithuanie; savoir faisons à tous & un chacun à qui il appartiendra, & en particulier aux Illustres, Vénérables & Puissans Seigneurs, les États spirituels & temporels, aux Sénateurs du Royaume, aux hauts-Justiciers, Juges & Substituts des Cours de Justice, aux Nobles de chaque Province & Districts, tant de Pologne que de Lithuanie, nos collègues & frères respectifs, ainsi qu'aux Villes & Cités de ce Pays, que comme les illustres États & le corps entier de l'Ordre Equestre des deux Nations ont comparu, tant personnellement, que par Députés des Palatinats & Districts, à la présente Diète d'élection, fixée au 27 Août par la Diète générale de convocation, qui s'est tenue dans le Kolo, entre Wola & Warsovie, pour y délibérer sur le choix d'un Roi, & dans laquelle non-seulement on a maintenu la tranquillité publique, affermi le bon ordre, & rempli les vues particulières de cette Diète, mais aussi ordonné

& confirmé tout ce qui pouvoit remédier aux défectuosités du gouvernement, & contribuer à l'avantage commun ; qu'outre cela on est convenu de la capitulation d'élection entre le Roi futur & la République, entré en conférence sur sa sureté, ses libertés & ses droits, en même-tems qu'on a pourvu à la conservation du pays, qui lui sont unis à perpétuité ; qu'enfin on s'est réglé sur le dispositif de la Confédération générale à l'égard de l'élection d'un Roi, dans la personne de l'un d'entre les Membres ; que par un décret impénétrable & par un effet de ses miséricordes infinies, le Tout-Puissant a daigné, en ramenant la paix dans le sein de la Patrie chancelante & menacée de sa ruine par les discussions domestiques, la soutenir & la rendre aussi florissante qu'autrefois : tous les esprits se sont tellement réunis, que les États même assemblés, parfaitement d'accord par le doux souvenir de l'exemple de leurs ancêtres, ont conçu le noble dessein d'élever au Trône un Roi d'entre leur nombre, égal, par son rang, à la Noblesse de la Nation, né dans les dogmes de la Religion Catholique, formé, dès son bas âge, à l'observation des loix du Royaume, & qui, par sa splendeur & ses vertus, rendît la Couronne respectable aux peuples voisins. En conséquence, les États, reconnoissant l'Illustre & Puissant Seigneur, Stanislas de Cioleck Poniatowski, grand Pannetier de Lithuanie, comme digne de gouverner, après le décès du très glorieux Monarque, Auguste III, d'immortelle mémoire; la République, & les pays de sa dépendance se sont élu pour chef un Candidat, issu d'une mere du sang des Jagellons, descendant d'une suite d'ancêtres incomparables par leurs éminentes qualités, & qui, par leurs importants emplois, firent de tout tems l'ornement de l'illustre Sénat de la République; Candidat, dont la famille tient aux maisons les plus distinguées de la Patrie, qui joint à son rare mérite, une profonde pénétration, & que les Puissances voisines, alliées de la République, ont si fortement recommandé; que le doigt de Dieu a désigné préférablement à tout autre; que nous avons tous appellé au Trône par de libres suffrages, & que moi, en qualité d'Archevêque de Gnesne & de Primat du Royaume, j'ai publiquement proclamé Roi de Pologne & Grand Duc de Lithuanie, sous le nom de Stanislas-Auguste, conjointement avec les Illustres & Puissans Seigneurs les deux Maréchaux du grand Duché, en l'absence de ceux de la Couronne.

Maintenant que le couronnement de cet excellent Prince, ainsi proclamé par Nous & les Maréchaux, se trouve fixé au vingt-cinq Novembre prochain, suivant la résolution des illustres États des deux Nations; qu'il doit se faire, non-seulement en conformité de la Constitution créée dans la derniere Diète de convocation & des articles qui y ont rapport; mais qu'il est même réitérativement ordonné que cette cérémonie aura lieu à Warsovie dans l'Église collégiale de Saint Jean-Baptiste, avec les solemnités prescrites par le cérémonial de l'Église Catholique Romaine, & ci-devant observées par les illustres ancêtres de Sa Majesté; qu'en outre la Diète de couronnement s'ouvrira le trois Décembre & finira deux semaines après son ouverture, & que d'un autre côté il faut que les Diétines, en Pologne & en Lithuanie, ainsi que les Diètes générales de la Prusse, qui doivent précéder celle de couronnement, se tiennent le vingt-neuf Octobre. C'est pourquoi, en vertu de notre prééminence & de l'obligation y attachée, & afin d'empêcher qu'aucune des affaires publiques ne se négligent avant que les Ordonnances, émanées dans la Diète d'élection, soient imprimées & divulguées, nous communiquons à chacun le contenu des principaux points. Au reste, nous recommandons aux Juges & Membres des Tribunaux de Justice de répandre les présens Universaux signés de notre propre main & munis du sceau de nos armes, pour que personne n'en prétende cause d'ignorance.

[30] *Discours du Roi de Pologne, lors de son serment sur la Capitulation Royale. Du 13 Octobre 1764.*

Je ne comptois pas de parler aujourd'hui, mais en me remettant le Diplôme d'élection, ce gage solemnel de la bienveillance Nationale, vous m'avez dit, M. le Maréchal de la Diète: *Seigneur, parlez-nous.* Ces mots de votre harangue m'engagent à manifester ce que mon âme a ressenti à l'approche du serment que je viens de prononcer, & même je suis bien aise que vous sachiez, & que vous, les Sénateurs & les États de la République, connoissiez, entendiez & jugiez vous-même si je pense, si je sens, si je veux agir selon vos vœux & vos espérances.

En entrant pour la premiere fois dans le Sanctuaire après l'élection, la reconnoissance vint porter mon hommage au Maître des Rois dans ces lieux, où il veut être plus particulièrement honoré. Appellé aujourd'hui devant cet autel sacré, il m'a paru que je comparoissois devant le trône même du Souverain Arbitre des siécles & des mondes. Toutes mes veines ont tremblé lorsqu'il m'a fallu prononcer cet engagement irrévocable, par lequel la Nation entiere a voulu confier l'honneur & le destin du nom Polonois, la sureté & le bonheur de chaque particulier, en quelque sorte à un seul, qui connoit d'autant mieux le poids de ses devoirs, qu'il a si long-tems partagé avec vous les malheureux effets du défaut d'ordre & de force qui obscurcit la splendeur de ce Royaume, autrefois si florissant.

Je ne crains pas d'avouer, que frappé, dans cet instant, plus vivement que jamais de l'étendue de mes obligations futures & de l'insuffisance de mes propres forces dans ces circonstances, en tout sens si difficiles; pénétré d'un saisissement inexprimable, j'ai senti ma voix s'éteindre & les mots du serment, quoi qu'avoués par mon cœur, se refuser à ma bouche. Mais jettant les yeux sur vous, M. le Primat, vous entendant dicter les paroles du serment, j'ai vraiment cru voir en vous le Ministre du Très-Haut auquel je devois me laisser conduire; si la discorde & la haine se sont tues devant nous; si tant de bouches, qui, peu avihn, parloient si diversement, sont devenues tout d'un coup, comme par miracle, l'écho de la vôtre, vous devez être rempli de l'Esprit-Saint, de l'esprit de Paix & de vérité. Vous fûtes mon guide jusqu'à présent, soyez désormais mon aide & mon conseil. Que votre douceur, qui m'a gagné les cœurs, me les conferve. Que votre fageffe & votre fermeté dirigent avec moi ce gouvernail que la Nation vous a chargé de me remettre, avec M. le Maréchal de la Diète, auquel il m'eft auffi doux que convenable d'adreffer mon difcours.

Vous defirez que je parle, je le fais avec plaifir. Je vous dis que j'aime & que j'honore votre perfonne, vos vertus & vos talens, & je ne le dis pas aujourd'hui, où j'obéis aux loix de la reconnoiffance, mais après une longue conviction de ces qualités qui vous ont concilié la confiance publique, fi aifément & avec tant d'effet. Le bâton de Maréchal, cette marque de votre dignité, a réellement fleuri dans votre main, il a produit un fruit; puiffe-t-il être à jamais agréable à notre Patrie! Vous êtes auprès de moi l'interprète de cette fière Nobleffe qui ordonne que je commande à la République felon les loix. Soyez également de ma part l'interprète agréable & accrédité de mes intentions fincères invariables. Dites que je veux employer tout ce que le Ciel m'accordera de moyens & de jours à remplir les vues de mes chers compatriotes. Mais demandez-leur, en même-tems priez, conjurez-les qu'ils aident eux-mêmes celui qui ne veut que leur bien. Qui eft-ce qui ne voit & ne fent pas les maux publics ? Une expérience douloureufe nous a trop fait connoître la fource empoisonnée d'où découlent toutes nos calamités. L'envie & l'intérêt ont enfanté la discorde, & celle-ci a tout détruit. En troublant nos conseils elle a émoussé dans nos mains les instrumens de défense & de gloire ; & ces trésors qui devoient assurer la force & la splendeur de l'État, sont devenues la proie d'un luxe, d'autant plus pernicieux qu'il est plus éclatant. Que l'union fasse donc ce qui ne peut être sans elle. Le petit nombre, vous le savez, renverse plus aisément que le grand ne construit. Que l'émulation, cette vertu si voisine & si différente de l'envie nous anime. Courons tous, cherchons à nous devancer les uns les autres, en ne pensant qu'au seul mérite, à la seule gloire de bien servir l'État. Mais que peuvent les espérances & les vœux des humains, s'ils ne sont avoués par celui qui, d'un souffle, élève & terrasse les Empires. Grand Dieu ! Oh ! toi, qui m'as voulu au poste où je suis, tu ne fais rien en vain ! Tu m'as donné la Couronne avec l'ardent désir de restaurer l'État ! Achève ton ouvrage; que la voix de ma prière pénètre jusqu'à toi ! Achève, Grand Dieu, ton ouvrage ! Verse dans le cœur de toute la Nation cet amour du bien public dont le mien est rempli !

[31] *HARANGUE du Roi de Pologne aux États de la République, lors de l'ouverture de la Diète de Couronnement. Du 4 Décembre 1764.*

Je crois ne pouvoir mieux témoigner ma reconnoissance à la Nation, qu'en ouvrant cette assemblée des trois Ordres de l'État, réunis pour la premiere fois sous mon règne, par l'exercice de la fonction principale de la Royauté & qui lui est la plus propre; je veux dire, le choix attentif & réfléchi des sujets les plus propres aux emplois, qui intéressent le plus la félicité publique. Entouré de tant de sujets distingués, la difficulté du choix pourroit me paroître insurmontable, si le cri public, si la voix du peuple, dans laquelle, les sages même, se plaisent à reconnoître celle de Dieu, ne nommoient d'avance ceux que mon inclination y a appellés. Il vaque dans la Couronne & en Lithuanie trois places de Gardes des Sceaux; un seul a survécu le Grand-Chancelier de Lithuanie. Il est vrai que si, en fondant ses loix originaires, l'État eût pu prévoir & se promettre toujours un pareil Chancelier, il n'eût voulu en avoir qu'un seul habile & heureux. C'est bien de lui qu'on peut dire tous les jours, qu'il suffit seul à un si grand nombre d'affaires. Mais ce grand Ministre a donné un exemple immortel pendant la dernière Diète de convocation. L'autorité suprême & entière de la Judicature reposoit dans ses mains par la Loi. Jugeant qu'il importoit au bien public que ce pouvoir fût réparti, lui-même a conseillé aux États & les a déterminés à le partager entre plusieurs. Si la vertu a tant fait, la loi expresse doit encore plus être obéie. Il faut des Chanceliers du Roi & de la République; levez-vous, hommes vertueux, éclairés & laborieux, vous qui sentez des forces égales au fardeau! Approchez du Trône, vous qui aimez assez la Patrie & le Souverain pour dire toujours la vérité au Roi! Le Trône est ce lieu élevé & terrible que Dieu a voulu approcher le plus de lui, pour se réserver un examen plus sévère des démarches & des pensées, même les plus secrettes de ceux qu'il y place. Vous, Chanceliers futurs, vous allez en quelque sorte partager le pouvoir Royal, qui par vous doit influer sur la Nation. Le sceptre conduit les destins de l'Etat, mais la Patrie vous a confié le flambeau des loix. Vous êtes chargés de porter cette lumière éclatante & sure devant les pas du Roi, dans les souterreins de la plus profonde politique, comme dans les sentiers les plus tortueux des Cours & de l'adulation.

Celui

Celui dont la conduite a fixé la réputation entraîne mon choix. Je vous appelle, M. Zamoysky, Palatin d'Inowladislow. Vous avez présidé au Tribunal de la Couronne avec une approbation aussi générale que méritée. Sénateur, vous avez parlé avec courage & sans flatterie, au milieu de la Nation, au Roi, auquel vous fûtes toujours fidèle. Le zèle le plus ardent ne vous empêcha jamais d'être un bon & vertueux Citoyen. Continuez d'être ce que vous avez été, & j'espere que la postérité, nommant l'illustre Chancelier Zamoysky, se méprendra souvent, si elle parle de vous ou de votre fameux ancêtre.

Je vois, sur le degré du Trône, M. Przezdiecky, pareillement éprouvé par le Maréchalat d'un Tribunal. J'ai vu souvent en lui une habileté rare à manier les esprits les plus difficiles. L'indulgence la plus pénible & la plus adroite lui a souvent servi à ramener l'erreur & l'obstination au sentier de la vérité & du devoir. Nommé aujourd'hui Vice-Chancelier de Lithuanie, employez ce talent précieux à mon aide pour vaincre ces esprits trop défians, qui voient sans raison du danger par-tout où ils voient du changement.

Être employé souvent & plus que tout autre par celui qui gouverne avec gloire & succès, cela même est un grand éloge. La mémoire de l'administration du Prince Primat pendant cet interregne, en portant son nom à la reconnoissance de nos descendans, transmettra en même-tems aux Historiens vôtre nom. M. l'Abbé Modzrejowsky, je vous nomme aujourd'hui Vice-Chancelier de la Couronne, principalement à cause que vous avez secondé, avec autant d'activité que de bonheur, les soins & les projets de M. le Primat.

Venez donc, dignes Ministres, accomplir le serment qui vous donnera droit au travail, & non pas au repos, mais à un travail, dont le bien de l'État est le but, & dont la gloire sera la récompense. Que vos cœurs reconnoissans n'oublient jamais celui qui vous ouvre cette illustre carriere.

[32] LETTRE *du Prince Primat au Grand-Visir, sur l'élection du Roi.*

JE ne doute nullement que votre Altesse ne sache, depuis plus de trois mois, que le Général Stankieswitz a été rappellé, tant de ma part qu'au nom de la République, avec ordre de revenir dans sa Patrie, & qu'à sa place le Colonel Alexandrowitz avoit été nommé nôtre

Inter-Nonce auprès de la Sublime Porte. L'élection du Monarque, qui règne maintenant sur nous, prévint le tems auquel ce Ministre auroit pu se présenter en cette qualité à votre Altesse. Notre nouveau Monarque est fils de Stanislas Poniatowsky, autrefois si chéri de Charles XII Roi de Suède, si renommé dans la Turquie. Il étoit revêtu, dans sa Patrie, de la dignité d'un des premiers Sénateurs séculiers, & ses mérites distingués lui acquirent l'estime générale de la République. Aujourd'hui le fils de ce Seigneur, héritier de ses rares vertus, l'emporte encore sur lui par une amitié plus forte, qu'il a sçu se concilier en captivant les cœurs du Peuple Polonois; jusques-là qu'il en est devenu le Souverain par une élection conforme à nos loix & à nos constitutions. Les vœux & les suffrages des deux Nations s'étant réunis en sa faveur avec une entière liberté & d'un parfait accord. Maintenant que l'on ne peut envoyer à Constantinople une légation solemnelle, de la part de la République, que jusqu'après la Diète du couronnement, on a jugé à propos de revêtir ledit Colonel Alexandrowitz du caractère de Résident de la Couronne, en le chargeant de notifier à la sublime Porte l'heureuse & tranquille élection de notre nouveau Roi. En conséquence nous prions votre Altesse de vouloir bien ajouter foi à tout ce qu'il pourra lui dire au nom de la République. Au reste nous vous souhaitons la santé la plus parfaite & une félicité permanente.

[33] *Mémoire remis à la Cour de Pologne par le Résident de Prusse, au sujet de la taxe que les États avoient imposée sur les Provinces Polonoises.*

Chaque Souverain a droit d'établir dans ses États de nouvelles Douanes, pourvu que des traités conclus avec des Puissances voisines n'y mettent obstacle; C'est le cas où se trouvent aujourd'hui la Prusse & la Pologne. Depuis l'époque de l'institution de l'Ordre Teutonique, les grands Maîtres de cet Ordre & les Rois de Pologne, se sont engagés par plusieurs Traités à n'introduire dans les États des deux Couronnes aucunes nouvelles Douanes que d'un consentement mutuel. Cet engagement, non-seulement a été renouvellé, mais même rendu perpétuel, en vertu des Traités de 1525 & 1529, entre le Roi Sigismond & Albert I, Duc de Prusse, issu de la maison de Brandebourg. Le plus récent des Traités, est celui de Welau en 1657, dont l'article dix-sept s'explique clairement en ces termes, *Que dans les États & pays réciproques il ne pourra s'établir aucune sorte de nouvelles Douanes, sinon avec le parfait agrément des deux Parties.* Expreſſion la plus diſtincte & la plus poſitive. Il eſt vrai que de tems à autre & ſurtout en 1718, le grand Tréſorier de Pologne & de Lithuanie inſiſta ſur l'établiſſement des nouvelles impoſitions ; mais un conſtant refus d'acquieſcement rendit les inſtances infructueuſes, & fit évanouir le projet. Bien plus, il parut la même année un imprimé dans lequel cette matiere, traitée au long & ſolidement diſcutée, fut miſe dans ſon plus grand jour. Maintenant, ſi le Roi & la République de Pologne veulent introduire dans le Royaume une Douane générale, comme il en eſt queſtion, leur deſſein ne peut s'effectuer qu'autant que le Roi de Pruſſe en ſera content, & Sa Majeſté, fondée ſur les traités attaqués ci-deſſus, eſt en droit de s'oppoſer à ce qu'en Pologne, & particulièrement ſur les frontières de ſes États, l'on ajoute le moindre degré d'augmentation aux droits d'entrée & de ſortie, bien loin de permettre qu'on y établiſſe aucune nouvelle Douane.

Les loix de bon voiſinage & le commerce entre les deux États, lequel promet tant d'avantages, n'exigent pas moins que les choſes reſtent ſur ce pied-là, & Sa Majeſté Pruſſienne a de fortes raiſons de ſe promettre que l'on n'introduira aucunes nouveautés préjudiciables au commerce de ſes ſujets, vû qu'outre nombre de preuves d'amitié données à l'Illustre Nation Polonoise en différentes occasions, elle s'est contentée d'observer étroitement l'article dix-sept du Traité de Welau, en s'abstenant de créer de son côté aucun nouveau péage, qui auroit pu incommoder la Pologne. Joint à cela que Sa Majesté a daigné accorder l'exemption de tous droits sur les provisions de bouche & effets que les Polonois transportent en Poméranie par eau & par terre, témoin les déclarations émanées & publiées à ce sujet.

Le Roi, mon Maître, a encore lieu de se plaindre d'une autre nouveauté en Pologne, c'est le refus d'accorder des passeports pour les chevaux, qui y ont été achetés par ordre de Sa Majesté, quoique parmi tous les Monarques de l'Europe, l'usage ait été de tout tems de s'obliger en pareille occasion; l'octroi de ces sortes de passeports & l'entier affranchissement des droits de passage de tout ce que les Souverains en Allemagne font venir des pays étrangers pour leur propre service, s'appellent *prérogatives de Prince*. A cette classe appartiennent sans contredit les chevaux de remonte, pour peu que l'on considére quelle en est la destination. D'ailleurs, on s'est souvent conformé à cet usage entre la Pologne & la Sérénissime Maison de Brandebourg. Ci-devant les Rois de Pologne accordoient à chaque

Electeur de cette maison un passeport à vie, à la faveur duquel ces Princes tiroient tous les ans cinq cens bœufs du Royaume; aussi trouve-t-on dans les Archives de Berlin, beaucoup de passeports, tant des anciens que des nouveaux Rois de Pologne, délivrés à la requisition des Électeurs de Brandebourg. Sa Majesté Prussienne, actuellement régnante, en a fait parvenir un nombre au feu Roi, afin qu'ils puissent servir à autoriser des achats de côté & d'autre pour l'avantage des habitans. Néanmoins, sa Majesté, convient avoir reçu jusqu'à présent des passeports, qu'elle avoit donné ordre de demander au grand Trésorier de la Couronne.

La Cour de Warsovie agiroit donc contre l'usage commun, les loix de bon voisinage; que dis-je, contre la teneur même des traités, elle, à qui il n'est nullement permis d'innover dans les Douanes entre les États de Pologne & de Prusse; enfin elle se comporteroit d'une maniere contraire à ses propres intérêts, si elle persistoit à refuser au Roi les passeports pour ses chevaux de remonte. Une conduite aussi opposée à l'amitié, soit dans l'une ou l'autre conjoncture, causeroit certainement à Sa Majesté de justes sujets de se plaindre, tandis qu'elle est si étroitement liée avec la Pologne; & après les marques sensibles qu'elle lui a données d'un sincère attachement

X 4

pendant le dernier interrégne. Telles sont les représentations que le soussigné Résident de Sa Majesté Prussienne a ordre de faire aux Ministres de la République. En même tems il proteste contre toutes innovations & déclare n'être nullement garant que le Roi, son Maître, ne sera pas obligé de prendre des mesures, qui pourroient être désagréables à la Nation Polonoise, au cas que l'on porte quelque atteinte aux traités conclus & affermis entre les deux Couronnes.

[34] *Discours du Comte Zamoyski, Grand-Chancelier de la Couronne, à l'ouverture des Tribunaux Assessoriaux. Du 22 Mai 1765.*

HEUREUX les Royaumes où les personnes en charge, loin d'ambitionner des dignités plus éminentes, n'ont d'autre vue que de remplir fidèlement les emplois dont elles sont revêtues! Un goût dépravé pour la renommée ne tend qu'à de vains honneurs & se contente des prérogatives, inséparablement attachées aux charges publiques, mais l'amour pour la Patrie & la bonne conscience, sont autant d'aiguillons qui excitent l'homme à s'acquiter des devoirs qu'exigent les postes confiés à ses soins. Depuis le tems que le Roi, à la recommandation des Etats, m'a remis les Sceaux du Royaume & m'a chargé de l'emploi de Chancelier de la Couronne, je suis celui qui exécute l'autorité Royale. Je fais moins attention à la splendeur de mes prérogatives, qu'à la nécessité indispensable de chercher les moyens propres à fonder l'équité dans toutes les Cours de Justice & de découvrir les expédients capables d'en bannir le relâchement, afin que du moins, autant que les forces humaines peuvent le permettre, j'accomplisse le serment que j'ai prêté au Roi & à la Patrie.

La crainte des Juges d'offenser l'une ou l'autre des Parties donne souvent occasion à des injustices; mais cette crainte pourroit-elle bien avoir lieu dans une Nation qui pense si noblement & avec tant de grandeur d'âme? En vain se cachera-t-elle sous le beau nom d'esprit éclairé & pénétrant, dans les emplois honorables que nous exerçons nous devons avoir plus d'égards pour toute la Nation en général que pour quelques particuliers, dont les causes sont portées par-devant nos Tribunaux; nous devons encore, dis-je, rendre le respect & la vénération au Roi, dont l'attachement pour la justice nous est connu.

L'intérêt propre des âmes basses & rampantes entraîne souvent après lui la destruction de la justice; mais nous n'avons chez nous aucuns Juges de cette espèce aussi seroit-il superflu d'en parler. Supposé néanmoins que par un accident étrange, ce défaut vînt à se glisser parmi nous, ne savons-nous pas que le fruit, qui résulte d'un profit vil & méprisable & de courte durée, ne peut jamais entrer en comparaison avec la perte de la confiance de la Nation, perte irréparable, à mon avis, & dont je doute que jamais aucun changement favorable de fortune puisse tenir lieu de compensation. L'expérience journalière nous prouve que les richesses acquises de la sorte, sont périssables, & qu'en même-tems elles disparoissent avec nous, au lieu que d'un autre côté l'honneur subsiste & se soutient. La haine nous séduit & nous porte à la vengeance sous l'apparence d'une rigide équité. Cependant comme nous jouissons de l'honneur de représenter dans ces Tribunaux la personne du Roi, il est seulement nécessaire que je vous dise, en vous proposant pour exemple les bontés & la magnanimité de notre Prince, qui, par l'élection d'une assemblée de concitoyens de Noblesse égale à la sienne, a été placé sur le Trône, non-seulement s'est dépouillé de tout ressentiment d'offenses particulières, faites à sa personne, mais estime même que l'esprit de vengeance répugne au caractère de ceux qui possèdent des charges publiques. Combien l'accès auprès de Sa Majesté n'est-il pas facile? Avec quelle bénignité ne reçoit-elle pas les requêtes qui lui sont présentées & avec quelle douceur n'écoute-t-elle pas les raisons des suppliants ? En un mot, chacun n'est-il pas satisfait de son affabilité ? Puisque tant de qualités & de vertus attirent notre estime, quel respect, quelle vénération ne devons nous pas aux Loix & à la Justice, dont l'exécution & l'administration sont commises à tous & à chacun de nous en particulier ?

La voix d'affection pour ses proches & ses amis est encore pour moi un plus grand sujet d'inquiétude à la vérité ; ces sentimens d'amitié n'ont pas pour principe une bassesse d'âme, semblable à d'autres qui pourroient me donner du souci ; au contraire, ils marquent une certaine sorte de hauteur & le même caractère de bonté. Nous sommes tous hommes, & les postes que nous occupons nous exposent à beaucoup de dangers, sans qu'ils puissent altérer nos inclinations naturelles. Tâchons cependant, d'entretenir le calme dans nos consciences, de maintenir la justice & de conserver notre honneur, en nous efforçant de gagner la confiance du peuple, à la prospérité duquel nous sacrifions la partie la plus précieuse de notre attachement.

Messieurs les Jurisconsultes concourront, par leur assistance, à appuyer mes vues salutaires,

Nous connoissons cette digne société, qui, de la même maniere que nous, s'est astreinte au devoir par le lien du serment. Elle a établi sa réputation sur l'exacte connoissance qu'elle a de nos Loix & l'a répandue au loin par des marques de sa droiture & de son intégrité à toute épreuve ; elle n'ignore pas la valeur du tems & n'en retranchera rien pour abréger la prolixité de ses justes représentations ; elle est au fait des difficultés qui naissent des retardemens des Sentences & par conséquent bien éloignée de donner de pernicieux conseils à ses parties ; elle sait tous les secrets des causes pendantes devant ses Tribunaux, & s'entend à développer ces dangereux subterfuges que la chicanne met en usage contre l'habitude des plaideurs ; enfin elle est aussi en état d'émouvoir le cœur par une heureuse & persuasive éloquence, que d'éclairer tellement l'esprit par la vertu & l'équité des Loix qu'il ne reste aux Juges mêmes aucun des moindres prétextes, soit d'ignorance ou d'incertitude.

L'éternelle sagesse, qui veille au bonheur des humains, a établi entre les États du Royaume une différence conforme à sa Justice, suivant laquelle les uns sont faits pour gouverner, les autres pour obéir ; mais aussi elle a pesé tout le monde dans une juste balance. La bonté infinie que la Créature manifeste dans l'accompliment des vues de sa prescience, distribue ses faveurs proportionnellement à l'état & aux circonstances de chacun. Cette bonté constitue en l'Être-Suprême la justice avec laquelle il jugera, sans acception de personne, sur le plus ou le moins que chaque créature aura répondu à sa vocation & à ses devoirs. La saine raison nous dicte que nous devons en user envers notre prochain de la manière dont nous souhaiterions que l'on agît pour nous. Au reste la Religion nous instruit de nos obligations relativement à Dieu, & nous apprend ce que nous avons à attendre de sa Toute-Puissance.

[35] *Discours de Georges Konisky, Évêque Grec de la Russie-Blanche, au Roi. Du 26 Août 1765.*

SIRE,

SI l'Apôtre Saint-Paul, chargé de fers, s'estime heureux d'avoir pour Juge un Roi (Agrippa), à qui toutes les circonstances de sa vie étoient connues, combien de raisons n'avons nous pas, nous, qui depuis tant d'années gémissons sous le poids des chaînes dont nos consciences sont accablées, d'avoir aujourd'hui un Monarque, un Souverain Juge dans la Personne de Votre Majesté, qui a une connoissance parfaite de toutes les affaires & des nôtres, joint un assemblage des vertus les plus accomplies.

Il seroit inutile, SIRE, de m'arrêter ici à justifier notre innocence, & à développer les maux que nous endurons patiemment, sans les avoir mérités. Votre Majesté n'ignore pas que nos ancêtres & leurs descendans ne péchérent jamais contre leur devoir, ni envers notre chere Patrie, ni à l'égard des Illustres Monarques, qui ont gouverné le timon de la République ; qu'au contraire, parmi les marques constantes d'une fidélité inviolable, qui nous attachoit au Trône & aux États, nous nous montrâmes toujours disposés à sacrifier, pour leur bien-être, ces précieux gages de nos ayeux, notre sang, nos corps notre vie & nos biens. Nous n'avons, Sire, d'autre crime à notre charge que celle de professer notre Religion, & le motif pour lequel nous succombons en ce point, Votre Majesté nous permettra de le remettre à son jugement. Notre Religion est Chrétienne, elle s'accorde parfaitement avec la Communion Catholique Romaine sur les principes & les voix du salut, avec cette seule différence qu'elle n'adopte point les Loix humaines, dont cependant elle ne s'écarteroit pas, si la voix de la conscience ne lui servoit de guide. Après cela n'est-il pas triste, n'est-il pas déplorable d'entendre dire qu'une si petite diversité de sentimens est un monstre effroyable, qui divise la charité Chrétienne & partage entre l'une & l'autre Religion la robe indivisible de de Jesus-Christ. Oui, Sire, nous sommes du nombre des Chrétiens & opprimés par eux-mêmes, nous avons le bonheur d'être des vrais Croyans & cependant ils tendent plus à notre ruine que ne feroient des infidèles de profession. L'entrée des Temples où Jesus-Christ est honoré & adoré nous est interdite, tandis que les Synagogues des Juifs, où ce divin Sauveur est blasphémé & méprisé, jouissent d'une entière protection; tandis, dis-je, que nous, qui n'interprétons les Loix humaines, que pour des vérités saintes & éternelles, sans mêler le terrestre avec le céleste, nous sommes traités de Schismatiques, d'Hérétiques & d'Apostats ; tandis encore qu'ayant une juste répugnance d'agir contre les lumières de nos consciences, nous sommes exposés à être condamnés aux emprisonnemens, au fouet, à perdre la tête sur un échaffaut & à être brûlés vifs en place publique. Puisque nous méritions ces supplices, pourquoi, lorsque sous le règne de Casimir le grand, la Russie fut réunie à la Pologne, & que la Religion Russe Grecque y fut admise avec la Religion Catholique Romaine, l'envisagea-t-on, non comme subordonnée à l'autre, mais toutes deux, comme égales & libres ; jouissant des mêmes droits, prérogatives & libertés ? Pourquoi le zélé Jagellon, qui rendit des ordonnances si sévères contre les Hérétiques de Bohême, ne trouva-t-il jamais la moindre erreur de doctrine à reprocher à notre Religion ? Pourquoi le Roi Sigismond, le dernier rejetton de cette race sacrée, déclara-t-il, par ses lettres de franchise, d'une évidence aussi claire que la lueur du Soleil en plein midi, qu'aucun des membres de notre Religion ne seroit exclus des postes les plus éminens de sa Cour ? Pourquoi l'Illustre Sénat, assemblé dans le même siècle, sous la présidence des Évêques du Siége de Rome, respectables pour leur piété & leur sagesse, confirma-t-il de son seing ces lettres de franchise sans la moindre reserve, ou exception ? Pourquoi enfin l'ordre de la Noblesse, plus ancien encore, & qui, en témoignage de son zèle pour la défense de la Religion, avoit coutume de tirer le sabre, à la lecture de l'Évangile, ne tourna-t-il jamais ce glaive contre nous, si nous étions imbus d'idées contraires aux préceptes des Saintes Écritures ?

Ces anciennes & autres preuves de notre innocence, vous sont, Sire, parfaitement connues, & cette raison nous porte à espérer fermement ce que nous avons le plus à attendre des vertus qui environnent le Trône de Votre Majesté. Vous êtes animé, Sire, pour la Religion Catholique

lique Romaine d'un zèle, dont est seul capable l'esprit le plus éclairé & le plus pénétrant. Vous marquez beaucoup d'empressement à étendre la foi, mais vous voulez que l'on n'employe à sa propagation que les moyens dont les Apôtres firent usage dans les premiers tems de l'Église. Vous avez du penchant à protéger la doctrine, mais de l'éloignement à maintenir les commandemens des hommes; vous cherchez à exceller dans la crainte de Dieu, mais vous détestez l'hypocrisie & tout ce qui peut conduire à offenser les attributs divins; vous vous êtes particulierement attaché les Chrétiens de vos États, mais vous mêlés tellement votre affection pour eux avec vos bontés Royales, qu'elles se répandent sur tous vos sujets, qui les reçoivent avec gratitude, comme des effets de votre sagesse & de votre équité.

Nous aurions, Sire, tout sujet de nous livrer au désespoir, si nous pensions qu'un Roi, aussi digne que vous l'êtes, un Roi, en qui résident la sagesse & la crainte de Dieu, eût le cœur moins susceptible de clémence qu'un Agrippa, qui, tout vicieux qu'il étoit, & malgré qu'il ne régnât que sous l'autorité d'un Empereur, affranchit néammoins Saint-Paul de ses fers. Non, Sire, vous avez en main tout pouvoir, vous le tenez de Dieu, & nous pouffons la confiance jufqu'à être intimement perfuadés que Votre Majefté, felon la plénitude de fa puiffance, prendra en notre faveur une réfolution, qui, en nous rétabliffant dans nos libertés primitives, tranquillifera nos confciences.

Profternés aux pieds de Votre Majefté, nous vous fupplions très-inftamment, Sire, de nous accorder cette grace & nous adrefferons nos vœux au Roi des Rois pour qu'il daigne conferver entre vos mains ce glorieux Royaume pour être tranfmis, comme un partage, à votre maifon Royale, jufqu'à la poftérité la plus réculée; & que, comme vous furpaffez vos prédéceffeurs, qui ont occuppé le Trône, il plaife au ciel de bénir tellement votre règne, que vous les furpaffiez encore en bienfaits, en foins, & en longue vie.

Au refte, l'Impératrice de toutes les Ruffies, protectrice de notre Religion, recommande, Sire, à votre gracieux fouvenir nos intérêts dans cette lettre, que j'ai l'honneur de préfenter à Votre Majefté.

[36] *Rescrit du Roi de Pologne aux Commissaires de la Tréforerie. Du 24 Juillet 1765.*

LE premier de nos soins & de nos desirs, depuis le commencement de notre règne, fut toujours de tâcher que chacun des États du Royaume, que Dieu nous a confié, goûtât non-seulement les douceurs de la paix, mais jouît d'un surcroît de félicité la plus parfaite. Maintenant que nous sommes informés qu'il s'agit d'établir dans le pays une Douane générale par résolution de la Diète de convocation & que cet établissement, quoique fondé sur les anciennes Loix, ne puisse qu'exciter le mécontentement & les plaintes de nos sujets de toute condition, néanmoins nous attendons de vous, amés & féaux Commissaires, qu'en vertu de l'autorité qui nous est donnée à cette occasion par les États assemblés de la République à dresser un tarif, vous y aurez égard à la proportion des facultés & à la modération des droits, de maniere à faire connoître clairement avec quelle ardeur nous souhaitons que nos sujets puissent les acquitter, en retirer de grands avantages avec une entière liberté, & s'y prêter sans aucune répugnance; en mêmetems nous devons vous avertir, amés & féaux Commissaires, qu'au cas que notre Chambre de la Tréforerie, à qui il appartient, autant en conféquence de quantité d'anciennes Loix, qu'à la République de créer cette Douane, vînt à souffrir des diminutions par une modification de ses revenus, qui intéressent tout le pays, en ce que ses émolumens consistent dans la liberté du commerce intérieur, ces déchets ne pourroient que nous être agréables. Auffi nous ne doutons nullement que, dès que les États les eurent considérés, eu égard aux dépenses que nous retranchons de notre table Royale, malgré tant de Loix qui en défendent l'épargne, ils ne trouvent moyen de subvenir à ce retranchement sans que personne en souffre. Tel est notre souhait, tel est notre sentiment & bon plaisir que nous vous requérons, amés & féaux Commissaires, de ne pas perdre de vue dans le reglement de cette Douane générale.

[37] *Réponse des Commissaires de la Tréforerie au Rescrit ci-dessus.*

Si l'on avoit accordé à la Commission affez de pouvoir pour abolir la Douane, confirmée par tant de conclusions réitérées de la Diète, en particulier par celles de 1647, 1649, 1659 & 1710, principalement encore par la Diète de convocation de l'année derniere, dans laquelle on s'est proposé pour exemple les deux résultats de 1661 & 1679, qui renferment, en termes exprès, l'arrangement de la Douane générale, notre principal objet seroit de pouvoir remplir les souhaits d'un chacun ; mais nous n'avons aujourd'hui d'autre autorité que d'accomplir les loix. Autant nous sommes nous-mêmes portés d'inclination à modifier cet établissement, autant nous ressentons de chagrin de ne pouvoir parvenir à notre but.

Cependant nous ferons notre possible pour que nos opérations sympatisent avec l'intérêt commun & reglerons tellement le nouveau tarif & toutes les autres mesures, que lorsque les impôts, qui ne doivent s'acquitter qu'une fois, (pouvû néanmoins que la Noblesse & le Clergé & ceux qui leur appartiennent en soient exempts aussi souvent qu'ils enverront vendre, dans le Royaume, les produits de leurs terres, & qu'en échange ils feront venir de Dantzick des effets pour leur propre usage) seront ponctuellement fixés, les Chambres des Douanes diminuées & mises en ordre convenable, ainsi que les employés de la Trésorerie assujettis à leur devoir, sous une inspection rigide, nous puissions parvenir en partie à moderer les droits & à nous rendre utiles & agréables au Roi, notre Souverain Maître, qui ne defire rien plus ardemment que le bien-être de fes fujets & la profpérité commune.

[38] *REQUÊTE de la Nobleffe Diffidente de Pologne, pour être admife aux emplois de la République.*

Dès le jour même de l'avènement de votre Majefté au Trône, la Pologne a recouvré fa premiere liberté & repris la plus grande partie de fon ancienne fplendeur; pourquoi donc, Nous, qui révérons un même Souverain & refpectons une même Patrie, ne prendrions-nous point part au bonheur commun? La Religion que nous profeffons ne peut nous rendre indigne d'en jouir, & fi elle nous eft imputée comme un crime parmi quelques autres Princes, elle ne peut, fous le règne d'un Stanislas-Augufte, nous empêcher de prétendre des droits, que notre qualité d'habitans naturels, nous autorife à réclamer. Quelque court que foit maintenant le glorieux gouvernement de Votre Majefté, néanmoins il eft long fi l'on en mefure la durée fur les effets qui convainquent vos fujets qu'ils font gouvernés par un Prince, dont la maxime n'eft point de fuivre la coutume, mais de regler fa conduite fur la fageffe & la juftice. Vous êtes, Sire, un Monarque catholique, mais toute l'Europe & la

Pologne savent que vous l'êtes sans préjugé & nous ne pourrions qu'offenser votre personne sacrée, si nous reconnoissions en elle d'autres sentimens, tandis que vos actions, pleines de grandeur d'âme, apprennent à vos peuples que c'est ainsi & non autrement qu'ils doivent penser sur le compte de leur Chef.

L'Obsenz, dont le Temple étoit fermé ci-devant, en voit les portes ouvertes de la main de Votre Majesté, & les Chrétiens Grecs en Lithuanie ont lieu d'espérer avec confiance que leurs anciens droits & priviléges leur seront bien-tôt rendus. D'ailleurs, puisque Votre Majesté elle-même, consultant sa magnanimité naturelle, a déclaré nul & de nulle valeur l'obstacle qui nous fermoit l'accès aux emplois de l'État ; nous osons nous attendre que dans les nominations aux charges honorables, elle daignera se souvenir de nous comme autrefois. On ne pratique envers nous rien de nouveau, rien d'extraordinaire, lorsqu'à l'exemple des sujets catholiques du Royaume, nous sommes élevés à des postes distingués. Vos ancêtres, Sire, ne se sont fait aucun scrupule d'appeller nos Pères au timon des affaires, l'État s'en est bien trouvé, & Votre Majesté ne l'ignore pas ; elle à qui les événemens remarquables de la Patrie sont si connus. Si pareille faveur a été accordée dans des tems, où un zèle aveugle & superstitieux transportoit les esprits jusqu'à s'irriter les uns contre les autres, Votre Majesté pourroit se promettre, de la part des Protestans de l'Etat, une conduite plus irréprochable encore aujourdhui que l'on est plus attaché au culte Divin & plus ardent à travailler à sa propagation.

La différence de Religion parmi les Chrétiens n'entre en aucune considération, par rapport aux emplois de l'État ; les diverses sectes, dans lesquelles est divisée l'Église de Jésus-Christ, quelques opposées qu'elles puissent être entre elles, relativement à la doctrine, s'accordent néanmoins toutes en ce qu'il faut que chacune soit fidelle à son Souverain & obéisse à ses ordres. Les Cours Chrétiennes de l'Europe connoissent ce devoir, & fondées sur ce principe, elles recherchent des hommes qui, par leur mérite & leurs talents, se sont rendus recommandables, sans qu'elles ayent aucun égard à la Religion qu'ils exercent.

[39] *Universaux pour la tenue de la Diète & des Diétines.*

Nous, Stanislas-Auguste, par la grace de Dieu, Roi de Pologne, grand Duc de Lithuanie, Russie, Prusse, Masowie, Samogitie, Kiowie, Wolhinie, Podolie, Podlachie, Livonie, Smolensko, Sevérie & Czernikow, A nos amés & féaux Sénateurs & Gentilhommes, salut. Savoir faisons que comme le devoir de tout Chef

Suprême, & que la grandeur attachée à la Royauté, exigent indispensablement que celui qui en est revêtu, emploie ses soins à rendre heureux les peuples confiés à son Gouvernement ; que de notre côté nous ne desirons rien avec plus d'ardeur que la prospérité d'une Nation, dans le sein de laquelle nous avons pris naissance ; d'une Nation qui, par un choix libre, nous a mis le Sceptre en main & dont les principes de fidélité & d'obéissance affermissent notre Trône ; par conséquent c'est à nous à prendre des arrangemens, qui, pour le bien-être général, puissent conduire tous nos concitoyens & compatriotes, à ce degré de félicité ; donner à nos voisins un louable exemple de régence & de vrai amour pour la Patrie, en cherchant, suivant notre ardente inclination, à placer la Nation dans un état aussi avantageux que respectable ; à diriger notre attention paternelle de maniere que la Religion Catholique Romaine fleurisse dans ce Royaume ; que les droits & priviléges de la République s'y conservent inviolablement dans toute leur étendue ; que ceux auxquels on a donné atteinte soient rétablis dans leurs forces ; que la sainte Justice, cette puissante colonne du Gouvernement soit religieusement maintenue & parfaitement observée ; que la paix règne au-dedans ; que la sûreté du pays subsiste au-dehors, & que de ces sources naisse le bon ordre nécessaire, l'ornement certain de la Patrie. Cependant, vû que l'accomplissement, tant de nos vœux & de nos desseins, que l'appui d'un ouvrage, qui a pour objet l'utilité commune, dépendent en grande partie du conseil & du concours des États; c'est pourquoi nous avons, en conformité des Loix, convoqué au six Octobre prochain, la Diète en cette résidence de Warsovie, au vingt cinq Août, les Diétines des Palatinats de Pologne dans les lieux ordinaires, de même qu'au neuf Septembre, la Diète générale de Prusse dans la Ville de Mariembourg & les Diétines de la Province, dans les endroits accoutumés, où elles doivent se tenir préalablement, afin que dans ces Assemblées, qui constituent l'essence de toute la Nation, il soit délibéré sur l'établissement du bon ordre, sur l'explication & le vrai sens des Loix obscures, dont il sera fait un examen & dressé un extrait de tout le Code, tant de celles déjà abrogées que des autres souvent renouvellées, pour en former un nouveau corps de Loix, propre à décider les cas qui pourront survenir; pour rendre des Ordonnances qui servent de règle aux Commissions de la Trésorerie & des guerres; pour déterminer avec équité les appointemens & la solde des troupes. Tels sont, amés & féaux, les points que nous soumettons à votre jugement; en conséquence, chargeons tous les Palatinats & leurs Districts, s'ils aiment véritablement leur Patrie, de ne choisir d'entre eux pour Nonces à cette Diète, que des sujets zélés pour le bien-être commun, que des sujets qui, soit dans les matières à discutter, ou à d'autres égards, suggéreront des expédiens utiles & nécessaires, & non des âmes intéressées & disposées à profiter d'occasions favorables pour satisfaire leur avarice. Au reste, nous ne doutons nullement que les louables Palatinats & Districts ne soient sincèrement d'accord avec nos sentimens. Aussi nous vous souhaitons, amés & féaux, beaucoup de santé & de contentement pendant le cours de vos délibérations, persuadés que vous ferez publier dans les Tribunaux de Justice, Paroisses & lieux accoutumés, nos présens Universaux, afin qu'ils parviennent à la connoissance d'un chacun. *Signé*, STANISLAS-AUGUSTE, Roi.

[40] *Mémoire du Roi de Prusse en faveur des Dissidens.*

L'HISTOIRE & les Constitutions de Pologne font foi que les Dissidens & les Grecs, non-seulement ont joui, pendant deux siècles, en ce Royaume, d'une liberté de Religion illimitée, mais même participé à tous les droits de Citoyens

& de Membres égaux d'une Nation libre. Ce ne fut qu'à la Diéte tenue en 1716, que le zèle perfécuteur de quelques efprits paffionnés, fut fe prévaloir de ces malheureux tems de troubles en faifant inférer dans les Conftitutions de cette Diète, au mépris de l'avis & des proteftations, tant de la plus faine partie de la Nation que de plufieurs Évêques même, un article extrêmement préjudiciable aux Diffidens, & quoique par une Déclaration fubféquente du Roi Augufte II, il eût été ftatué que cette infertion ne dérogeroit point aux Conftitutions antérieures, néanmoins ils gémiffent depuis ce tems-là dans une oppreffion, qui n'a pu qu'exciter la compaffion de toutes les Puiffances de leur Communion & les engager à faire, pour leur rétabliffement, plufieurs démarches, lefquelles ont toutes été infructueufes jufqu'à ce jour. Auffi Sa Majefté le Roi de Pruffe, imitant à cet égard le louable exemple de fes glorieux ancêtres, ne fauroit fe difpenfer de fe joindre maintenant à l'Impératrice de Ruffie & à d'autres Puiffances refpectables, animées des mêmes fentimens, pour reclamer la juftice de la République de Pologne en faveur des Diffidens & des Grecs opprimés. Sa Majefté y eft autorifée par le Traité d'Oliva, dont la maifon de Brandebourg a été contractante & garante, & qui ne lui permet pas de regarder avec indifférence que les Diffidens foient plus long-tems privés de leurs juftes droits. Les liens d'alliance fraternelle, d'amitié fincère & de bon voifinage, qui uniffent Sa Majefté à la République, & dont elle lui a donné, dans la derniere élection, des marques fi peu équivoques, fourniffent à Sa Majefté de nouveaux titres pour efpérer que l'Illuftre Nation Polonoife, rendue à fes propres intérêts, vivant dans un fiécle éclairé, dans la plus heureufe union, & gouvernée par un Roi qui fe diftingue par fes lumieres fupérieures, écoutera préfentement avec équité les juftes plaintes de fes confrères & les confeils fincères de fes véritables amis. Ces motifs font fi forts & fi preffans, que Sa Majefté ne balance pas d'expofer au Roi & à la République de Pologne, affemblés dans la préfente Diete, les demandes que les Diffidens paroiffent pouvoir former avec fondement & qui fe réduifent à ces points. Que les Églifes & les Ecoles, qui appartiennent de droit aux Diffidens & qui leur ont été illégalement ôtées, fur-tout après le traité d'Oliva, leur foient rendues ; qu'ils ne foient point empêchés de rebâtir ou réparer celles que les incendies ou les tems ont endommagées. Qu'ils puiffent même en conftruire de nouvelles dans leur propre territoire, & par-tout où il y a des Communautés de Diffidens & de Grecs. Que ceux-ci puissent choisir leurs Pasteurs & Maîtres d'École, & qu'ils puissent librement prêcher & administrer les Sacremens, benir les mariages, & faire les enterremens sans qu'ils soient tenus d'en payer des droits, aux Curés Catholiques; qu'il leur soit permis d'avoir des cimetieres, des cloches & en général tout ce qui appartient à l'usage d'un exercice de Religion libre & public; que les Séminaires qu'ils ont à Lissa, Mohilow, &c. ne soient aucunement troublés; que les causes Ecclésiastiques des Dissidens & Grecs ne ressortissent que des Juridictions séculieres; qu'il ne soit pas permis d'empêcher les mariages entre les personnes de Religon différente; que l'article IV de la Confédération de 1716, soit aboli, & que l'on convienne, d'une maniere équitable, avec les Dissidens & les Grecs sur la part que, selon les Constitutions & l'usage des tems précédens, ils doivent avoir aux graces & aux charges du Royaume.

Toutes ces demandes sont si conformes à l'équité naturelle, aux Constitutions & usages du Royaume de Pologne, aussi bien qu'à ses véritables intérêts & au gouvernement libre, que Sa Majesté ne sauroit se dispenser de les recommander à la plus sérieuse attention du Roi & de la République de Pologne, afin qu'elles soient arrêtées & établies à la présente Diète sur un pied permanent. Sa Majesté y prendra l'intérêt le plus sensible, par tous les motifs allégués ci-dessus, & par une suite de son alliance étroite avec l'Impératrice de Russie, avec laquelle Sa Majesté ne sauroit s'empêcher d'agir d'un parfait concert dans cette affaire.

C'est ce que le soussigné a ordre de déclarer à Sa Majesté le Roi & à la République de Pologne, au nom du Roi son Maître, en assurant que Sa Majesté n'a d'autre but, dans cette marche, que de donner par-là une nouvelle marque de son amitié sincère & de son zèle pour les intérêts de la Pologne.

Signé, BENOIST, Ministre Plénipotentiaire de Sa Majesté le Roi de Prusse.

[41] *DÉCLARATION de l'Impératrice de Russie, remise aux États de Pologne; & Discours du Prince Repnin, en faveur des Dissidens de ce Royaume.*

LA communauté de Religion & la gloire de contribuer au bonheur de l'humanité, ne sont pas les seules raisons qui déterminent l'intercession que Sa Majesté Impériale réitère aujourd'hui de la manière la plus pressante en faveur des sujets Grecs & Dissidens de ce Royaume pour faire cesser l'oppression dans laquelle ils gémissent, & les rétablir dans leur condition de Citoyens égaux & membres dignes de l'État. Le soussigné, afin de les exposer toutes dans leur ordre, représentera d'abord comme un fait, dont le dépôt des loix de la Nation fait foi, que les Grecs & Dissidens ont toujours été traités & considérés en la qualité qu'ils reclament aujourd'hui, dans les tems les plus heureux de la République, qu'ils ont joui tranquillement & sans restriction de tous les avantages qui y sont attachés. Elle leur a été confirmée par tout ce qui fait le bien des Nations, par les conventions sacrées qui établissent un droit public entre eux & leurs concitoyens & dont ils pourront, dans tous les tems, prétendre à l'exécution, comme n'ayant pas été restreintes ou annullées par des constitutions civiles d'une partie de l'État.

Ce seroit fermer les yeux à l'évidence, que de ne pas admettre comme un principe que le refus constant d'entendre à leurs représentations & de leur faire justice sur leurs griefs, produiroit l'effet nécessaire de les dégager de leurs obligations d'une association aux avantages de laquelle ils ne participeroient plus & que rendus pleinement à la condition de Communauté d'hommes libres, ils seroient autorisés, sans qu'aucune loi, ni humaine, ni divine, condamnât une telle démarche de leur part, à se choisir parmi leurs

leurs voisins des juges entre eux & leurs égaux & à s'aider de leur alliance, s'ils ne pouvoient autrement se soustraire à la persécution. Les circonstances des tems antérieurs avoient fait craindre cet état désespéré, des choses si pernicieuses pour la République, & on y a heureusement pourvu par la sanction que les traités avec les Puissances étrangères ont donné à ces conventions nationales & intérieures de la Pologne. Dès-lors le maintien de l'État, de la République & de sa tranquillité n'est plus resté l'objet de l'attention seule de ses Citoyens ; mais est devenu une obligation pour ses voisins, qui, en contractant avec elle, n'ont pas moins contracté avec tous ses Membres.

C'est ainsi que la Russie, en vertu du traité de 1686, & les autres Puissances, qui concourent aujourd'hui au même but, en conséquence du traité d'Oliva, sont engagées à veiller à la sureté de chaque partie de l'État, à prévenir toute désunion entre elles, en leur procurant une exacte justice, ou plutôt en leur garantissant, à toutes en général & en particulier, tout ce qui fait leur droit respectif & commun. On trouvera donc déja dans un motif aussi puissant que l'exécution des engagemens d'un traité, la règle de la conduite que l'Impératrice doit tenir, pour procurer le rétablissement des sujets

Tome I.   Z

Grecs & Diſſidens dans tous leurs droits & leur en aſſurer la conſervation. Que l'on y ajoute les motifs encore plus forts, qui naiſſent de la poſition propre de l'Empire de Ruſſie vis-a-vis de la République, & l'on ſentira que l'Impératrice ne peut mettre de bornes à la protection qu'elle leur accorde, ſans compromettre ſa propre gloire, la dignité de ſa Couronne & la confiance de ſes amis.

Ce n'eſt pas pour donner lieu à de nouveaux remercimens de la part de la République, que l'on va mettre de nouveau ſous ſes yeux ce que Sa Majeſté Impériale a fait pour elle, c'eſt pour rendre bien plus ſenſible la cauſe qui l'a fait agir, & faire mieux connoître l'importance de lui donner une pleine ſatisfaction ſur l'objet auquel elle s'intéreſſe, en montrant l'impoſſibilité abſolue où la République elle-même l'a miſe de s'en déſiſter. Par un mouvement de l'amitié la plus ſincère & pour remplir les devoirs d'un bon voiſinage, l'Impératrice a pris & continue de prendre part au bien-être de la République. Elle a ſenti toute la ſatisfaction que pouvoit lui cauſer l'invitation, de la part de toute la Nation Polonoiſe confédérée, à l'aider à rétablir la tranquillité dans ſon intérieur, à aſſurer ſa liberté & à procurer l'élection libre d'un Roi Piaſte. On a vu la généroſité & l'affection avec laquelle

Sa Majesté Impériale a déféré à cette réclamation de son secours. Elle s'est intéressée vivement aux affaires de sa voisine pour assurer le bonheur de tous les Citoyens. L'élection libre d'un Roi de sa Nation, qui est le principal objet pour lequel on avoit réclamé l'assistance de l'Impératrice, s'est faite avec une tranquillité & une unanimité, dont la République se rappellera à peine un exemple. Quoique Sa Majesté Impériale ait parfaitement réussi en ce point; elle croiroit son ouvrage imparfait, s'il restoit quelque partie des Citoyens, qui ne jouît pas entierement des heureux effets de son amitié. Il lui paroîtra toujours qu'elle n'aura atteint qu'imparfaitement le but qu'elle s'est proposé & qu'on lui a proposé, aussi longtems qu'il y aura cette désunion intérieure par rapport aux Dissidens. C'est pourquoi, Sa Majesté croit qu'il est de sa gloire de justifier jusqu'à la fin la confiance que la République entière a mise en son affection, en ne discontinuant pas l'emploi de ses secours jusqu'à la décision d'un point aussi essentiel au bonheur d'une partie des Citoyens.

Sa Majesté Impériale renouvelle donc ses instances pour qu'à cette Diète on tarisse cette derniere source de désunion & que l'on achève de rendre à la République toute sa tranquillité, en recommandant cette affaire & en priant le Roi &

la Nation de la traiter avec tous les égards & l'attention qu'elle mérite par son importance pour le bien général. Sa Majesté Impériale la considere sous deux points de vue; savoir, quant au spirituel & au temporel. Sans avoir, par rapport au premier, entièrement anéanti les droits des Dissidens, les abus s'y sont tellement multipliés & portés aux point que la liberté de la Religion est presque réduite à rien, ou du moins à très-peu de chose. Le soussigné demande, au nom de l'Impératrice sa Souveraine, que ces abus soient entièrement redressés & qu'il soit tellement statué qu'il n'y ait pas à craindre que les mêmes, ou de nouveaux, puissent s'introduire à l'avenir. Ce qui ne peut être qu'en arrêtant à la Diète présente les articles suivants.

Article premier. Que les Églises, qui appartiennent de droit aux Dissidens & qui leur sont illégalement ôtées, leurs soient rendues; qu'ils ne soient empêchés de rebâtir, ou réparer celles que les tems, ou les incendies ont endommagées; qu'ils ne soient jamais troublés dans l'administration des Baptêmes, des Mariages, des enterremens, de la parole de Dieu au milieu des Églises, & auprès des malades; qu'ils y soient accompagnés de tout ce que la décence & le respect dû aux choses Saintes porte avec soi, tel que l'usage des cloches & celui d'un habit convenable à l'état des Ecclésiastiques Grecs & autres Dissidens; qu'il leur soit permis d'avoir des cimetiéres &, en un mot, de faire, sans aucun empêchement, tout ce qui regarde les Sacremens & les prières, commandées dans chaque Religion; ce qui comprend la liberté entière du Service Divin.

Article II. Que pour déterminer d'une façon stable & générale la liberté de Religion dans ce Royaume, il soit statué, par la Diète présente, que dans toutes les Villes, Bourgs & Villages où il ne se trouve ni Église, ni Chapelle Grecque & autre Dissidente, on permettra à ceux de ces Religions, qui voudront s'y établir, d'y avoir des Églises, des cimetières, des Prêtres & des Pasteurs; que les Prêtres & les Pasteurs ne soient nullement empêchés par la Juridiction Ecclésiastique de remplir leurs devoirs & d'administrer les Sacremens aux gens de leur Religion.

Article III. La liberté de la Religion étant de droit Divin & le point qui intéresse le plus un chacun, il est du devoir de tout Gouvernement bien policé que tous les sujets en jouissent & ne dépendent en rien d'une autre Religion. D'après ce principe, on ne peut regarder que comme un abus l'espèce d'impôt auquel les Dissidens sont assujettis vis-à-vis des Curés Catholiques pour les enterremens, mariages & baptêmes & dont la variation dans les différentes Provinces annonce même le défaut de titres. De tels abus, vicieux dans leurs principes, ne peuvent être validés par aucune Constitution particulière, ou ceux qui y sont intéressés n'auront pas eu la liberté des suffrages; il paroit donc de toute justice de réformer ces abus & s'il est convenu par tous les Ordres de conserver des distinctions à la Religion dominante dans un État libre, il faut déterminer, une fois pour toutes, une retribution qui soit plutôt censée d'honneur que d'impôt.

Article IV. Le Séminaire Grec, à Mohilow, ne sera inquiété en aucune façon & pourra toujours vaquer tranquillement à l'éducation de la jeunesse Grecque, sans que qui que ce soit puisse y apporter obstacle.

Article V. L'Évêque & l'Évêché de la Russie Blanche, avec toutes ses appartenances, seront conservés à perpétuité à la Religion Grecque, ainsi que toutes les Églises, tant Grecques que d'autres Dissidens, à leur Communion actuelle.

Article VI. Qu'aucun Prêtre Grec, ou Pasteur, ni aucun Dissident ne soit obligé de comparoître, sous quelque prétexte que ce soit, devant les Tribunaux Ecclésiastiques & qu'ils ne ressortissent uniquement que des Juridictions séculières.

Article VII. Qu'il ne soit pas permis d'empêcher les mariages avec deux personnes de Religion différente & que les enfans des deux sexes suivent la Religion de leurs peres respectifs. En un mot, que les Grecs & les Dissidens jouissent en Pologne, quand à l'exercice de leur Religion, de cette paix & de cette douce protection que l'équité & la raison doivent procurer à tout Citoyen & que sa qualité seule lui assure de droit.

Le rétablissement des Grecs & des Dissidens, par rapport au temporel, n'est pas moins juste & ne tient pas moins au cœur de Sa Majesté, comme à une voisine intéressée par l'amitié & obligée, par les engagemens de sa Couronne, à travailler au bonheur de la Pologne & à y entretenir le bon ordre qui en est la source. L'égalité entre la Noblesse, est le fondement de la liberté Polonoise & l'appui le plus sûr de ses Constitutions; toutes celles qui, de tems à autres, ont voulu dépouiller la Noblesse Grecque & Dissidente de ses droits & prérogatives, sont le triste ouvrage des troubles & de la division, où une partie de l'État, courant à sa ruine, croyoit gagner beaucoup en s'élevant aux dépens de ses concitoyens & détruisoit, par un avantage particulier & momentané, les vrais & uniques liens qui unissent la Nation. Dans un tems de paix & de réunion, où tout conspire au rétablissement d'un bonheur permanent & inaltérable, où les Loix retrouvent leur activité dans le zèle & le concert unanime des vrais Patriotes, & promettent de rendre la République auſſi floriſſante qu'elle l'ait jamais été ; tous les Ordres de l'État doivent ſentir qu'ils ne ſeront parfaitement heureux qu'autant qu'ils ſeront parfaitement unis, & que ce ſeroit ſacrifier la grandeur de leur Patrie à un intérêt particulier mal entendu, que de ſe maintenir dans une poſſeſſion excluſive des charges & dignités, au mépris de l'État primitif de la République, où toute Religion participoit également au Gouvernement. C'eſt ſur cet objet du droit public de la Pologne, qui a tant ſouffert & qui a même été preſque anéanti par des Conſtitutions civiles d'une partie de l'État, dans des tems de troubles & de diviſions, que l'Impératrice de toutes les Ruſſies demande qu'il ſoit traité & convenu, par la voie de la négociation, avec une partie de ſes ſujets de la République, qui ne different des autres, que parce qu'ils ſuivent une autre Religion que la dominante, afin de déterminer la part qui leur convient dans l'adminiſtration de l'État & dans les avantages de la Couronne. Ce n'eſt auſſi qu'après une parfaite réunion ſur un tel fondement, que Sa Majeſté croira ſa tâche remplie & avoir entièrement ſatisfait au but de la réclamation de toute la République. Les secours qu'elle a donnés à la Nation entière, pour son bien général, elle les doit & ne peut les refuser à une partie de la Nation, aussi considérable que celle des Grecs & des Dissidens. Le cœur de l'Impératrice souffriroit, si elle n'avoit procuré qu'une tranquillité apparente à la République ; si elle ne l'avoit garantie de la violence dont les Loix, sa liberté & ses Constitutions ont été menacées, que pour laisser une partie de la Nation abandonnée à la persécution de l'autre ; si elle n'avoit aidé à rendre de l'activité à certaines Loix, que pour appésantir & éterniser le joug des abus ; si, dans le tems qu'une partie de la Nation s'applaudit de ses secours & en recueille les fruits, il en restoit une considérable qui n'a pas eu moins de droit aux soins de Sa Majesté, qui ne les a pas moins demandés, qui n'a pas moins contribué à les rendre efficaces, gémissent dans l'infortune.

La Religion, les devoirs de l'amitié & de bon voisinage, les engagemens des traités, l'honneur attaché à la perfection de son ouvrage, en remplissant les espérances de toute la Nation, constituent donc Sa Majesté Impériale dans une nécessité absolue de continuer ses instances pour procurer le rétablissement des Grecs & des Dissidens dans les droits que leur qualité de Membres d'un État libre leur donne, tant pour les choses spirituelles que pour les temporelles. L'Impératrice est persuadée que les bons offices d'une amie & bonne voisine suffiront pour généraliser les dispositions où pourroit être à cet égard la partie la plus sensée & la plus patriotique de la Nation. Ceux qui s'y opposeroient, ne devant être regardés que comme les ennemis de leur propre bien-être & de celui de leur Patrie, Sa Majesté ne se détournera point d'un but aussi utile qu'est la tranquillité générale, pour des considérations particulieres; elle se fera un devoir d'employer, pour la procurer, tous les moyens possibles & croira n'en avoir jamais fait un meilleur usage.

C'est ce que le soussigné a ordre de déclarer au nom de l'Impératrice sa Souveraine, au Roi & à la République de Pologne, en s'assurant d'obtenir des demandes aussi justes d'un Gouvernement, dont la liberté même doit naturellement agréer tout ce qui favorise l'humanité, & tout ce que l'égalité, qui fait son essence, porte avec elle.

Signé, LE PRINCE REPNIN, Ambassadeur Extraordinaire & Plénipotentiaire de Sa Majesté Impériale de toutes les Russies.

[42] *Discours du Chancelier de la Couronne, en réponse au Discours du Prince Repnin en faveur des Dissidens.*

LA réputation des grandes actions de l'Impératrice de Russie, répandue dans toute l'Europe, & les preuves de sa grandeur d'âme méritent d'être proposées à la postérité, comme autant de modèles à suivre. Le doux & sage gouvernement d'un Empire si étendu, la satisfaction générale des sujets qui lui sont soumis, les dispositions que Sa Majesté Impériale a fait paroître, en différentes occasions, de vivre en étroite amitié & bonne harmonie avec cette République, comme voisine de ses États, & enfin tant de marques de sa bienveillance envers le Roi, mon Souverain & Maître, doivent assurer & convaincre M. l'Ambassadeur extraordinaire, le Prince Nicolas Repnin, que son accès actuel au pied du Trône, en présence des États Assemblés, ajoute aux sentimens d'estime & de reconnoissance, dont Sa Majesté & la République sont pénétrées, pour une amie aussi puissante que l'est l'Impératrice de Russie.

L'affection de S. M. Impériale pour la personne du Roi & pour toute la République, constatée par tant d'exemples, est un des plus pressans motifs qui engage le Roi à témoigner, de son côté, autant qu'il est possible, combien lui & tous les habitans du Royaume sont sincèrement dévoués à Sa Majesté l'Impératrice & avec quelle ardeur ils lui souhaitent un long & heureux règne, Sa Majesté Polonoise n'ignorant pas qu'il lui importe infiniment de se conserver & à la République, les attentions d'une voisine aussi puissante & aussi respectable.

En conséquence, le Roi, mon Souverain & Maître, assure que ses souhaits & ceux de la République n'ont pour objet que de cultiver inviolablement l'amitié de bon voisinage avec l'Impératice de Russie & son Empire & de l'entretenir dans les bonnes & avantageuses dispositions où elle est pour le Royaume de Pologne. Ce principe doit être, à M. l'Ambassadeur, un sûr garant que les États assemblés délibéreront mûrement sur la Déclaration présentée au Roi, de la part de Sa Majesté Impériale, ainsi que sur l'offre de ses bons offices en faveur des Grecs & des autres Dissidens, domiciliés dans le Royaume. Les Ministres du Roi & de la République ne manqueront pas d'informer M. l'Ambassadeur de ce qui aura été réglé dans cette affaire selon l'équité, les Loix municipales & les circonstances du Royaume. Au reste, M. l'Ambassadeur est prié de présenter à l'Impératrice, sa Souveraine, les profonds respects de Sa Majesté & de la Diète, & d'être lui-même persuadé de leur bienveillance à son égard.

[43] *Discours du Ministre de Berlin, adressé au Roi & aux États de Pologne en faveur des Dissidens. Du 10 Octobre 1766.*

Très-Sérénissime et très-Puissant Roi, Messieurs les Sénateurs et Membres respectables de l'Illustre République de Pologne.

Plus d'une raison m'engage à profiter de la liberté qui m'est accordée de paroître au pied du Trône de votre Majesté & de parler dans cette auguste assemblée de la Nation Polonoise. Le Roi de Prusse, mon Souverain & Maître, qui ne peut laisser échapper aucune occasion de témoigner ses sentimens d'affection pour ce Royaume, m'a chargé de donner, dans la présente Diète, à votre Majesté & à l'Illustre République des assurances, non-seulement de ses intentions sincères, de son zele constant & de ses désirs pour leur commun bien-être, mais aussi de conserver, par tous les moyens possibles, l'amitié qui l'attache à la République & de maintenir fermement l'alliance perpétuelle, qui subsiste entre les deux Couronnes. La présente déclaration, que j'ai l'honneur de vous remettre, Sire, par ordre exprès, fera connoître à V. M. les dispositions du Roi, mon Maître. C'est sur ce fondement qu'il reclame l'équité, l'amour &

la bienveillance de votre Majesté & de la République en faveur des Diffidens, tant Évangéliques que Grecs, & qu'il demande que tous les droits ecclésiastiques & civils, dont ils jouissoient autrefois, leur soient restitués.

J'entrerois dans une vaste carrière, si j'entreprenois d'exposer au long les droits des Diffidens, mais personne, pour peu qu'il soit versé dans les loix de la Pologne, ne peut ignorer que, dès les premiers tems des troubles de Religion, depuis deux siècles, les Diffidens furent compris dans tous les *Pacta Conventa* des Rois de Pologne, ainsi que dans les Confédérations & Constitutions des Diètes; qu'ils eurent un grand nombre d'Eglises en Pologne & en Lithuanie; qu'ils remplirent les plus importantes charges du Royaume; qu'ils participerent, comme tous les autres habitans, à toutes les prérogatives & libertés, jusqu'à la Diète de confédération en 1716, lorsque, par une malheureuse haine pour leur culte, une partie de la Nation, malgré l'opposition de l'autre, les priva de tous leurs droits & les réduisit à l'état déplorable dans lequel ils gémissent encore aujourd'hui. Maintenant que les anciennes inimitiés sont éteintes; maintenant que nous vivons dans des tems éclairés; maintenant, dis-je, qu'il vous appartient, Sire, & qu'il dépend de vous, illustres États de la République, de remédier à cette injustice, & de rétablir les Dissidens opprimés dans la possession de leurs anciens droits; la justice & l'équité naturelle exigent non-seulement que tous les habitans d'une République jouissent également des mêmes droits, mais même l'intérêt commun ne permet pas que ceux qui sont nés bons citoyens, en soient frustrés, tandis qu'ils peuvent contribuer à l'utilité de leur Patrie. Enfin c'est à quoi s'attendent tous les alliés & les amis de la République de Pologne, sur tout le Roi, mon Souverain & Maître, qui, eu égard à l'identité de religion, & aux engagemens pris par les traités de paix d'Oliva, dont le feu bisayeul de Sa Majesté fut une des parties contractantes, ne sauroit voir avec indifférence, que les Dissidens restent plus long-tems privés des droits qui leur appartiennent, suivant les Constitutions du Royaume & les stipulations dudit traité.

En conséquence, j'ai l'honneur de recommander cette importante affaire à la sérieuse attention de votre Majesté & à la considération de l'Illustre République. Au reste, j'envisagerai comme un bonheur particulier, si en m'aquittant soigneusement de la commission dont je suis chargé, votre Majesté & l'Illustre République daignent ne pas me croire indigne de leur bienveillance,

[44] *Réponse du Grand-Chancelier de la Couronne au Discours du Ministre Plénipotentiaire du Roi de Prusse, prononcé en présence du Roi & des États assemblés.*

LA bonne intelligence & l'amitié particulière du voisinage, qui, après avoir toujours subsisté entre les Rois de Prusse & le Royaume de Pologne, ont repris, sous le glorieux règne du Monarque Frédéric II, un nouveau dégré d'accroissement du côté du très-Sérénissime Roi, Stanislas Auguste, & de la République, doivent nécessairement, & sur-tout aujourd'hui, que M. Gédeon Benoît, Ministre Plénipotentiaire de Sa Majesté Prussienne paroît, en cette assemblée générale, procurer au Roi, mon Souverain, & aux États, une satisfaction égale & la plus complette. Il ne pouvoit, Monsieur, se présenter d'occasion qui fût plus agréable que celle-ci au Roi & aux États, puisqu'elle nous fournit, de votre bouche, des assurances de la constante bienveillance de votre Prince envers la Nation Polonoise & de ses ardens désirs d'entretenir avec elle une amitié inaltérable. Aussi le Roi, mon Maître, & toute la République, ne manqueront pas d'y répondre par des sentimens réciproques & de faire tous leurs efforts pour resserrer encore plus étroitement

les

les nœuds de cette liaison, si nécessaire au maintien du bon voisinage. Jamais le Ministre ne pouvoit, saisir une meilleure occasion de leur donner des témoignages plus marqués du zèle & des magnanimes intentions du Roi de Prusse. Fondés sur ces principes, Sa Majesté Polonoise & les États reconnoissent, avec la sensibilité qui leur est naturelle, les soins que se donne Sa Majesté Prussienne, en chargeant son Ministre Plénipotentiaire d'appuyer la cause des Dissidens & des Désunis, qui se trouvent dans les terres de la République. Et comme le Roi, mon Maître, est pleinement convaincu de la douceur & de la sagesse avec lesquelles le Roi de Prusse gouverne ses sujets, & que sa conduite sert d'exemple à toutes les Puissances, il est certain aussi qu'elle a une parfaite connoissance des loix de cette République & qu'elle a en son pouvoir tout ce qui peut contribuer au bonheur de son Royaume. Elle n'ignore pas non plus que le Roi de Pologne n'est point en droit, sans avoir le consentement d'une Nation libre, de décider des affaires de la derniere importance & qui concernent le public en général. C'est pourquoi, le Ministre Plénipotentiaire sera entierement informé par les Ministres de Sa Majesté & de la République, de tout ce qui sera conclu dans peu à l'égard des Diffidens & des Défunis.

En attendant, vous devez, Monsieur, être parfaitement assuré de l'estime de Sa Majesté Polonoise pour le Roi votre Maître, de la reconnoissance qu'elle conservera à jamais pour tant de marques de bienveillance, de son sincère empressement à cultiver cette amitié, qu'elle considere comme le plus grand bonheur qui puisse arriver à la République, ainsi que de ses égards & de ceux des États pour le Ministre d'un si grand Monarque.

[45] DÉCLARATION du Roi de la Grande Bretagne, remise au Roi & aux États de la République de Pologne, par M. Wroughton, Ministre de la Cour de Londres. Du 4 Novembre 1766.

SA MAJESTÉ Britannique, toujours disposée à protéger, de toute manière, les Chrétiens Protestans, & sur-tout ceux qui, en vertu des conventions particulieres, ont droit de prétendre à son assistance, se voit obligée de réitérer ses pressantes représentations en faveur de cette partie opprimée de la Nation Polonoise, connue sous le nom de Diffidens. En conséquence, le soussigné, conformément à de nouveaux ordres du Roi, son Souverain, a l'honneur de vous représenter, Sire,

& à la République de Pologne, que Sa Majesté Britannique, outre tant de solides motifs de justice & d'humanité, qui lui donnent lieu d'espérer un heureux succès des négotiations actuelles, relativement à cette affaire, se trouvant forcée, par une étroite alliance entre les Cours de Pétersbourg, de Berlin & de Copenhague, à s'intéresser pour les Dissidens dans toutes les formes de droit, & en sa qualité de garante du traité de paix d'Oliva, souhaite qu'en la présente Diète, cette vertueuse, mais malheureuse partie des sujets Polonois, soit rétablie, comme membres de l'État, dans la possession de leurs droits & priviléges, de même que dans la jouissance paisible de leur culte, que chacun sait leur avoir appartenu avant la signature dudit traité d'Oliva. En même-tems Sa Majesté Britannique considere combien est grande la connexité des intérêts même de la République avec la justice de cette affaire, ainsi qu'avec les loix fondamentales du Royaume ; loix qui, non-seulement furent observées depuis deux siecles, mais renouvellées par des traités si solemnels avec les Puissances du Nord, qu'ils ne permettent pas que l'on entreprenne d'y rien changer, si ce n'est avec le consentement général des parties contractantes. Aussi Sa Majesté Britannique, pleine de confiance en l'équité & en la pénétration de Sa Majesté Polonoise, Elle qui, dès le commencement de son règne, a donné tant de témoignages de zèle pour le bonheur du genre humain & d'amour pour l'administration de la justice & de la République, ne doute nullement qu'enfin on ne cesse d'opposer à ses justes désirs des constitutions inefficaces, établies au milieu des troubles intérieurs, contre les par des protestations formelles & des déclarations expresses de la part des Puissances étrangères.

Quoique les droits & les priviléges des Dissidens soient fondés sur une doctrine dont les principes de charité & de bienfaisance donnent le vrai caractère du Christianisme & que la divinité de son instituteur, qui la prêcha le premier, la rende encore moins douteuse, c'est cependant cette Religion dont on trouble l'exercice, & dont ceux qui la professent sont exclus de tous les emplois d'honneur & privés de tous moyens de servir leur Patrie. Néanmoins leurs droits & priviléges leur ont été confirmés par les d'ordonnances du Royaume, assurés par les traités, appuyés sur des fondemens si saints & si évidens aux yeux de toutes les Nations, que le soussigné, Ministre d'un Monarque, qui conserve pour la République les plus sincères sentimens d'amitié & d'inclination à lui en donner des preuves en toutes occasion, se flatte que la médiation du Roi son Maître, produira les effets que l'on peut naturellement s'en permettre; que la sagesse de la Nation assemblée apportera des remèdes aux maux qui déchirent l'État & oppriment les Dissidens; &, qu'à l'égard, tant des choses ecclésiastiques que civiles, elle les rétablira dans le même état qu'ils étoient avant la conclusion du traité d'Oliva. Au reste, les souhaits sincères de Sa Majesté Britannique, pour la gloire du Roi de Pologne & pour la prospérité de la République sont si notoires, qu'il seroit inutile de leur en donner de nouvelles assurances. Cependant le soussigné ne peut se dispenser de les réitérer, comme une preuve incontestable de leur réalité. *Signé*, WROUGHTON.

[46] *SUPPLIQUE de la Noblesse Dissidente de Pologne, présentée au Roi & aux États de Pologne assemblés en Diète, dans laquelle ils exposent leurs griefs.*

Les Dissidens du Royaume de Pologne & du grand Duché de Lithuanie, tant de la Religion Grecque que de la Confession d'Ausbourg & de la Communion Réformée, se réjouissent, avec tous les habitans de la République, au sujet de l'état florissant que toute la Patrie a lieu d'espérer des sages mesures & de la prévoyance paternelle de l'Illustre Roi, présentement régnant.

Cette espérance n'est pas incertaine, puisqu'indépendamment de divers autres projets relatifs, à l'exécution desquels on travaille sans délai, les soins de Sa Majesté & l'attention paternelle, avec lequelle elle s'empresse, non-seulement à faire rendre justice à chacun, mais encore à redresser tout ce qui s'est introduit ci-devant contre la disposition des loix & des constitutions, nous offrent un point de vue plus heureux.

Les Dissidens actuels, qui, bien loin d'être réputés avoir excédé les bornes de la fidélité & de l'obéissance, remplissent exactement, à l'exemple de leurs ancêtres, leurs devoirs envers leur Souverain, & à l'égard de chaque Membre de l'État, estiment qu'il est de leur honneur de bruler d'un zèle sincère pour le service du Roi, de la Patrie & de leurs concitoyens ; & pourquoi en leur particulier, n'auroient-ils pas droit au bonheur de souhaiter que les Constitutions de l'État, une fois établies, fussent ramenées à leur accomplissement ? Négliger ce point, seroit donner occasion de présumer que l'on n'a aucune notion des loix ou constitutions fondamentales, ou que l'on se rend punissable de propos délibéré. C'est néanmoins sur ces fondemens que nous osons, Sire, vous qui êtes notre Souverain & Maître, paroître aux pieds de votre Trône & en présence de l'Illustre République, lors même que notre misere, au lieu d'être susceptible d'adoucissement, semble devoir augmenter & s'appésantir.

Nous vivons, il est vrai ; mais privés de la liberté de conscience & de celle de pratiquer notre culte, objets plus précieux pour nous que ne le sont nos jours. On nous retranche la participation à la Sainte Cène ; on nous interdit la Bénédiction Nuptiale, tandis que cette cérémonie est permise aux Juifs & aux Mahométans. Nos Eglises même ne sont plus à couvert des violences. On nous les enlève sans aucune formalité de droit. Souvent on en ferme les portes, on y met le scellé, & pendant le long intervalle de tems que dure la défense, elles dépérissent & tombent en ruine ; encore ne nous est-il pas permis d'en bâtir d'autres sur des terres seigneuriales. Chacun a l'autorité de commettre envers nous des injustices ouvertes, selon son bon plaisir. Nos affaires ecclésiastiques s'évoquent aux Consistoires & aux Tribunaux contre toutes les loix du Royaume, uniquement dans la vue de nous tyranniser & de nous accabler de frais ; comme aussi, d'abolir entierement, par ce moyen, les droits & les loix, qui nous sont encore en quelque sorte favorables : Il y a plus, on pousse les choses si loin, que les innocens sont traités & condamnés en Justice, comme malfaiteurs; témoin le décret émané à Mſciſlaw en 1765, contre ſoixante-dix Gentilhommes Grecs, jugés dignes de mort, uniquement pour cauſe d'un différent avec le Clergé. Mais ce qui nous afflige encore plus, c'eſt que l'on nous place dans la Secte des Ariens, pendant que notre croyance eſt bien éloignée de leur doctrine. Nos enfans, à qui l'on n'accorde aucune école, ſont dépourvus d'enſeignemens, de connoiſſances & des lumières convenables ſur des choſes, dont ils ont beſoin d'être inſtruits, ſuivant leur état. De-là vient que ſouvent nos Égliſes manquent de Miniſtres, à qui il eſt défendu de ſuivre leur vocation. Les ouailles n'entendent plus la voix de leurs Paſteurs, & les malades ſe trouvent fruſtrés des conſolations ſpirituelles. On n'obtient que difficilement la permiſſion de ſe marier & d'enterrer les morts; la ſûreté même exige que les ſépultures ſe faſſent à la faveur des ténèbres. La défenſe d'adminiſtrer le Baptême à nos nouveaux nés, nous réduit à l'étrange extrémité de les envoyer hors du Pays. On nous diſpute, on nous ravit la nomination des bénéfices, quoiqu'attachée à nos biens & à nos droits ſeigneuriaux. Les Évêques s'arrogent la viſite de nos Egliſes & ſe font largement payer de leurs peines.

En pluſieurs Villes, on force nos Frères à aſſiſter aux proceſſions de l'Égliſe Romaine; en les assujettit à l'observation du Droit Canon, qui ne les regarde en aucune maniere, & l'on oblige les enfans, légitimement nés de parens de Religion différente, à embrasser le culte Catholique, directement contre tout usage, suivant lequel les garçons sont communément élevés selon la croyance de leurs pères, & les filles dans celles de leurs meres. Quoique les Loix mêmes nous donnent la qualité de Dissidens, la Nation ne nous applique pas moins l'injurieux nom d'hérétiques. Nous sommes d'autant plus opprimés & persécutés, que, ni dans le Sénat, ni parmi les Nonces, ni dans les Tribunaux des Cours de Justice, il ne se trouve personne qui s'intéresse pour nous, ou veuille appuyer nos droits. Oui, nous n'osons plus paroître dans les Diètes, sans risquer notre vie, ce dont on a vu depuis peu un exemple à Proschewitz, où les Dissidens, par haine pour leur culte, furent chassés de l'Église. Il seroit trop long de rapporter en détail les tristes circonstances dans lesquelles nous gémissons depuis 1717, malheurs qui ont encore augmenté depuis la derniere Diète de convocation & nous ont réduits à la fatalité la plus déplorable.

Nous prenons à témoins, Dieu, nos consciences & notre amour pour la Patrie, que nous n'avons commis rien de criminel, qui ait pu engager notre

Nation à nous ravir nos priviléges, en conséquence desquels toutes sortes de prérogatives furent reconnues nous appartenir en 1434, 1499; 1512, 1563 & 1568, ainsi qu'à nous ôter le libre exercice de notre culte, lequel, à l'occasion de la réunion du grand Duché de Lithuanie à la Couronne, nous fut confirmé par les Confédérations & Constitutions des années 1573, 76, 87, 88, 1607, 9, 18, 20, 23, 27, 33, 38, 48, 50, & 67; & encore par le traité de paix d'Oliva & par celui de 1686. Néanmoins toutes ces Loix & ces Constitutions, violées malgré tous nos droits, font des alliances, des conventions solemnellement affermies par le consentement de tous les États de la République. Elles font des confédérations, à la conclusion desquelles les Dissidens ont eu part égale, dont aucune des causes ne peut être ni altérée, ni enfreinte dans leur intervention, & qui ne souffrent pas que l'on perde de vue les devoirs de la justice & de la Religion.

Fondés sur ces raisons, nous nous adressons, avec le plus profond respect, à notre très-gracieux Souverain & à l'Illustre République confédérée, notre mère commune, en les suppliant très-humblement de vouloir bien nous rétablir dans le libre exercice de notre culte, & dans cette activité de tous les priviléges, qui, sous le juste sceau de la croyance, de l'honneur & de la conscience, ont été assurés & confirmés à nos ancêtres, & que nous puissions nous féliciter du second article du traité d'Oliva, où il est stipulé que tous en général & chacun en particulier, de quelque état ou Religion qu'ils soient, posséderont, tant les droits communs que particuliers, priviléges & usages en matières Ecclésiastiques, civiles & temporelles, de la même manière qu'ils les possédoient avant les guerres de Suède.

Plaise à Sa Majesté d'écouter les voix de ses fidèles sujets, daignent les respectables États de l'Illustre République, prêter l'oreille aux cris de leurs concitoyens.

[47] *Déclaration du Roi de Dannemarck, remise au Roi de Pologne & aux États par M. Saphorin, son Ministre en cette Cour. Du 4 Novembre 1766.*

COMME Sa Majesté, le Roi de Dannemarck continue de prendre un vif intérêt à la juste, mais malheureuse affaire des Dissidens; que par la Déclaration de l'Impératrice de Russie, elle juge de la grandeur du zèle & de l'amitié que Sa Majesté Impériale a pour la Nation Polonoise; qu'outre quantité d'autres solides raisons qui la portent à employer ses soins dans cette affaire pour en obtenir un heureux succès, l'étroite alliance qui subsiste entre le Dannemarck & la

Ruſſie, eſt encore un motif qui l'engage à s'y intéreſſer plus vivement. C'eſt pourquoi Sa Majeſté Danoiſe, faiſant en ceci cauſe commune avec les Cours de Petersbourg, de Londres & de Berlin, charge de nouveau le ſouſſigné de ſe joindre à leurs Miniſtres reſpectifs & de travailler de concert à cette affaire.

En conſéquence de cet ordre, le ſouſſigné a l'honneur de repréſenter qu'en cette occurrence, non-ſeulement l'avantage particulier de la République dépend du maintien des vertueux & utiles concitoyens, mais auſſi qu'il s'y agit de l'humanité, de la conſervation des Loix fondamentales établies depuis deux ſiécles, des conventions particulieres & des traités ſolemnels avec les Puiſſances du Nord, leſquelles ne permettent pas que l'on s'écarte de leur diſpoſitif, bien moins encore d'y rien changer ſans un conſentement général. Tous ces points ſont ſi eſſentiels qu'à peine on auroit cru qu'il eût été poſſible de faire des Conſtitutions, qui puſſent leur être contraires. Conſtitutions formées néanmoins malgré la réſiſtance & dans des conjonctures où le trouble & la diſcorde déchiroient les entrailles de la République, juſques-là qu'elle fut contrainte de ſe dépouiller de ſon droit, pendant que d'un côté elle ne pouvoit s'en départir, ſans commettre ouvertement de l'autre, une injuſtice la plus criante & qu'aucune prescription de tems ne sauroient rendre valable. Aussi l'on ne cessa d'opposer à ces Constitutions des protestations solemnelles, des Mémoires & des Déclarations de la part d'autres Puissances, qui découvrirent clairement le vrai état de l'affaire. Elles réclamerent les droits & les priviléges de cette partie lèzée de la Nation & de la Noblesse, comme elles les réclament encore aujourd'hui en faveur de ceux d'entre les sujets du Royaume qui gémissent dans l'oppression, sans s'être rendus coupables du moindre crime; eux, qui au contraire se sont toujours montrés prêts à sacrifier leurs biens & à verser leur sang pour la défense de l'État; eux qui constituent la partie la plus précieuse de la République & celle qui mérite le plus d'être préférée à l'égard de la doctrine & de l'exercice de la Religion Chrétienne, généralement pratiquée dans tous les pays, & dont les principaux préceptes prescrivent la charité & l'amour du prochain, se trouvent compris dans ces déplorables Constitutions; troublés dans leur culte, forcés d'être errans depuis leur naissance jusqu'à leur mort, le cœur grévé de douleur, & exclus de tout moyen de servir leur Patrie, uniquement sous le prétexte d'établir une seule Religion dans la régence, pendant que ce prétexte ne peut être ni cité, ni justifié par un État qui s'étoit engagé à laisser les choses sur l'ancien pied, sans distinction de sujets égaux les uns aux autres, outre que l'Empire Romain & les Cantons Suisses, où, quoique les Sectes soient mêlées & que les deux Religions s'y observent sans le moindre désordre ni tyrannie, tant en commun qu'alternativement, les personnes n'en participent pas moins à la régence, fournissent des preuves incontestables qu'un État est aussi heureureux & florissant, lorsque les habitans de Religions différentes ont part au Gouvernement.

Toutes ces considérations, qu'il seroit aisé d'étendre, principalement dans une affaire aussi claire que celle-ci, sont d'une si grande importance, appuyées sur des fondemens si saints, sur des traités si inviolables & si évidens, comme tels aux yeux de tous les peuples, que le soussigné, Ministre d'un Roi, disposé à donner en toute occasion à la Nation Polonoise des marques de son amitié, se flatte que ses représentations produiront les effets que l'on peut naturellement s'en promettre, & que Sa Majesté, le Roi de Pologne, douée de tant de vertus, fera éclatter son amour pour l'humanité, sa justice & ses soins infatigables pour le commun bonheur, ainsi que l'Illustre République, de manière que non-seulement elles recevront gracieusement ces représentations, mais qu'elles donneront même toute leur attention aux moyens d'éloigner les maux qui déchirent l'État & oppriment les Diſſidens ; qu'elles les remettront en poſſeſſion de leur qualité de citoyens & dans leurs droits, tant civils qu'Eccléſiaſtiques ; qu'elles redreſſeront leurs griefs & rétabliront les choſes dans le même état où elles étoient, conformément à l'important traité d'Oliva, conclu par tout le Nord.

[48] *Déclaration des Miniſtres de Ruſſie & de Pruſſe. Du* 11 *Novembre* 1766.

La derniere Diète de convocation de 1764, ayant ſtatué, en établiſſant les Commiſſions du Tréſor & du Militaire, que les affaires qui concernent ces deux départemens, ſe traiteroient par la pluralité des voix dans les Diètes, les États, raſſemblés à celle-ci, ſe ſont trouvés partagés dans leurs opinions par rapport à la généralité de cette Loi. Pluſieurs membres ont voulu, par une explication forcée, l'étendre juſqu'aux principales matières de l'État, comme le ſont celles d'établir de nouveaux impôts & d'augmenter les troupes ; mais les vrais Patriotes ont ſenti que ce ſeroit changer totalement la forme du Gouvernement & renverſer de fond en comble la liberté Polonoiſe, qui eſt le plus précieux avantage de cette Illuſtre Nation. Comme Sa

Majesté le Roi de Prusse, en qualité d'ami, de voisin & d'allié de la République de Pologne, autant que par les engagemens de sa Couronne, prend part à la conservation inaltérable du Gouvernement de cet État, ainsi qu'à celle de sa liberté dans tout son éclat, des droits de chacun & de tous en général, le soussigné se voit obligé de représenter & de déclarer, au nom du Roi son Maître, que Sa Majesté ne sauroit regarder avec indifférence que l'on touche aux principaux points de la forme du Gouvernement de Pologne & demande en conséquence que ladite Loi de la Diète de convocation soit éclaircie par la présente Diète, & qu'il soit statué clairement que la pluralité des voix ne doit point avoir lieu au tems où la République n'est pas confédérée, dans tout ce qui regarde l'établissement des impôts & l'augmentation des troupes ; mais que cela soit uniquement du ressort de l'unanimité, ainsi que toutes les autres affaires d'État, dans lequel le *Liberum veto* doit conserver toute sa force. C'est ce que le soussigné a ordre de demander au nom du Roi son Maître, se flattant que Sa Majesté, le Roi de Pologne, dont les sentimens Patriotiques sont connus, aussi bien que tous ceux qui sont animés du même zèle, s'uniront pour accorder sans délai cette demande si juste & si salutaire à la liberté Polonoise, afin de ne pas s'exposer

poser à tous les maux, qui ne peuvent que résulter du contraire. Sa Majesté, le Roi de Prusse, ne pouvant s'empêcher, par son amitié & ses engagemens avec la République, de donner toutes les preuves possibles de l'intérêt qu'il prend à l'entière conservation de la forme du Gouvernement de Pologne, ainsi qu'à celle des prérogatives & libertés de la Nation & des vrais Patriotes, qui sont contraires à des innovations aussi dangereuses.

[49] *Mémoire du Ministère de Pologne au Prince Repnin, au sujet des troupes Russes qui étoient toujours dans le Royaume.*

EN conséquence de la réquisition faite à M. le Prince Repnin, Ambassadeur de la Cour Impériale de toutes les Russies, pendant la Diète de couronnement, pour l'évacuation des troupes Russes des Domaines de la République, réquisition sur laquelle il a donné alors une réponse satisfaisante & en conséquence de la même demande, tant de fois réitérée depuis par la Cour de Pologne à celle de toutes les Russies, Sa Majesté, le Roi, espéroit d'en voir enfin l'heureux succès, lorsque M. l'Évêque de Wilna, en présentant au Roi l'exposé ci-joint, met au contraire Sa Majesté dans le cas de voir que ses espérances à cet égard sont plus éloignées que jamais, d'autant plus qu'on apprend en même-tems qu'un autre corps de ces troupes approche des environs de cette capitale. Surquoi, le souſſigné Miniſtre de Sa Majeſté, le Roi, & de la République de Pologne, eſt chargé de demander à M. l'Ambaſſadeur Impérial de toutes les Ruſſies, pourquoi les troupes ſuſdites agiſſent & marchent en Lithuanie & en Pologne & de le prier de faire en ſorte que non-ſeulement elles ceſſent de donner les ſujets de plaintes énoncés dans l'expoſé ci-joint, mais encore, qu'elles évacuent au plutôt les Domaines de la République.

[50] *Résolution du Sénat à l'occaſion des Déclarations des Cours de Péterſbourg, de Copenhague, de Londres & de Berlin, en faveur des Diſſidens.*

Nous avons reçu, avec toute la conſidération poſſible, les mémoires que M. l'Ambaſſadeur de S. M. l'Impératrice de toutes les Ruſſies, le Prince Repnin; le Miniſtre Plénipotentiaire de Sa Majeſté le Roi de Pruſſe, M. Bénoit; le Miniſtre d'Angleterre, M. Wrougthon, & celui de Dannemarck, M. de Saint-Saphorin, ont préſentés par écrit, de la part de leurs Souverains reſpectifs, en faveur des Grecs déſunis & des Diſſidens, qui ſe trouvent dans le Royaume & dans le grand Duché de Lithuanie. Nous aſſurons ces Miniſtres que nous conſervons & conſerverons entièrement

lefdits Diffidens dans tous les droits & préroˆ
gatives, établis en leur faveur, d'une maniere
incontestable & par les Loix du pays, nommément par la Conſtitution de l'an 1717, & par les
ſuivantes, ou par des traités.

Quand aux griefs des Diffidens, par rapport à
l'exercice de leur culte, le Collége des très-
Révérens Archevêques & Évêques, ſous la direction du Prince Primat, tâchera de lever ces
difficultés d'une maniere conforme à la juſtice
& à l'amour du prochain. Le reglement, dreſſé
à ce ſujet, ſera inſéré dans les actes *de la Métrique*, d'où il ſera communiqué à tous ceux qui
le demanderont. Nous chargeons les Chanceliers
des deux Nations de donner part de cette réſolution auxdits Meſſieurs, l'Ambaſſadeur & les
Miniſtres des Cours ci-mentionnées.

[51] EXPOSITION *des droits des Diffidens, joints
à ceux des Puiſſances intéreſſées à les maintenir.*

LES engagemens, qui tirent leur origine du
voiſinage, ont rapport à l'utilité commune, aux
différentes formes de Gouvernement & à l'avantage de ſe prêter mutuellement tous les ſe-
cours poſſibles. Ces engagemens ſont ſouvent
ſi étroits, qu'une attention continuelle à tout ce
qui regarde les Puiſſances voiſines, ſoit par rapport à leur ſureté au dehors, ou à leur affermiſ-

Bb 2

sement au-dedans, portant nécessairement sur le système d'un État, ils y prennent la premiere place, suivant les soins que l'on doit à son propre maintien, jusques-là même qu'en plusieurs cas ils sont inséparables de l'attention. Après l'Empire de Russie & le Royaume de Pologne, l'histoire de l'Europe n'a produit aucun exemple de deux Na..., dont les obligations de cette nature & réciproques soient plus anciennes, ni affermies à un dégré si haut & si utile; aussi sontelles les motifs, qui ont souvent engagé la Russie à prendre part aux affaires de la République, & à soutenir des guerres pour en garantir la forme de régence, ainsi que de la sureté où est la Pologne, qu'en tout tems elle trouvera dans cette Puissance une fid... alliée qui veille à la conservation de ses Constitutions, lorsqu'elles souffrent atteinte; bonheur, qui en même-tems constitue à bien des égards le bien de la République & le repos de la Russie.

Sans remonter à des siécles éloignés, que l'on se rappelle le souvenir de ce que fit Pierre-le-Grand, pour détourner les malheurs dont la République étoit menacée, & de la gloire qu'il s'acquit par le succès de ses entreprises pour sa défense. Sous le règne de l'Impératrice Anne, lorsque des esprits inquiets méditoient une guerre intestine & un tems de discorde; lorsqu'ils couvroient leurs desseins du beau nom de juſtice, on vit la Ruſſie, en qualité de fidelle voiſine de la République, s'oppoſer encore à ces déſordres & y rétablir la tranquillité ſur les principes de l'indépendance de la Nation Polonoiſe.

Jamais la République n'eut plus de ſujet d'être ſatisfaite de la fidélité & des avantages de ſon alliance avec la Ruſſie, qu'au tems du dernier interrègne. Il n'étoit pas poſſible alors de la remettre dans ſon état naturel, & les circonſtances ne lui permettoient pas de ſe contenter du ſyſtême d'état éventuel. Le bonheur commun ne commença à ſe faire ſentir que lors de l'élection libre d'un Roi Piaſte, en faveur de qui ſe réünirent tous les ſuffrages, comme le plus digne de porter le Sceptre, le plus propre à gouverner la Nation & à en augmenter la proſpérité. La République le mit en état de rétablir les Loix fondamentales, de recouvrer à ſes membres leur liberté, leurs droits & prérogatives dans toute leur étendue & de travailler à rendre la premiere activité à toutes les parties de ſon adminiſtration.

On ne ſe propoſe point ici d'entrer dans un long détail de la part qu'eut la Ruſſie à cet événement, ni de la grandeur d'âme & du déſintéreſſement avec leſquels elle atteignit ce point capital, à l'accompliſſement duquel toute la Nation Polonoise l'avoit priée de concourir. Satisfaite de la gloire d'avoir contribué, pour le service d'une voisine, à un changement si heureux, la considération d'un bonheur solide & complet dont la République devoit naturellement jouir, lui tint lieu de récompense. Cependant les suites ultérieures n'ont point répondu aux desirs & aux espérances de la Russie; cette liberté dont la Pologne a respecté la possession, maintenant qu'elle existe, se trouve exposée au sort d'une guerre civile, & requiert plus que jamais des précautions pour l'éviter.

Lorsqu'en y prenant intérêt comme voisine & amie, Sa Majesté Impériale s'est rendue, d'un côté utile à son Empire & s'est procuré de l'autre, à elle-même, la plus vive satisfaction d'avoir tari la source des désordres qui, du dehors, s'étoient glissés dans le centre de la République, elle ne manifeste pas moins par-là ses soins d'employer ses bons offices & ses secours pour en arrêter les troubles intérieurs, qui entraînent avec eux une irrégularité d'administration, de remédier à une défectuosité qui mine les Loix fondamentales, & de prévenir les abus qui détruisent l'égalité, quoi qu'elle soit une des principales Constitutions du Gouvernement. Il en est de même du refus que font les membres de la Religion Catholique Romaine, d'admettre ses

Dissidens à partager les avantages, dont ils doivent jouir comme concitoyens égaux. Sa Majesté Impériale a souvent témoigné son mécontentement à l'égard de ce dangereux point de discorde, qui depuis si longtems subsiste dans le sein de la République. Convaincue des avantages qui reviendroient à la Nation Polonoise, si elle rétablissoit ses concitoyens dans la possession de leurs anciens & légitimes droits, si elle les remettoit en état de co-opérer au bien général, pour lequel ils ont toujours donné des marques de zèle, & des preuves d'empressement à contribuer à la splendeur, à la Puissance & à la réputation de la République, Sa Majesté Impériale n'auroit attendu que l'occasion de pouvoir lui faire les représentations que lui dictent son amitié, l'intérêt du voisinage & les engagemens de sa Couronne

Il en a couté à Sa Majesté d'avoir été obligée de suspendre ces devoirs à cause des troubles survenus pendant le dernier interrègne, mais elle reconnoissoit bien que, pour parvenir au but de l'élection libre & unanime d'un Roi Piaste, tandis que l'on souhaitoit de maintenir les Loix fondamentales d'une République indépendante, il étoit absolument nécessaire d'écarter tout sujet de désunion & de tirer les citoyens de leur léthargie. Ainsi, pour ne s'occuper que de l'important objet de donner un Chef à la République, S. M. Impériale suspendit cette affaire, qu'elle étoit alors résolue de proposer ; mais aujourd'hui elle fait sentir aux principaux de la Nation, que les esprits, devenus plus tranquilles, peuvent plus facilement réfléchir sur l'avantage d'un pareil rétablissement, & procéder à son exécution avec plus de concorde.

Il arriva donc qu'à la Diète d'élection, le Comte de Keyserling & le Prince Repnin, Ambassadeurs de Sa Majesté Impériale, furent chargés d'intercéder formellement, de sa part, en faveur des Dissidens par un Mémoire daté du quatorze Septembre 1764. Comme la tranquillité ne régnoit point encore dans la Nation, l'Impératrice se contenta de ce premier pas, qui néanmoins suffisoit pour faire comprendre à toute la République, combien elle s'intéressoit au rétablissement des Dissidens & desiroit d'engager tous les Etats à traiter cette affaire avec toute l'attention qu'elle méritoit.

Dès que la Diète du couronnement eut achevé l'élection d'un Roi Piaste, il parut à Sa Majesté Impériale qu'elle devoit penser à ce qui convenoit le plus de suivre immédiatement cette élection, de proposer la rédaction des Loix réunies de la manière la plus formelle, de rendre leur première perfection aux

Conſtitutions fondamentales de l'Etat, de rétablir, entre les citoyens, l'égalité qui leur appartenoit de droit & qui leur avoit été ôtée ſans raiſon légitime. Le Prince Repnin, ſon Ambaſſadeur, eut ordre de faire connoître, dans une audience publique, qu'il eut de la Diète aſſemblée, combien Sa Majeſté Impériale deſiroit le rétabliſſement des Diſſidens, ſur lequel elle inſiſtoit, tant en vertu de ſes engagemens, qu'en qualité de voiſine, d'amie & d'ancienne alliée de la République.

L'Impératrice en appelle au témoignage de ſa conſcience, ſur la conduite qu'elle tient en cette affaire, conduite qu'elle a pris la réſolution de ſuivre; d'ailleurs, quoique Sa Majeſté ſache que les Puiſſances Souveraines n'ont à rendre compte de leurs actions qu'à Dieu ſeul, néanmoins elle juge que conformément à la juſtice, ſur laquelle les Diſſidens appuient leurs demandes, & ſur laquelle leur Souverain doit régler ſes démarches pour leur plus grand bien, il eſt à propos qu'elle expoſe leurs droits aux yeux de toute l'Europe.

On lit dans l'hiſtoire de Pologne, que la liberté de la République n'étoit pas anciennement auſſi parfaite qu'elle l'eſt aujourd'hui. Lorſque ſes Rois montoient au Trône, à titre de ſucceſſion, la forme du gouvernement étoit bien différente de celui de nos jours. Parmi les Monarques de la race de Jagellon, qui commença en 1386, & s'éteignit en 1572, la petite Noblesse n'avoit aucun pouvoir, & les prérogatives mêmes, attachées à la Royauté, n'accordoient simplement qu'à ceux qui en étoient revêtus, la suprême administration des loix, lesquelles avoient reçu d'eux leur compilation & leur autorité. Pour se faire une juste idée de la liberté restreinte des Nobles, il faut d'abord observer qu'à fin de pourvoir à la sureté de leurs personnes, le Roi Jagellon, leur accorda un privilége, en vertu duquel aucun d'eux ne pouvoit-être saisi corporellement qu'au préalable le crime dont il seroit accusé, n'eût été déféré en justice. Uladislas, fils de Jagellon, permit à la Noblesse Polonoise l'établissement d'une salle de Nonces, dans laquelle les Députés de toutes les Provinces ont part à la législation & à l'autorité interdictorielle. Ce pouvoir législatif les distingue de l'égalité des Gentilhommes Polonois & les rend tous membres du Souverain.

Cependant ils n'en étoient pas moins soumis aux Tribunaux des Évêques, qui les tenoient dans un état servile, jusques-là que les excommunications lancées contre eux, leur ôtoient le droit de suffrage dans les Diètes du pays. Sigismond-Auguste, dernier Roi de la race de Jagellon, restreignit l'autorité de ces Tribunaux, entreprise qui n'étoit rien moins que facile. Ce Prince rendit un important service à la Nation, en ce que, par un privilége accordé lors de la Diète de Wilna, le seize Juin 1563, & qui se trouve dans les Archives du grand Tribunal de Lithuanie, il abolit à perpétuité toute inégalité que la différence de Religion pourroit faire naître parmi les citoyens. La teneur de ce privilége est si expressive que l'on pourroit se dispenser d'en rapporter ici les termes, si les Dissidens de distinction, comme ceux dont il est question aujourd'hui, improprement qualifiés de ce nom dans la suite, n'y étoient appellés à toutes les dignités, charges & emplois de la Couronne, établis & confirmés dans cette jouissance; si leur inégalité dans tout le reste n'y étoit anéantie de la manière la plus claire & la moins douteuse. Sigismond-Auguste s'exprime en ces termes :

» Dès à présent, non-seulement les gentilhommes
» & Seigneurs avec leurs descendans attachés à la
» Religion Romaine & dont les ancêtres ont ob-
» tenu dans le Royaume des lettres de Noblesse,
» mais aussi en général tous ceux qui sont de la
» classe des Chevaliers & Nobles, il n'importe qu'ils
» tirent leur origine de Lithuanie, ou de Russie,
» pourvu qu'ils soient Chrétiens, & quand même
» leurs prédécesseurs n'auroient point été annoblis
» en Pologne, jouiront dans toute l'étendue de

» notre Royaume de tous les priviléges, libertés
» & droits de Noblesse qui leur ont été octroyés,
» & cela en commun, à jamais & sur le même
» pied qu'ils ont joui ci-devant, anciennement &
» jusqu'à présent de toutes ces franchises originai-
» res, tant de la classe des Chevaliers & Nobles
» de Lithuanie que de Russie. De même & dès-à-
» présent, il sera donné accès aux places d'hon-
» neur, soit du Sénat, ou de la Couronne, ainsi
» qu'à tous les postes de dignité, non-seulement
» aux personnes qui appartiennent à l'Eglise Ro-
» maine, mais encore à celles, issues des familles
» Nobles, Lithuaniennes, ou Russes d'origine,
» pourvu qu'elles soient Chrétiennes. Par un effet
» de notre bienveillance, nous les éléverons à tous
» offices & emplois respectables, chacune à pro-
» portion de son mérite & de son rang, sans que
» l'on puisse en exclure aucun Chevalier, ou No-
» ble pour cause de Religion, s'il est Chrétien, ni
» par rapport aux deux articles, dont il est fait
» mention dans le privilége précédent.

Ces deux articles, allégués par le Roi Sigismond-Auguste & corrigés par son nouveau privilége, ne s'étendoient qu'aux Catholiques Romains, à qui il fut permis de remplir des places
d'honneur dans la République ; mais tous les
États ayant supplié ce Monarque de les ranger
dans une égalité convenable, il voulut bien ac-

quiefcer à leur demande par le même privilége, dont nous avons tranfcrit les propres termes. Au refte les motifs, qui engagerent ce Prince à une pareille conceffion, furent que les familles de l'Églife Grecque étoient en poffeffion d'affifter au Sénat, qu'elles n'avoient pas moins témoigné d'attachement & de fidélité pour leurs Souverains, ni rendu à la Patrie des fervices moins im ortans que les autres citoyens. Ce même Prince, ayant promis de confirmer fon privilége dans la prochaine Diète & même de l'amplifier, s'il en étoit befoin, il effectua fa promeffe dans l'Affemblée générale à Grodno l'an 1568, & expédia l'acte de confirmation, le premier Juillet de la même année.

Dans cet acte, où furent reitérés les articles mot-à-mot, on remarque une importante addition ; c'eft à dire, que le privilége n'aura lieu que pour ceux qui fe reconnoîtront Chrétiens. D'ailleurs il y eft clairement énoncé de quelle Religion ou profeffion Chrétienne ils peuvent être ; tellement que de ce qu'il ne feroit parlé que de la Religion Grecque, il étoit poffible d'inférer qu'il n'eft fait aucune mention des deux autres, & que par conféquent celles-ci ne feroient pas fuffifamment déffignées par ces mots, *s'il eft Chretien*. On ne fauroit douter que, de quelque Communion, ou profeffion que puiffent être les Diffidens, ils ne foient compris dans l'acte du privilége confirmé. Dans le premier privilége il étoit dit qu'en général tous ceux de la Religion Chrétienne auroient part aux dignités du Royaume, aux charges de la Cour & des Provinces ; l'acte de confirmation du second y ajoute en particulier tous les grands emplois, comme Palatinats, Châtellenies, places de Sénateur, Offices à la Cour & dans les Provinces. Ce privilége & l'acte de sa confirmation furent accordés dans un tems où l'on travailloit encore à la reconciliation du grand Duché de Lithuanie avec la Pologne. Ils avoient pour but que, sans égard à la différence de Religion, les citoyens qui avoient déja eu féance au Sénat, rentrassent dans l'exercice de leurs fonctions & que sur ce principe on mît la derniere main à la réconciliation.

De cette manière leur confirmation étoit la même que celle de tous leurs priviléges communs & particuliers, lesquels, relativement à cette affaire, leur avoient été accordés & confirmés sous le règne du même Roi à la Diète d'union, tenue à Lublin en 1569, lorsque le grand Duché de Lithuanie fut réuni à la Couronne à perpétuité. Par-là il fut incorporé dans les Loix générales du Royaume, en vertu de la Constitution de ladite Diète, qui porte que, puisqu'elle confirme toute l'affaire de la réunion, elle veut expressément que ces priviléges soient considérés comme s'ils en faisoient partie, & ordonne qu'ils soient insérés au protocole de chaque Chancellerie, ainsi que des extraits ci-dessus, dignes de foi, envoyés au Palatinats.

Quel est maintenant l'état des Dissidens en vertu d'une Loi si solemnelle ? Ne deviendront-ils pas égaux en tout à leurs concitoyens, & en quel tems ? Lorsque par la réunion totale de la Lithuanie avec la Pologne, la République parvint à son plus haut degré d'autorité, qu'elle conserve encore aujourd'hui. Est-il question de tolérance ? Cette capacité de remplir tous emplois n'en assure-t-elle pas également, comme aux autres sujets, le libre & entier exercice à ses citoyens, eux à qui la nature en avoit déja donné le droit ? Car enfin, les Grecs, qui faisoient cinq Provinces réunies de la Nation Polonoise, & qui dans la suite ne devoient porter, relativement à elles, que le nom de Polonois, sans omettre les Protestans, Nobles & citoyens, issus d'anciennes familles de la République, qui ne peuvent être considérés que comme étrangers, mais qui se seroient réfugiés en Pologne & soumis aux conditions qu'il auroit plu au Souverain d'imposer, reçoivent par-là beaucoup plus de confirmation d'un droit que l'effet d'une grace. Écoutons le privilége, il dit que les Grecs avoient déjà entrée au Sénat. Ceci n'est point une innovation, mais un maintien de l'état des choses, tel qu'il étoit ci-devant & tel qu'il devoit être. Les Dissidens, égaux par la nature, le sont encore par la Loi, qui joint cette égalité à la Constitution politique, c'est à présent que nous devons en voir les effets.

Les priviléges accordés de tems à autre aux Gentilhommes Polonois, confirment leur liberté. Dès le premier interrègne, ils prirent occasion de la rendre aussi permanente qu'irrévocable. Après la mort de Sigismond-Auguste, en 1572, la République se confédéra pour procéder à l'élection d'un nouveau Roi. On voit, *tome second des Constitutions, page 841, paragraphes vingt-deux & vingt-trois*, quelle résolution elle prit. ″ Nous ne reconnoîtrons pour notre Chef d'autre ″ que celui, qui, après son élection, confirmera ″ tous les droits, priviléges & libertés qui leur ″ seront exposés & dont nous avons la possession... ″ sur-tout il sera tenu de prêter serment de main-″ tenir sincèrement la concorde entre les Dissi-″ dens en matières de Religion.

Les Grecs & les Protestans, qui, aussi bien que les Catholiques Romains, composoient le Gouvernement, étoient expressément compris dans cette confédération, avec leurs concitoyens, également intéressés à la soutenir & à concourir au même

même but, une des principales conditions est, que le Roi maintiendra la concorde entre les Dissidens; stipulation nouvelle, qui fut cause qu'il fallut changer l'ancienne formule de serment, mais de maniere qu'il seroit absurde de l'interpréter pour tolérance. On ne dit pas, *avec les Dissidens*, expression dont on s'est servi depuis quelque tems pour embrouiller l'affaire & tâcher de faire regarder les Dissidens comme étrangers au corps de l'État, comme gens à qui on accorderoit une faveur, une tolérance que l'on pourroit accroître ou modérer. Tous citoyens souhaitent le maintien de leurs priviléges. Est-il possible que les Dissidens, revêtus des emplois les plus respectables, comme les sujets d'autres Religions, ne puissent pas être compris dans le serment général, qui assure toutes les prérogatives qu'ils ont en commun?

Cet article ajouté, & particulièrement recommandé au Roi, d'entretenir la concorde entre les Dissidens, n'est-il pas aussi efficace pour garantir les Catholiques des entreprises d'autres Religions, que pour prévenir les atteintes que ceux-ci pourroient porter aux droits des Dissidens? Tous les noms qui leur ont été donnés, fixent l'idée la plus certaine que l'on puisse se former de l'égalité parmi les citoyens, en ce tems-là, dès le moment même

Tome I. C c

que cette propriété commença & leur fut acquise ; puisque dans cette confédération ils jouirent pleinement de tous leurs droits, qui jusqu'alors avoient été limités par l'autorité de leurs Souverains. Cette confédération ne dit nullement, entre ceux qui, dans leur conscience, abandonnent la Religion dominante, celle du Souverain, puisque toutes les Communions ne tendoient qu'à rendre éternellement heureux ceux qui les pratiquoient, &, à plus forte raison égaux.

Il est évident d'ailleurs que la Nation Polonoise voyant expirer la Souveraineté d'une race qui avoit si long-tems porté le Sceptre, procéda à une élection, s'assura elle-même sa liberté & s'appuya d'une Constitution par des conditions qu'elle prescrivit à un nouveau Candidat appellé au Trône, mais qui ne constituoient pas le point solidement établi de la liberté des citoyens, & dont on pouvoit présumer l'accomplissement de la part d'une famille accoutumée à régner. Se trouve-t-il une époque, où l'on ait pu attendre d'une Nation des attentions plus sérieuses & plus marquées pour les principes de son gouvernement & plus éclairée sur ses vrais intérêts ? Tout ce qu'elle fait aujourd'hui n'est-il pas sa véritable prérogative ? N'est-elle pas digne d'éloge par ses traits de sagesse, & sur-tout par l'autorité qu'elle affermit,

De crainte que la différence de Religion n'occasionnât, parmi les Citoyens, des tumultes & des désordres, dont on a des exemples en d'autres pays, la République confédérée ajoute dans la même Confédération :

« Nous nous obligeons tous en général, nous
» & nos descendans, par les liens du serment &
» de notre croyance, sur notre honneur & notre
» conscience, à maintenir à jamais la concorde
» entre nous, qui sommes Dissidens en fait de
» Religion, à ne pas verser le sang, ni à punir
» de confiscation de biens, de perte d'honneur,
» d'emprisonnement & de bannissement qui ce
» puisse être, pour cause de la diversité de
» croyance & de l'exercice de culte dans les
» Églises........ Bien plus, au cas que quel-
» qu'un, pour raison susdite, attentât à la vie
» de ses citoyens, nous, autant que nous sommes,
» devons nous y opposer, quand même l'ag-
» gresseur couvriroit son forfait du prétexte d'une
» Ordonnance judicielle, ou d'une constitution.
» Nous promettons, au nom de notre posté-
» rité, d'accomplir toujours, l'un envers l'autre, ce
» que ci-dessus, & nous nous engageons, sur notre
» croyance, notre honneur & notre conscience,
» à remplir le tout inviolablement, & si aucune
» personne entreprenoit de se montrer réfractaire
» & vouloit ainsi troubler la tranquillité, nous

» ferons tous cause commune pour extirper le
» perturbateur du repos public & rétablir le
» bon ordre. Donné à la Diète à Warsovie le 28
» Janvier 1573 ».

En conséquence de cette conclusion unanime de la République, Henri de Valois prêta, d'abord par son Ambassadeur, & ensuite lui-même en personne, le serment qui lui fut prescrit & qui se trouve inféré en ces termes dans le *second tome des Constitutions, page* 863 : « Moi,
» Henri...... Promets & jure devant Dieu
» Tout-Puissant, que je protégerai & maintien-
» drai, publiquement & en particulier, tous les
» droits, immunités & privilèges, tant ecclé-
» siastiques que civils....... octroyés par les
» Rois mes prédécesseurs...... établis par tous
» les États en tems d'interrègne, & qui me font
» actuellement présentés........ J'entretiendrai
» la paix entre les Dissidens par rapport à la
» Religion, & ne permettrai pas qu'en quelque
» endroit & de quelque manière que ce soit au-
» cune personne, ni mes employés & gens de
» Justice, ni les États, de quelque autorité qu'ils
» puissent être revêtus, les molestent & les op-
» priment, non-plus que moi-même je ne les
» molesterai, ni ne les opprimerai ».

Ce serment de Henri de Valois servit de mo-
dèle dans toutes les élections & les couronne-

mens postérieurs, d'autant plus que l'acte de la Confédération de l'an 1573, fut inséré au Code des Constitutions & loix du Royaume, & renouvellé mot pour mot à chaque nouvel interrègne, en ce qui concerne la Religion, sans oublier que depuis il a été mis souvent au nombre des Loix. La Confédération tenue après le décès d'Uladiflas en 1648, rappella le contenu de cet acte ; cette Confédération fut nommée depuis Loi perpétuelle. On voit dans le *tome IV des Constitutions*, *pages* 150 & 172, que le Roi Etienne avoit accepté, pour lui & pour ses descendans, la nouvelle formule du serment de Henri ; & dans le *tome II*, *page* 921, *paragraphe* 18, il s'étoit obligé de maintenir la paix entre les Diffidens. La même formule fut acceptée aux mêmes conditions par Sigifmond III, *tome* II, *page*. 1096. Par Jean Cafimir, *tome* IV, *page* 205. Par Michel, *tome* V, *page* 39. Par Jean III, *tome* V, *page* 282 ; & par Augufte II, *tome* VI, *page* 5.

 Tous ces serments, affurent la concorde entre les Diffidens, & ont un rapport conftant au fens de la Confédération de 1573 : elle a toujours confervé fa force dans la République qui, dès le commencement même, reconnut combien il étoit difficile d'entretenir la paix, parmi des membres égaux, comme font tous les citoyens & qu'elle ne pouvoit prescrire à ses Souverains de Loi assez positive, pour les obliger à ne point s'en écarter. Cette Loi fut faite pour le maintien de la paix & pour tous les citoyens, sans distinction de culte, *entre nous qui sommes Dissidens en fait de Religion.* Par cette qualification, que l'on ne connut dans la République qu'à présent & pour la première fois, les Catholiques Romains se considérerent comme étant de ce nombre, relativement à leurs concitoyens. Aussi ils mirent pour condition de n'être pas molestés de leur part, & que les autres ne le seroient de leur côté.

Ceci est une Loi générale d'État qui les intéresse en commun, une Loi dont ils ont promis réciproquement l'observation: *Nous nous obligeons tous en général.* Que reste-t-il à conclure de cette promesse passée par un acte aussi solemnel, sinon qu'une égalité entre citoyens & même en ce qui concerne la Religion? Et, peut-on se figurer, dès qu'on voit cette égalité décidée en un point aussi important que celui de la Religion, que l'on veut alléguer contre le fondement d'un pouvoir dominant en faveur des Catholiques; peut-on se figurer qu'en ce tems-là, dans l'exercice même, il n'y ait pas eu une égalité avec autant de justice & aussi complette par rapport au droits de naissance & de citoyens.

On fut si attentif à cette paix de Religion, que dans les Patentes de 8 Février & 4 Mai 1576, par lesquelles le Roi Étienne confirma tous les droits & les franchises des Polonois; on lit cette clause remarquable : » Ce que nous avons » confirmé par nos présentes Lettres-Patentes, » tant au priviléges & libertés des Églises, qu'à » l'autres choses, ne dérogera en rien à l'article de » notre serment, dans lequel il s'agit de la paix » & du repos entre les Dissidens en matière de » Religion, lequel nous voulons être inviolable- » ment & religieusement maintenu, comme nous » promettons & assurons de l'accomplir d'une ma- » niere ferme, immuable & efficace. *Tome II* » *des Constitutions, pages* 905 & 913.

En s'exprimant ainsi, l'intention du Roi étoit d'ôter aux Catholiques Romains, qui se voyoient confirmés dans les libertés de leurs Églises, tout prétexte dont-il auroit pu résulter des suites nuisibles aux autres conventions. Il les prévint, lorsqu'il leur déclara que chacun des deux partis conserveroit de la même manière, en commun & sans restriction, tous leurs droits & toutes leurs franchises. Cette clause servit encore à affermir la Confédération de 1573, confirmée par ce Prince, mais qui manquoit de tous les éclaircissemens qu'exigeoit une Confédération générale de la Nation. *Tome II, page* 897.

car enfin, si la paix entre les Dissidens des trois Religions, la Grecque, la Réformée & la Luthérienne, pouvoit être restreinte à l'exception de la Catholique, pourquoi cette confirmation de priviléges seroit-elle ici particulière à celle-là & contraire à la paix entre les Dissidens? Le moindre des avantages accordés à l'une des quatre Religions, peut concerner la paix qui les regarde toutes en général, ainsi que l'égalité, que cette paix a convertie en Loi. Or, que les Catholiques ayent été compris sous la dénomination générale de Dissidens, c'est un fait qui existe clairement d'un extrait de la confédération de 1586, où celle entre les Dissidens, telle qu'elle avoit été confirmée par les Rois Henri & Étienne, se rapporte simplement à la confédération de 1573; s'il y en avoit eu quelqu'autre de même nature, cette confirmation & sa force seroient le jugement d'un Tribunal portant cassation *ipso facto*. Les Dissidens n'en seroient pas moins matière de droit & conserveroient toujours le rang qu'ils ont eu dans l'État.

Après l'élection d'Auguste II, leurs droits parurent dans tout leur jour. Outre que le serment de ce Monarque, sur la conservation de la paix, fut conforme à celui de ses prédécesseurs, il s'énonça en ces termes dans son diplôme de confirmation: « Quoiqu'en confirmant par nos pré-

» sentes lettres, les priviléges & les libertés des
» Églises, nous ayons nommé, comme dans notre
» serment, les Églises Catholiques Romaines, néan-
» moins cette mention ne sera nullement préjudi-
» ciable aux Églises Grecques & à leurs préroga-
» tives. Loin de-là, nous voulons les maintenir dans
» toute leur activité & ne prétendons déroger à
» aucun des articles de notre serment; c'est-à-dire,
» que nous maintiendrons & protégerons la paix
» & la tranquillité entre les Dissidens, ce que nous
» leur promettons & assurons de faire d'une ma-
» niere ferme, immuable & efficace. A Cracovie,
» dans la Diète de Couronnement, le vingt-neuf
» Septembre 1697. *Tome* VI *des Constitutions,*
» *pages* 7 & 8 «.

Est-il à présumer que si l'on n'avoit point encore été persuadé de la parfaite égalité entre citoyens, en ce qui concerne la Religion (égalité établie dans l'acte essentiel de la liberté & affermie dans le Gouvernement actuel de la République) on eût appréhendé, par la raison que l'on avoit fait mention des Catholiques, de toucher de si près les Églises Grecques ? Si de tems à autre, dans des confédérations privées, dans des actes où présidoient le désordre & l'animosité, on s'est écarté de l'ancien sens de la Constitution de la République, cependant on en est toujours revenu à l'important période, où chaque nouveau Roi garantit les droits, les priviléges & la liberté de la Nation. Alors on sentit toute la force de l'intérêt commun & le recouvrement de l'égalité de ses droits. On en trouve un effet, dans la nouvelle assurance, que le Roi Auguste II donna aux Dissidens à l'égard de leurs droits & à celui d'être élevés aux dignités du Royaume. Après avoir affermi, dans les *pacta conventa*, la paix dont ils devoient jouir, ce Prince dit : » Nous » aurons soin que dans la distribution des emplois, » tant du Sénat que des Starosties avec juridiction, » de nous comporter exactement suivant ce qui a » été toujours soigneusement observé & pratiqué » ci-devant par les Rois Jean Casimir, Michel & » Jean III, nos prédécesseurs de glorieuse mé- » moire. Néanmoins nous exceptons les Memmo- » nites, les Anabaptistes & les Quakers, comme » n'ayant aucun des droits dont jouissent les au- » tres Dissidens & auxquels ils ne sauroient avoir » part, & nous renouvellons, à cette occa- » sion, toutes les Loix & Constitutions statuées » contre les Arriens. *Tome VI, page 18* ».

On voit par cet exposé, qui constitue le droit national des Dissidens, que la liberté de Religion fut traitée comme une Loi d'État depuis 1563, jusqu'à 1699, & que la différence de culte n'a rien retranché des droits que tous les citoyens, à titre d'égalité réelle, ont à tous les emplois dans le Royaume. Les Diffidens ont joui de tous ces droits, qu'ils tenoient de la nature, fous la garantie facrée de leurs Souverains, & cette poffeffion fondée fur un principe de juftice auffi refpectable, leur procure encore un furcroît de droit. On trouve dans les actes de l'affemblée de Sendomir, en 1570, les fignatures de quatre Vaivodes Luthériens, & dans la Confédération que les Polonois de l'Églife Grecque firent en 1599, avec les autres Diffidens leurs compatriotes, on compte jufqu'à vingt deux Sénateurs.

On voit auffi dans les actes des Confédérations & des Diètes poftérieures un grand nombre de Sénateurs, d'Officiers de la Cour & de gens revêtus d'emplois dans le Royaume, tous Diffidens, même avant que la loi de l'État eût ftatué qu'ils ne feroient point exclus des charges pour caufe de diverfité de Religion, pourvu qu'ils euffent autant de capacité que leurs concitoyens pour les remplir. Ils en eurent la poffeffion depuis que la paix entre les différentes Religions fut établie comme Loi d'État.

Que l'on choififfe entre ces deux poffeffions, ou celle que leur donne la nature, ou celle qui eft fondée fur le droit public d'une Nation; l'une & l'autre ont la même force à leur avantage, joignez à tout ceci l'utilité de la Patrie qui parle encore en leur faveur.

La République fut-elle jamais plus heureuse, plus puissante, plus respectable que lorsqu'en se conformant aux premiers principes de sa Constitution, elle admit indistinctement tous ses membres au Gouvernement & qu'elle fut régie par eux avec un zèle que l'intérêt privé n'altéra jamais ? Quelle raison interrompit la durée d'une si heureuse union, dont les suites auroient plutôt dû resserrer les nœuds ? En s'acquittant de leurs devoirs, les Dissidens n'en sont pas devenus plus négligens. Que l'on produise l'exemple d'un malheur dont ils soient coupables par négligence, par mauvaise volonté, par conspiration contre la sûreté & la liberté de leurs frères.

Quoiqu'il semble que l'état naturel des hommes puisse se corrompre uniquement par les crimes, jamais les Dissidens troublerent-ils leurs concitoyens dans la pratique de leur culte & n'ont-ils pas au contraire accompli envers eux la promesse perpétuelle qu'ils leur avoient faite, de ne point les inquiéter à cet égard ? Jamais on ne leur a reproché d'avoir manqué de parole, jamais on ne prouva qu'ils eussent été dangereux, ou nuisibles à la République. L'état d'humiliation où ils se trouvent aujourd'hui, n'est pas l'ouvrage d'un examen dans lequel on ait consulté, pesé & solidement approfondi le vrai intérêt de la Nation Polonoise. C'est une suite d'abus d'une partie de citoyens qui s'est souftraite à l'ordre général, qui n'a point accompli ses obligations envers l'autre, & qu'elle opprime.

Un Roi, qui, pour cause de différence de Religion, s'imagina avoir perdu la Couronne d'une autre Nation, voulut en témoigner son chagrin en éloignant les Diffidens des grandes dignités du Royaume. Son succeffeur prit cette démarche pour règle de conduite, & les Diffidens se virent, en fort peu de tems, presque entièrement exclus des délibérations. Leur nombre diminua par cette secrette persécution, & lorsqu'on les crut assez affoiblis, pour n'oser lever la tête contre le bras d'un Chef qui les opprimoit, on se fit de l'usurpation, un droit contre la liberté de leur Religion & leur capacité à remplir les emplois.

Dans la Diète de 1717, tems auquel le parti Catholique Romain porta la plus forte atteinte aux prérogatives des Diffidens, il sut se prévaloir des troubles & des vicissitudes d'une longue guerre & il eut assez de crédit pour obtenir un article qui restreignit le libre exercice de leur Religion à des Églises bâties avant l'accomplissement de Loix qu'ils ne reconnoiffoient point & qui statua des amendes pécuniaires, l'emprisonnement & le bannissement en certains cas où ils feroient usage de leur culte. Il s'en falloit bien qu'une semblable Loi s'accordât avec les intérêts de la Nation. On fait quelle difficulté rencontra cette loi de la part des membres éclairés & quels efforts ils employerent pour son abrogation ainsi que pour le maintien des droits & des avantages de leur Patrie.

Les Dissidens eurent la satisfaction, appuyés par quelques Évêques assez zéléspatriotes, de se détacher de toute partialité par amour pour l'équité & le bien de l'État. Le Roi, surtout à qui l'on fit remarquer cette injustice, la reconnut; mais obligé de s'accommoder aux circonstances, il ne peut s'empêcher de déclarer, par un diplôme, que l'article ne dérogeroit point à celui de 1573. Il est vrai que l'autorité Souveraine ne s'étend pas jusqu'à annuller les conclusions d'une Diète, mais lorsqu'elle ne consiste qu'en une seule partie des membres, elle peut, dans cette autorité, prononcer jugement contre l'autre partie, qui ignore combien la politique eut de part à cet arrangement? Toute la puissance de l'État résidoit dans les Catholiques. Contraints de remplacer sur le Trône un Roi, qui n'étoit que prosélite dans leur Religion, ils crurent ne pouvoir assez lui lier les mains pour l'empêcher de suivre l'inclination qu'ils lui supposoient pour une autre Communion. La crainte, le seul sentiment auquel quelques-uns d'entr'eux pouvoient avoir prêté l'oreille, leur ouvrit les yeux sur une démarche si outrée; en ce tems-là on ne décidoit point encore sur la capacité des Dissidens à exercer des emplois. Bien plus il y a un article qui leur en réserve l'exercice. C'est une défense aux Chanceliers, de ne point signer de lettres de grace, qui leur est accordée, à moins que ce ne soit pour ne causer aucun préjudice aux Catholiques. *Tome* VI *des Constitutions*, *page* 242.

Après avoir hardiment franchi ce pas, on se crut tout permis, & dans la Diète de 1736, les Dissidens furent exclus des places de Nonces, des Offices dans les Tribunaux, & généralement de tous les emplois. Il est remarquable que, selon la paix, & suivant les anciennes loix, on leur conserve la sureté de leurs biens, & l'égalité des personnes, & que, tandis qu'on les exclut des emplois, on ajoute la clause, *salvis modernis possessoribus*. Ici l'on reconnoît & respecte un droit dans une Constitution, où, sans le moindre motif solide, on ne fait aucune difficulté d'innover à l'égard de l'usage constant d'être élevé aux places d'honneur dans la République. On assure aux Dissidens l'égalité des personnes jusqu'à la restriction que l'on y fait par l'exclusion des emplois, par conséquent il faut qu'avant cette restriction, il y ait une égalité réelle & légitime,

La loi fondamentale de la forme du Gouvernement, se fait voir dans toute sa force, au moment qu'on la renverse de fond en comble. On trouve la preuve de son existence, dans sa destruction; mais où trouvera-t-on le droit de l'exécuter? L'autorité d'annuller la loi fondamentale de la forme d'un Gouvernement n'existe certainement pas en elle. Dès que l'égalité entre les citoyens constitue la loi fondamentale de l'association des Gentilshommes Polonois, les Catholiques qui ne sont simplement que leurs citoyens égaux, ont pris le dessus sur l'égalité, & en prononçant jugement contre eux, ils se sont arrogés le rang de Seigneurs. Par le refus de les admettre aux délibérations générales, ils ont déclaré qu'ils composoient seuls le corps de la République. En effet, dès l'an 1718, on rejetta les Nonces, qui s'étoient présentés de la part des Dissidens, & peu s'en fallut qu'on ne leur fit violence.

Ce refus & les protestations de ceux-ci suffiront toujours pour interrompre le cours d'une prescription, lorsqu'elles pourront avoir lieu contre l'injustice & la nullité d'atteintes à des droits si sacrés. Une Diète, qui ne consistoit qu'en une seule partie des membres, ne sera jamais reconnue pour législative, ni pour telle que son autorité puisse non-seulement contrebalancer les droits de la nature, mais la loi fondamentale

damentale établie par la Constitution de la République.

On n'ignore pas que les Catholiques l'emportent par le nombre sur les Dissidens, & on s'en apperçoit assez; mais est-ce là le seul principe qui les autorise à exclure leurs concitoyens d'une administration, qui leur est commune à tous en général, à les priver de la propriété de membres & à les abaisser jusqu'à la simple condition de sujets ? Les Dissidens qui croient & qui ont raison de croire, que l'on n'a pu prononcer contre leur égalité, sans avoir rompu le nœud de leur union, voient que l'injustice s'arme constamment d'une autorité qu'elle n'a point, & dont elle se sert pour justifier les abus, la violence & l'usurpation. Avant qu'ils aient eu recours aux moyens d'une défense légitime, ils se sont adressés, pour obtenir le recouvrement de ce qui leur appartient avec tant de droit, aux Puissances, qui, en vertu du traité d'Oliva & de la paix de Moscow, ont garanti leur État. Ils ont sur-tout imploré l'assistance de l'Impératrice de Russie, comme l'alliée la plus ancienne, la plus naturelle, la plus intéressée au maintien de la forme de leur Gouvernement.

On a vu maintenant que leurs droits sont incontestablement affermis par les premieres loix de la République; & la garantie des Puissances étrangères, en y ajoutant une nouvelle sanction, les met encore sous la protection du droit public.

En vertu de l'article II de la paix d'Oliva, que l'on doit entendre suivant l'interprétation & l'ampliation qu'en a faites le Ministre Plénipotentiaire de Suède, & tel que le Roi & la République l'ont confirmé par la déclaration de ce Ministre, les Dissidens participent à l'amnistie générale & rentrent dans le même état où ils étoient avant la paix, qui mit fin à cette guerre. Il y est dit, en termes exprès, que l'intention du même Ministre n'a jamais été de confirmer contre les prétendus hérétiques, quels qu'ils puissent être, les anciennes loix, hors d'usage. L'article IX, du traité de Moscow, protège dans leur culte les Evêchés, les Abbayes, les Communautés de l'Eglise Grecque & les met à couvert de toute persécution. Les Dissidens, réduits à la dernière extrémité, par les refus perpétuels de leurs concitoyens, (sans parler de la persécution continuelle qu'on leur fait éprouver avec la dernière rigueur, au lieu de leur rendre justice & qui leur prépare un sort plus déplorable encore que celui qu'ils subissent aujourd'hui) n'ont d'autre espérance que dans l'incontestable solidité de leurs droits, dans l'appui des traités conclus avec les Puissances alliées & amies de leur Patrie.

L'Impératrice de Russie pourroit-elle, sans fermer l'oreille à la voix de l'équité, sans se dépouiller de tout sentiment d'humanité, regarder d'un œil tranquille & avec indifférence le malheureux sort des Dissidens dont une partie lui est attachée par les liens d'une même croyance. Leurs droits sont connus à Sa Majesté. Eux-mêmes sont persuadés de sa justice & convaincus qu'elle est très-satisfaite de savoir, que le droit qu'elle a de les protéger, est fondé sur sa Religion & sur sa compassion naturelle.

Outre l'intérêt essentiel de son voisinage avec la Pologne, (intérêt commun à la République & qui lui a procuré, sous le règne de ses ancêtres, & encore plus sous le sien, des avantages considérables) elle persiste encore dans les obligations qu'elle s'imposa par ses promesses, lors du dernier interrègne, de contribuer à l'affermissement de son bonheur & de sa tranquillité. Elle manqueroit à elle-même, si elle croyoit en avoir assez fait, & si, à cette époque, elle laissoit la République en proie à la dissention qui subsiste intérieurement. Cette considération est d'autant plus pressante, que d'un autre côté, Sa Majesté se voit dans la nécessité de remplir les engagemens de sa Couronne & dans la possibilité de réunir ses obligations & son inclination de manière à agir comme amie, comme puissance garante d'une Religion qu'elle professe & dont la liberté doit être assurée.

Sa Majesté ne s'imagine pas que la partialité, qui pourroit chercher à affoiblir toute autre raison, veuille soutenir, sous prétexte d'une différence frivole & illusoire, que comme dans le traité de 1686, on n'avoit stipulé que ce qui concernoit le spirituel, le séculier doit lui être indifférent, ou du moins ne l'engager à rien. Excepté la Religion, qu'on produise un motif qui porte à bannir les Dissidens. Qu'on leur reproche une faute de leur part, un crime contre l'État; alors l'Impératrice pourra croire que la conduite des Catholiques envers eux, ne blesse point la liberté de la Religion dont elle est garante. Mais on les opprime, on fait plus, on les punit (& cela uniquement par rapport à leur culte) en séparant des citoyens d'avec le corps d'une société, en les dépouillant de la qualité de Membres du Royaume, & en leur ôtant celle de sujets qu'ils ont réellement. Dira-t-on que l'exercice de Religion se pratique tranquillement & sans contrainte, lorsqu'il faut le payer à un si haut prix que l'on doive cesser d'être citoyen, égal en tous droits.

L'Impératrice a la satisfaction de voir que toutes les Puissances qui s'intéressent au maintien de la Religion des Diffidens en Pologne & qui y font autorifés en vertu du traité d'Oliva, ont annoncé, par leurs repréfentations à la République, que leurs difpofitions à cet égard font conformes aux intentions de Sa Majefté Impériale. Si le voifinage forme une différence entre le dégré de protection, accordée dans un même cas, Sa Majefté s'en rapportera volontiers à la conduite qu'elle a tenue jufqu'à préfent & qu'elle tiendra jufqu'à la fin de l'affaire, afin de juftifier les vrais motifs qui la font agir, & la pureté des vues qui règlent fes démarches.

[52] *Manifeste des Diffidens de la grande & petite Pologne, en conféquence de leur Confédération.*

Nous, Nobles & Citoyens de la grande & petite Pologne, Diffidens des deux Confeffions Évangéliques, pénétrés de la douleur la plus vive, gémiffans, depuis un demi-fiècle, fur notre fort contraire à notre naiffance & à notre condition, abîmés, depuis cette époque, dans des malheurs & des calamités inexprimables, nous avons, comptant toujours fur un tems plus favorable, adouci nos misères par l'efpérance d'un heureux changement dans notre fituation; mais cette unique perfpective nous étant ôtée fans aucun efpoir & aucun foulagement à nos maux; at-

Dd 3

tendu le mépris qu'on a fait de nos requêtes & de nos mémoires adressés aux Etats assemblés lors des trois Diètes précédentes de convocation d'élection & de couronnement, ainsi qu'au tems de celle tenue dernierement, & dans lesquelles, au lieu de soulager notre malheureux état, on l'a rendu encore moins supportable par celle de convocation; nous recourons à la seule voix, qui est réservée à l'innocence & que la justice autorise. Nous nous en servons comme d'un bouclier contre les violences qu'on nous fait; nous protestons & manifestons le plus solemnellement contre tout ce qui s'est commis jusqu'à présent contre les anciens droits & priviléges stipulés en faveur des Dissidens par les Constitutions des années 1573, 76, 81, 86, 87, 88; 1627, 32, 48, 60, 64, 68, & contre l'injustice qui sape les fondemens les plus solides du gouvernement, qui nous prive de la jouissance des prérogatives attachées à notre condition & à notre naissance, & que nos ancêtres ont acquises au prix de leur sang.

La considération de nos malheurs auroit du engager la Nation à se laisser aller, si-non à la compassion envers nous, du moins à l'intention de détourner la colère du Ciel, qui ne manque presque jamais de ravager l'Etat où l'injustice & l'oppression établissent leur domicile; mais puisque cette réflexion n'a pu trouver place dans le cœur de nos concitoyens & que nous voyons se former encore sur nos têtes de plus grands orages, il nous est impossible de souffrir d'avantage & de passer sous silence les torts qu'on nous a faits, & dont nos plaintes se trouvent dans les protocolles de presque toutes les juridictions. Toute injustice est difficile à supporter, mais celle qui usurpe le pouvoir sur les consciences est encore plus odieuse. Combien les Diffidens n'ont-ils pas éprouvé d'amertumes de ce genre ? Au seul souvenir de ces maux, nos cœurs saignent & nos yeux se fondent en larmes. En l'année 1718, un Nonce, légitimement élu, fut chassé honteusement de la chambre, uniquement parce qu'il étoit Diffident. Ainsi, on foula aux pieds, à cette occasion, les loix les plus sacrées à l'égard de nos libertés & de nos immunités.

Quant aux jugemens, émanés des Tribunaux, combien n'y en a-t-il point qui doivent être injustes, cruels & inhumains aux yeux de tout homme éclairé ? Pour en fournir des exemples, nous citons d'abord celui de M. Sichler, Capitaine au service de la République, lequel a été décrété & exécuté à Pétrikaw, en trois jours, pour s'être défendu seulement en paroles contre les invectives dont il avoit été accablé par l'Avocat Wendefewsky, sujet de la Religion Proteftante. Le fieur Eberts, accufé de blafphême le plus injuftement du monde, fut décrété de prife de corps, on confifqua fes biens & il ne fauva fa vie que par fa fuite en Pays étrangers. Le fieur Untuk, pour avoir acheté un livre compofé d'extraits de divers autres livres & qu'on avoit intercepté, fut accufé du même crime, enveloppé dans un procès pour s'en purger, condamné à payer plus de cent-mille florins & jugé digne d'avoir la tête tranchée. La rigueur de cette Sentence fcandalifa Rome même & la Sorbonne.

L'impofture d'un prétendu blafphême, n'a pas plus épargné le fieur Rosbiki, qui, pour mettre fes jours à couvert, s'expatria, perdit tous fes biens par la confifcation & finit fa malheureufe vie hors du Royaume, livré à toute la rigueur de la misère. Nous paffons fous filence plufieurs autres jugemens, émanés des Tribunaux & marqués au même coin; mais nous ne pouvons oublier l'évènement tragique arrivé à Thorn; on y nagea dans le fang de plufieurs Diffidens, dont l'innocence étoit manifefte, & qui néanmoins furent mis à mort. Combien de familles ont été dépouillées de leurs biens, amaffés avec peine & par la fueur du travail, entr'autres celles de Goltz, de Mojakewsky, de

Driembowsky, de Mielecky, de Potwuorwsky, & de Brojanowsky. La violence qu'on nous a faite, par rapport à nos Églises, est inouïe, on nous en a ôté plus de six cent; celles qui nous restent, dépérissent & il ne nous est pas permis de les faire réparer, ni rebâtir. On nous défend l'administration des Sacremens & les enterremens. Les Bénédictions-Nuptiales, que donnent nos Ministres, sont regardées comme non valides, & l'on traite comme bâtards les enfans procréés de ces mariages, qui souvent même sont cassés, ce qui est arrivé au sieur Niefzkowsky.

Un autre Gentilhomme de la même famille, cité au Consistoire par son Curé, s'est vu condamner à une amende très-considérable pour ne s'être point opposé à ses paysans Catholiques qui accompagnoient à l'inhumation le corps de sa sœur, aussi Dissidente, & cela uniquement par affection pour leur défunte Dame. L'affaire du sieur Siresky, Catholique, avec les sieurs Driembowsky, Dissidens, a étonné le monde éclairé. Le procès, suscité au sujet de l'Église, alloit finir moyennant le serment prêté par le sieur Driembowski, conjointement avec sept Nobles tous Catholiques, lorsqu'il fut recommencé, sous prétexte de l'invalidité du serment, prêté par un Dissident; de sorte que ce procès subsiste encore.

La vocation de nos Ministres pour nos Églises, situées dans des terres appartenantes à des Catholiques, est empêchée, ou rendue très-couteuse. Les sieurs Kurnatowsky, nés de parens Dissidens, ont été élevés, après la mort de leur peres & après le changement de Religion de la mere, dans les dogmes de la Religion Catholique, & leur oncle a été jugé incapable de la tutelle, parce qu'il étoit Dissident. On séduit les enfans des Dissidens, on en enlève d'autres uniquement pour leur faire embrasser la Religion Catholique, témoin le cas des sieurs Wierkazewsky & Chlebowsky. Le droit de collation nous est contesté en bien des endroits. A Lissa, le Seigneur du lieu se mêle tellement des affaires de nos Églises, qu'il y dérange la subordination nécessaire & met la Communauté en désordre.

Notre droit de pluralité & de voter aux Diétines est éteint; on en a la preuve dans ce qui est arrivé récemment à Prosowicz, où les Dissidens furent chassés de l'Église avec ignominie & exposés au danger de perdre la vie. Un autre tort qu'on nous fait & qui n'est pas moins grand; c'est qu'on n'accorde jamais l'Indigenat & le droit de Noblesse aux Dissidens étrangers, ce qui est contraire à l'esprit des loix du Royaume. On nous traite d'Hérétiques, on nous impute même les principes d'Arius, quoique nous en foyons infiniment éloignés, & les Miniftres de nos Communautés font accablés d'épithètes les plus déshonnorantes.

Telles font les calamités, les injuftices & les violences, fous le joug defquelles on tient les Diffidens depuis un demi-fiécle, au mépris des loix rendues en leur faveur. Nous proteftons folemnellement contre tous ces procedés, comme attentatoires à nos immunités & au libre exercice de notre Religion. Nous élevons nos voix contre ceux, qui, pour anéantir nos libertés, nos droits & nos prérogatives, fe fervent des Conftitutions illégales des années 1717, 1733, 1736 & 1764. Nous reclamons contre la violation des traités & des *Pacta conventa*, rendus & jurés par les Seigneurs Rois, nos Maîtres, Sigifmond-Augufte, Henri, Étienne, Sigifmond III & Uladiflas.

Nous déclarons enfin devant le Juge des Juges, témoin de notre douleur, de notre innocence & de la pureté de nos cœurs, que nous n'avons aucun intérêt d'agir au détriment de la Religion Catholique, mais que nous la refpectons; que pour preuve de notre fidélité envers le Roi notre Maître, de notre amour pour la Patrie & pour le foutien de la liberté générale, nous fommes prêts à facrifier nos biens & notre fang ; en foi de quoi, nous avons signé le présent manifeste, en nous réservant le pouvoir de le changer, de l'augmenter ou de le diminuer autant que besoin sera.

[53] *Déclaration du Roi de Prusse en faveur des Dissidens.*

Sa Majesté le Roi, & la République de Pologne, ont jugé à propos de faire déclarer à Sa Majesté le Roi de Prusse & aux autres Puissances qui se sont intéressées à la derniere Diète de la Pologne, pour le rétablissement des Dissidens & des Grecs, en réponse aux représentations qui ont été faites en leur faveur, que l'on maintiendroit les Dissidens & non unis dans tous les droits & libertés qui leur étoient favorables & qui leur avoient été accordées par les loix de Pologne, nommément par la Constitution de 1717, aussi bien que par les traités. L'article second du traité de paix d'Oliva & la déclaration des Ministres Suédois sur cet article, acceptée & ratifiée par le Roi & la République de Pologne, ont assuré, non-seulement aux Villes de la Prusse Polonoise, mais aussi à tous les Dissidens de la Pologne & de la Lithuanie en général, tous les droits spirituels & temporels, dont ils ont été en possession avant la guerre qui finit par le traité d'Oliva, & c'est précisément la Constitution de

1717, qui a privé les Diſſidens de leurs anciens droits. Il eſt donc ſurprenant qu'on ait combiné dans la réponſe des traités & des Conſtitutions, qui ſont en contradiction manifeſte, & qu'on n'ait pas obſervé en même-tems que les Conſtitutions unilatérales, faites par la République, ne ſauroient déroger aux traités qu'elle a conclus avec les États voiſins. Il n'eſt pas moins extraordinaire qu'on ait pris le parti de renvoyer dans cette déclaration, les plaintes des Diſſidens à la déciſion des Évêques. La condition des Diſſidens devient par-là plus mauvaiſe qu'elle ne l'a été juſqu'ici. On remet leur ſort entre les mains d'un Corps qui a toujours été leur partie adverſe, qui leur a ſuſcité tout le mal dont il ſe plaignent, & qui, par ſon état, ne ſauroit leur être favorable. C'eſt une nouvelle atteinte portée aux Conſtitutions du Royaume & aux droits des Diſſidens, que de vouloir les ſouſtraire à la juridiction ſéculiere, dont ils doivent reſſortir, pour les ſoumettre à celle du Clergé. Ce peu d'obſervations ſuffit pour faire voir que les principes, adoptés & établis dans la réponſe ci-mentionnée de la Cour de Pologne, ſont également contraires aux Conſtitutions du Royaume, aux traités & liens d'amitié qui ſubſiſtent entre le Royaume de Pologne & les États voiſins. Sa Majeſté le Roi de Prusse ne sauroit dissimuler à Sa Majesté le Roi & la République de Pologne combien elle est surprise du contenu de ladite réponse & combien elle est sensible au peu d'égard qu'on a eu pour ses représentations. Sa Majesté croit entrevoir que, depuis le dernier interrègne, il subsiste encore, dans l'intérieur de la Pologne, un germe de dissention & de troubles, & elle est convaincue qu'il est nécessaire de prendre des moyens propres à y remédier; l'injustice qui vient d'être faite aux Dissidens, est trop forte, pour que Sa Majesté ne se voie pas obligée d'aprouver le parti qu'ils viennent de prendre de se former en confédération pour appuyer leurs droits & qu'elle ne se trouve pas engagée, en même-tems, à applaudir à la puissante protection que Sa Majesté, l'Impératrice de Russie, leur a accordée à cet effet. Sa Majesté Prussienne ayant agi jusqu'à présent de concert avec cette Souveraine dans tout ce qui concerne les affaires de Pologne, elle déclare qu'elle regarde le rétablissement des Dissidens, pour le cas de la garantie du traité d'Oliva, dont elle est chargée, aussi bien que de l'alliance qui subsiste entre elle & l'Impératrice de Russie, & qu'elle ne sauroit s'empêcher de prendre en conséquence des mesures avec Sa Majesté Impériale, pour prévenir cependant toutes les suites fâcheuſes, qui ne pourroient que réſulter d'une plus longue continuation de troubles en Pologne & d'un déni de ſatisfaction pour les Diſſidens; Sa Majeſté croit devoir conſeiller à l'Illuſtre Nation Polonoiſe, de s'aſſembler dans une Diète extraordinaire pour la pacification générale entre tous ſes membres, & elle ſe flatte que ce conſeil ſera regardé comme une nouvelle preuve de l'amitié invariable qu'elle a pour la République de Pologne & de l'intérêt ſincere qu'elle prend à ſon bien-être.

Ce ſont les ſentimens de Sa Majeſté le Roi de Pruſſe ſur la ſituation préſente des affaires, leſquels le ſouſſigné a ordre d'expoſer à Sa Majeſté le Roi & à la République de Pologne, & dont il s'acquitte en ſe recommandant à leur bienveillance.

[53 bis] *DÉCLARATION de l'Impératrice de Ruſſie en faveur des Diſſidens.*

SA Majeſté Impériale n'a épargné aucun ſoin pour remédier au fâcheux état où ſe trouve actuellement la République de Pologne à l'occaſion des triſtes effets de l'oppreſſion que les Diſſidens ſouffrent depuis ſi longtems de la part de leurs concitoyens. Il eſt aiſé de reconnoître, par les démarches qu'elle a faites pour prévenir une rupture funeste pour les deux parties de la Nation, égales dans leurs droits, mais dont l'une plus nombreuse que l'autre, s'est attribué, par des abus réitérés, un si haut degré d'autorité, jusqu'à dépouiller les citoyens de toutes leurs prérogatives & les réduire à une condition servile. Il est aisé, dis-je, de reconnoître que la qualité, toujours prépondérante, de voisine & d'amie, ne le cédoit point, dans l'esprit de Sa Majesté, à celle de garante des traités, & que la voix de la douceur & de la reconciliation fut toujours ce qu'elle parut préférer pour le parfait accomplissement des engagemens de sa Couronne.

L'inutilité de ses représentations & les résolutions prises, de mettre en exécution les actes qui tendent à l'anéantissement des Dissidens, ont donné lieu à Sa Majesté de ne plus douter, depuis la derniere Diète, que tôt ou tard elle ne fût obligée de s'intéresser efficacement à une affaire qui menace la Nation Polonoise d'un désordre général. La Cour de Petersbourg a publié, dans un exposé, les motifs du vif intérêt qu'elle prend au rétablissement des Dissidens. Elle a, comme ci-devant, mis sous les yeux de toute l'Europe la justice incontestable de cette affaire, que l'Impératrice a si souvent recommandée & que Sa Majesté s'est engagée à maintenir.

Lorsque

Lorsque la derniere espérance des Dissidens s'évanouit par le peu d'égards que la derniere Diète eut pour les instances de l'Impératrice & des Puissances garantes ; lorsque le sort des Dissidens, loin d'être adouci par des intercessions aussi fortes en leur faveur, devint plus effrayant par les Constitutions de cette Diète ; lorsque malgré les représentations de l'Impératrice, la même Diète confirma tout ce qui avoit été statué contre eux en différens tems ; les Dissidens, dans ce cas de nécessité qui ne leur présentoit que la perspective d'une ruine entière, ont eu recours au seul moyen que leur suggéroit la nature, la raison & la forme de leur Gouvernement, en prenant le parti de se confédérer pour secouer le joug de l'injustice & se garantir de la persécution.

Dans cette confédération, autorisée par les loix, par l'exemple de leurs ancêtres, par celui des autres parties de la Nation, chaque fois qu'un danger imminent est à craindre, ils ont reclamé la protection que l'Impératrice de toutes les Russies, en vertu du traité de 1686, doit à ceux de sa Religion, qu'un même intérêt, un même besoin unit avec les autres Dissidens pour bonheur commun.

La nécessité & l'équité de cette protection sont de la derniere évidence, si l'on considere l'état où étoient les sujets de l'Église Grecque au tems du traité par lequel la Russie stipula le maintien de sa Religion. Cinq Évêchés dénommés pour être maintenus & conservés, se trouvent aujourd'hui réduits à un seul. Seroit-il possible que cette réduction fût produite par d'autres causes que les persécutions multipliées, au mépris d'une stipulation, qui devoit mettre les Prélatures Grecques à couvert de toute contrainte.

Sa Majesté Impériale, obligée à faire observer des arrangemens contractés si solemnellement, ne peut se refuser à la demande que les Dissidens font de ses secours ; mais en y déférant, elle le fait avec les égards, les ménagemens & la circonspection que sa qualité d'amie sincère de la République exige d'elle.

En vain cherchera-t-on à couvrir du nom odieux de trouble de Religion la Confédération des Dissidens & l'intérêt qu'y prend l'Impératrice ; en vain voudroit-on faire croire qu'elle a le dessein d'opprimer celle qui domine en Pologne, puisqu'il est évident que l'esprit de la dernière Diète, avoit pour objet le maintien des avantages pour le moindre nombre possible des citoyens Nobles de la République, en excluant les Dissidens, & non le soin de la conservation de la Religion Catholique.

L'Impératrice ne peut voir sans attendrissement le bonheur d'un État, auquel elle prend tant d'intérêt, attaqué dans ses fondemens par la séparation forcée d'une sixième partie des citoyens du Corps de la Nation, & les tristes suites que cette situation violente peut entraîner après elle. Ce n'est pas avec moins de douleur qu'elle se représente que ce n'est pas-là le seul point qui divise la Nation Polonoise, & qu'elle couve depuis quelque tems, dans son sein, les semences de discorde qui menacent à tout moment la tranquillité publique. Pendant l'interrègne, (tems où le Gouvernement n'a qu'une Constitution précaire) on est forcé de laisser sans activité certaines loix, d'en changer d'autres, d'en introduire souvent de nouvelles. Ce malheur cessant, par l'élection d'un chef de la Nation, il est naturel alors que tout rentre dans l'ordre & que la soumission aux anciennes formes rassure la constitution de l'État sur ses premiers principes. Il n'en a pas été ainsi à la suite du dernier interrègne; des esprits qui s'étoient bien trouvés du Gouvernement, sous le lien d'une confédération, ont mis tout en œuvre pour prolonger cet état extraordinaire, toujours à charge aux loix fondamentales.

Les vrais Patriotes ont gémi de cette contrainte, mais d'un autre côté ils s'estimoient heureux, & félicitoient, même intérieurement, leur Patrie de ce qu'on ne la faisoit pas servir à autoriser des entreprises contre la liberté. Leur étonnement doit n'avoir pas été médiocre lorsqu'ils se sont apperçus, par les innovations proposées dans le cours de la dernière Diète, que le but de cette prolongation n'étoit que pour faciliter l'altération des principes du gouvernement & donner des entraves à la liberté des voix, en introduisant la pluralité dans des points aussi essentiels que la disposition des biens des particuliers & des forces de la Nation. Tous ceux & même les plus considérables de la Nation, qui ne se sont pas trouvés à cette Diète, avoient apparamment prévu quelles seroient les tentatives d'un parti décidé à la domination dans un pays libre. Ils ont mieux aimé se retirer des affaires, que d'être témoins des atteintes que l'on vouloit porter à la liberté de leur Patrie.

Une Diète assemblée pour décider les affaires les plus importantes, & sur-tout celle des Dissidens, si intéressante pour la Nation par son influence dans l'intérieur & sa considération au dehors, à cause de ses protecteurs, devoit être examinée avec la plus mûre délibération. Cependant on a vû à cette Diète l'espoir de dominer, gagner l'influence à tel point, que ceux mêmes, qui étoient les plus capables, par leur expérience consommée, de guider la République dans une circonstance aussi délicate, se sont trouvés dans le cas de suspendre leur activité & de laisser emporter au torrent de l'ambition toute considération & ménagement dans les résolutions. Ce n'est qu'à l'éloignement des uns & au silence des autres, que l'on doit imputer l'irrégularité avec laquelle on a renvoyé à des Évêques, qui n'ont aucune autorité actuelle, qui ne peuvent porter de constitution & qui sont regardés, à juste titre, comme la partie directe des Dissidens, à prononcer sur leur sort.

Sa Majesté Impériale n'insistera point sur le danger auquel la République s'est exposée de perdre l'amitié des Puissances les plus respectables, par une démarche aussi contraire aux formes prescrites de la législation en Pologne, qu'aux égards d'une pratique constante entre les Cours. Elle ne veut point être soupçonnée d'agir par ressentiment, quand l'amitié seule & l'humanité guident l'usage qu'elle veut faire de la puissance que Dieu lui a confiée. Sa Majesté Impériale déclare donc, qu'affligée sincèrement des troubles auxquels la Pologne est en proie, & compatissant aux malheurs des Dissidens, elle prend sous sa protection la Confédération par la quelle ils viennent de s'unir pour obtenir justice de leurs concitoyens, comme elle le doit par les engagemens de sa Couronne; que, joignant à ce titre celui de co-opératrice aux moyens d'assurer la liberté, la tranquillité & le bonheur des citoyens, reclamée par toute la Nation, elle n'a en vue que d'amener les choses au point, qu'exigeoit un arrangement satisfaisant pour tous les partis qui se trouvent désunis; qu'elle ne veut point être considérée uniquement comme une Puissance qui veut faire respecter sa garantie, parce que le soin de sa dignité n'est pas plus puissant sur son cœur que le devoir sacré de l'humanité.

Dans ces dispositions, également fondées sur ses sentimens pour la République & sur ses devoirs, l'Impératrice propose au Roi, à la République & à tout Noble Polonois en particulier, d'entrer, avec une candeur égale à la sienne & avec ce zèle patriotique qui caractérisa dans tous les tems la Nation Polonoise, malgré toutes les vicissitudes qui auroient pu lasser la patience d'un peuple moins constant, dans une confédération sérieuse & refléchie de l'état actuel de la Patrie, & d'arracher, une fois pour toutes, cette pierre d'achoppement à la liberté, à l'égalité, & à la félicité des citoyens, en réglant les griefs des Dissidens par les voies de la conciliation & comme il convient à des frères de se rendre justice.

S. M. Impériale invite en même-tems la Nation Polonoise à refléchir sur cet éloignement des principaux membres de l'Etat, sur la division sensible dans la République, sur l'accroissement que cette division a pris depuis les entreprises de la dernière Diète, sur la perspective des maux à venir, si l'on ne prévient à propos de pareilles tentatives & si l'on ôte l'espérance du succès à ceux qui veulent élever leur puissance sur les ruines de la liberté publique. Intimement persuadée que l'Illustre Nation Polonoise donnera à ces objets l'attention qu'ils méritent, Sa Majesté Impériale lui propose avec cette assurance inséparable d'une amitié aussi constante, aussi pure & aussi désintéressée que la sienne, & comme le seul moyen de les regler d'une manière qui assure son bonheur sur un fondement solide, de s'assembler extraordinairement en Diète pour pacifier les troubles de l'État, rendre justice à chacun & tarir la source de tout mécontentement.

Les traités, qui assurent à ceux de la Communion de Sa Majesté l'exercice de leur Religion, font une loi de protection qu'elle accorde à la Confédération des Dissidens, & c'est pour la remplir, qu'elle a ordonné de renforcer le corps de ses troupes qui est resté en Pologne depuis l'interrègne, & où il a servi si utilement pour le maintien du bon ordre, afin de prévenir les désordres auxquels le moyen qu'ils viennent d'employer pour empêcher leur ruine, pourroit les exposer.

Sa Majesté Impériale a trop de confiance dans sa façon de penser & dans la justice qui lui est due, pour craindre qu'on suppose à cette démarche le but d'autoriser aucune entreprise contraire aux loix, ou à la nature du Gouvernement Polonois. Tout ce qu'elle desire est de prévenir qu'aucun parti n'attaque l'autre, qu'un citoyen ne verse le sang d'un compatriote. La Confédération des Dissidens se conformera à ce systême de paix, dans la persuasion de trouver dans leurs concitoyens des dispositions à écouter la voix de l'égalité, sur laquelle est fondée leur union avec eux, & elle ne pourra s'en écarter qu'au risque de perdre la protection de Sa Majesté Impériale & de voir tourner contre eux-mêmes des forces qui ne sont destinées qu'à leur salut, comme citoyens opprimés.

Cependant, cette modération doit être regardée dans son vrai point de vue, & n'être attribuée qu'à l'éloignement sensible de l'Impératrice pour toute voie de fait, éloignement qui sera toujours dans son cœur & qu'on ne lui verra changer qu'à la derniere extrémité. L'Impératrice demande & attend que le reste de la Nation, dont elle ne souhaite pas moins le bonheur, (quoique dans ces momens ses soins plus particuliers soient pour ceux que les traités ont mis sous sa protection), adoptera pour lui-même ces principes de concorde & d'humanité & ne la forcera pas, par une aggression, à des moyens qui lui répugnent. Sa Majesté Impériale ne sauroit l'y exhorter assez sérieusement, & elle déclare que tout Polonois, qui, en haine de la Confédération des Dissidens & des secours qu'ils obtiennent de sa générosité, les attaqueroit dans leurs biens, ou leurs personnes, sera regardé par elle comme celui qui provoque sa Patrie à une guerre intestine, & que ses troupes ont ordre, non-seulement de repousser toute violence, mais encore de poursuivre les aggresseurs & de les forcer à une réparation complette de tous torts & dommages qu'ils auroient pu causer. L'Impératrice attend de la sagesse du Roi & de celle des principaux de la Nation, chargés sous ses ordres des différentes parties du Gouvernement, qu'ils préviendront une guerre civile, si funeste pour la Pologne, en recommandant la paix & en disposant une partie de la Nation à traiter avec l'autre sur des points qui les divisent.

Il s'agit entre elles d'un objet de droit public, devenu commun entre leur Patrie & d'autres Puissances qui ont contracté avec elle ; droit presqu'anéanti par les Constitutions civiles d'une partie de l'État, & sur lequel l'Impératrice a demandé & demande encore qu'il soit convenu par la voie de la négociation, afin d'assurer les Dissidens, par le libre exercice de leur Religion, contre des persécutions suivies, & de déterminer la part qui peut leur convenir dans l'administration de l'État & dans les avantages de la Couronne. Il n'y a, dans un tel dessein, rien qui doive alarmer la Communion Catholique. Le rétablissement des Dissidens, dans les charges de l'Etat, est purement civil & ne touche point à la Religion.

Si l'on craignoit que l'autorité dont ils jouiront, toujours circonscrite par les loix, ne diminue, ou l'autorité ou le nombre des Catholiques, l'expérience de ce qui est déja arrivé, doit faire disparoître cette crainte. Il suffira de se rappeller, que bien loin qu'une telle diminution ait eu lieu dans le tems qu'ils la disputoient en puissance aux Catholiques, & qu'ils avoient une part égale à l'administration, ce sont eux au contraire qui ont été affoiblis, réduits à un petit nombre & privés de tous leurs droits.

Le parti que S. M. Impériale propose, est le plus convenable à sa dignité & aux intérêts de la République, Elle ne doute point que tout bon Patriote n'entre dans ses vues; mais afin que la crainte ne l'empêche pas de le manifester, Elle déclare que sa protection n'est pas bornée aux seuls Dissidens, & que tout Polonois, qui accédera à ce plan, doit, dès le moment même, en jouir de fait & de droit. Le Nation Polonoise ne sauroit le rejetter, sans blesser la confiance qu'elle doit à l'Impératrice, qui ne balancera pas dans cette occasion à proposer sa générosité pour exemple à ceux pour qui l'amour de la Pologne est un devoir. Elle rapporte ses desirs à voir la République libre, heureuse & tranquille, & elle ne doute point d'y réussir, si la Nation Polonoise accepte l'offre qu'elle fait d'une conciliation par les bons offices & sous les auspices d'un secours qui ne sauroit lui être suspect, après l'exemple récent de ce qu'elle a fait pour elle.

L'usage que Sa Majesté Impériale a fait de sa puissance, pour empêcher que la Nation Polonoise ne fût en proie aux divisions, pendant l'interrègne, elle le fera dans une occasion où sa tranquillité & son bonheur ne sont pas moins danger. Les avantages qu'elle en retirera alors seront encore les mêmes ; la satisfaction de faire le bien ; la gloire de voir une Nation voisine & amie lui devoir une partie de son bonheur ; la considération de toute l'Europe, qui la verra fidèlement attachée à ce principe, qu'Elle a pris pour règle de toutes ses actions ; la confiance publique, acquisition la plus importante qu'un État puisse faire. Cette confiance, l'Impératrice la demande & croit la mériter du Roi & de la Nation Polonoise, qui doit se porter, avec d'autant plus de bonne volonté, à un arrangement tel que Sa Majesté le propose, que la plus grande partie doit voir clairement que le même voile de de la Religion, dont l'esprit d'intérêt & de domination s'est servi pour dépouiller successivement les Dissidens de tous leurs droits temporels, a encore été employé pour faire illusion à la derniere Diète & empêcher un établissement, aussi juste dans son principe, que légitime dans les moyens mis en usage pour le procurer.

L'envie feroit des efforts inutiles pour prêter à l'Impératrice aucune vue particuliere contre l'indépendance & les intérêts de la République. Elle se croit au-dessus de tout soupçon, & ce n'est que par un surcroît d'attention & pour se prêter à la délicatesse d'un Gouvernement Républicain (délicatesse, qu'on lui verra toujours respecter) qu'elle déclare qu'elle ne demande rien à la Pologne ; qu'elle ne forme aucune prétention sur elle ; que loin de chercher son aggrandissement dans les troubles qui l'agitent, elle n'a en vue que de les arrêter encore, au moment même où l'éclat en paroît inévitable ; que si malgré ses soins, malgré l'invitation qu'elle fait par la présente, à la Nation Polonoise, pour une pacification si nécessaire & si avantageuse, l'esprit de parti & de discorde, venoit la précipiter dans les malheurs & les embarras d'une guerre civile ; & si, à cette guerre, il s'en joignoit une étrangère, qui fît craindre pour ses possessions, Sa Majesté lui en garantit l'intégrité ; qu'elle ne consentira à aucune paix au-dehors, que sur ce pied-là, comme elle ne cessera de faire tous ses efforts pour que dans l'intérieur, les choses soient amenées au point que le desire le bonheur de tous les citoyens d'un Etat libre & indépendant.

[54] *LETTRE de M. Panin, Conseiller intime de l'Impératrice de Russie, au Prince Repnin, en lui envoyant la Déclaration ci-dessus.*

MONSIEUR,

LA derniere Diète de Pologne a laissé les affaires à un point qui ne permet pas à l'Impératrice de différer à faire connoître ses sentimens à la République, sur les dangers qui la menacent. Le projet de détruire l'équilibre du pouvoir sur lequel repose la liberté, s'y est trop démasqué, pour que tout bon Polonois ne l'ait pas apperçu ; on en a jetté les fondemens pendant l'interrègne, principalement par l'établissement des commissions du Trésor & de la guerre, sous le spécieux prétexte de limiter l'autorité d'un seul, dans les quatre charges les plus importantes de l'État. Si l'objet étoit resté dans ses bornes, les vrais patriotes auroient eu moins de sujet de s'alarmer d'une nouveauté de cette nature dans leur Constitution fondamentale ; mais en y proposant la pluralité pour les deux points, qui font la différence d'une République à une Monarchie, à l'abri d'une interprétation arbitraire de la Constitution de ces commissions, on a osé proposer à la Nation, l'altération la plus grave à son Gouvernement, comme une chose qu'elle auroit déja admise & confirmée. Si l'ambition n'a pas douté de pouvoir faire illusion à la Nation entière, sur une atteinte aussi manifeste à ses droits, il n'est rien qu'on ait à en attendre pour l'avenir. La force de l'intérêt de la Patrie a, à la vérité, confondu ses vœux & ses efforts, même dans une Diète peu propre à lui résister. Cependant on ne l'a pas moins vue s'y retourner heureusement du côté des Diétines & faire un pas décisif vers l'accroissement de son pouvoir par l'introduction de la pluralité pour l'élection des Commissaires & des Nonces.

La conséquence de cette innovation, ne pouvoit manquer de jetter l'abattement dans une Nation jalouse de sa liberté & de son indépendance. Déjà Sa Majesté Impériale est informée de l'éloignement de plusieurs membres distingués de l'État, rebutés par la difficulté d'arrêter le torrent, mais incapables de se prêter aux vues, qui menacent la liberté de leur Patrie. Qu'on ne se figure point que l'esprit, qui cherche à élever sa puissance, ait été fâché d'avoir une affaire aussi importante que celle des Dissidens, à occuper la Nation afin de détourner toute son attention de ce côté-là & de la rendre plus indifférente sur ses entreprises. C'est parce que cette affaire, du côté du temporel, est défavorable au dessein de restreindre toujours le pouvoir au plus petit nombre, qu'on l'a représentée si adroitement du côté du spirituel & qu'on a voulu en faire, aux yeux du peuple, une affaire de Religion.

Qu'on ne s'y méprenne point. Le rétablissement des Dissidens devient peut-être plus nécessaire qu'on ne pense, aux Catholiques mêmes, pour faire revivre les principes d'une égalité qui disparoîtra insensiblement, si on n'anéantit pas l'esprit qui a présidé aux délibérations de la derniere Diète, & si l'on n'établit pas un rempart solide contre toute attaque à la liberté. Est-il un moyen plus naturel & plus sur pour y réussir, que la convocation d'une Diète, dans l'esprit que Sa Majesté Impériale le propose par la déclaration qu'elle vous ordonne de présenter au Roi & de la rendre publique dans toute la Nation ? Sa Majesté y dit ce qu'elle pense & elle a droit de le dire. Elle prévoit des malheurs qu'aucun Patriote ne peut se dissimuler & elle est autorisée par la République même à les prévenir. L'ambition n'appellera point le fanatisme à son secours, pour donner le titre odieux d'entreprise contre la Religion Catholique, aux mouvemens de Sa Majesté pour faire rendre à une partie de la Nation, la qualité de citoyens au moment d'une pacification générale. Une Religion, professée par un Souverain,

rain, & par la partie la plus considérable de la Nation, est un objet digne de l'attention de l'Impératrice, & elle saura toujours distinguer une Religion de ce caractère, d'avec les différentes Religions des autres citoyens.

Loin de desirer qu'il puisse être porté quelque atteinte, ou à son pouvoir, ou à l'uniformité de son culte, Sa Majesté Impériale seroit la premiere à la défendre, si elle étoit attaquée, parce que la Religion dans un l'État, ne sauroit être ébranlée sans donner une secousse à tout le Corps. En traitant le rétablissement des Dissidens, avec les autres points qui divisent la Nation, par la voie que Sa Majesté Impériale propose, elle ne se refusera à aucune des sûretés, que la prudence pourra conseiller pour empêcher qu'aucune des Religions, admises en Pologne, n'étende ses droits au-delà des bornes prescrites.

Le culte auquel les Dissidens sont attachés, doit être indifférent à la Nation, mais les avantages temporels, qui naissent de la condition de citoyen, pourront déplaire à quelques ambitieux, pour lesquels l'égalité est un joug difficile à porter. Cette considération même s'évanouira, si l'on réfléchit seulement que la proportion, une fois fixée sur la nombre des citoyens de différentes Religions, par rapport aux repréſentans de la Nation dans la perſonne des Nonces, n'influe en rien ſur la conſtitution politique de l'État, & que, par rapport aux charges, le Roi, qui ſeul a le pouvoir d'y nommer, ne ſauroit jamais être préſumé tenir, dans la diſtribution de ſes graces, une balance préjudiciable à ceux de ſa Religion.

Sa Majeſté Impériale parle du rétabliſſement des Diſſidens, comme d'une choſe particulièrement deſirée par les traités entre ſa Couronne & la République; mais elle ſent auſſi combien il importe de préſerver la République du renverſement de ſes Conſtitutions, que l'on voit s'avancer aſſez rapidement, & de rétablir l'union entre les citoyens, entre ceux qui fondent leurs eſpérances ſur les nouveautés, auxquelles ils prêtent leur aſſiſtance & ceux qui y réſiſtent en patriotes zélés, mais qui n'ont pas le pouvoir de le faire avec ſuccès; le germe de ces diviſions ſe trouve dans l'interrègne même. Les affaires alors ont été formellement recommandées à l'aſſiſtance de Sa Majeſté Impériale, qui s'eſt engagée à les conduire à une fin heureuſe pour la République. Sa promeſſe eſt un lien dont aucune conſidération ne peut la dégager & dont elle ne ceſſera de ſe faire un devoir, juſqu'à ce que la République entière, après avoir pacifié l'État, lui ait fait connoître, par le bonheur & le repos de tous les citoyens, qu'il ne lui reste plus rien à desirer de ses secours. Quelque Sa Majesté Impériale ait déja rendu des services essentiels à la Nation Polonoise, elle n'en verroit pas moins se convertir en regrets, la satisfaction personnelle qu'elle doit en ressentir, s'il pouvoit s'élever le moindre soupçon que c'est à l'ombre de ses secours qu'a été conçue la hardiesse des entreprises contre la forme du Gouvernement. Ce n'est qu'en offrant ses bons offices à la République, pour en effacer jusqu'à la moindre trace, qu'elle se croira à l'abri de tout reproche sur un point aussi délicat.

C'est donc pour discuter tous les objets à la fois, que l'Impératrice propose à la Nation Polonoise de s'assembler en Diète de pacification, & si l'ambition a déja gagné une supériorité, assez décidée pour empêcher une assemblée si contraire à ses vues, Sa Majesté Impériale invite tout Noble Polonois, qui compte pour quelque chose le salut de sa liberté, à se joindre à elle par une union où le zèle patriotique & l'attachement aux loix fondamentales puissent statuer, indépendamment de tout, le moyen de remédier aux maux présents & de garantir l'Etat pour l'avenir. L'Impératrice laissera volontiers la Nation Polonoise, le juge d'un tel dessein, assurée que l'esprit de parti, ne prévaudra pas sur l'amour de la Patrie, pour lui faire illusion sur les démarches de Sa Majesté. C'est à elle à montrer, si elle est jalouse de ses droits, & à sentir s'il lui est plus sûr de plier sous les efforts de l'ambition, que de se prêter avec confiance aux moyens de la réprimer, que lui propose une Souveraine, aussi fidelle que généreuse, dans les secours qu'elle donne à ses amis.

Voici, Monsieur, ce que vous avez à dire & à déclarer à tous ceux qui desirent être plus spécialement informés des principes & des règles que Sa Majesté Impériale suit dans ses démarches; &, si les circonstances le demandent, je vous autorise à rendre publique cette lettre, dans tout son contenu, persuadé qu'aucun trait de la conduite de notre Souveraine n'en démentira, ni l'esprit, ni les expressions.

J'ai l'honneur d'être, &c.

[55] *MANIFESTE des Confédérés de Thorn. Du 24 Mars 1767.*

Nous, Diffidens d'entre la Nobleffe, habitans du Royaume de Pologne, nous voyant expofés à perdre ce qui nous refte de droits à l'humanité, foit par préjugé ou par excès de haine, accablés de perfécutions, abandonnés à la mauvaife foi de nos ennemis, le cœur navré de douleur, & n'ayant d'autre refuge qu'en la juftice de Dieu, nous mettons encore notre confiance, & l'équité de notre caufe, fous les yeux de l'Illuftre République : Et par ce préfent manifefte nous expofons les droits qu'on nous a ravis fans fujet & avec la derniere violence, jufques-là qu'en brifant la chaîne qui unit les citoyens les uns aux autres, nous fommes menacés d'une ruine entière. Si l'on remonte à l'année 1717, (époque de nos malheurs) on verra qu'il ne s'eft pas tenu une Diète dans la République que nous n'y ayons été perfécutés & dépouillés, & que notre innocence, chargée d'accufations, a toujours fervi de prétexte à la calomnie & à l'oppreffion. Nous déclarons que l'efprit de méchanceté ne nous a jamais excités, mais que pouffés à bout par des véxations multipliées, nous en sommes venus à cette résolution, puisqu'au lieu de voir notre condition adoucie, on l'a si fort appésantie dans la derniere Diète, qu'outre les termes les plus outrageans, dont on s'y est servi, outre les calamités énormes que l'on y a réitérées dans les suffrages, jusqu'à inspirer de l'horreur, toute espérance d'un rétablissement desiré s'est évanouie.

Maintenant que notre patience surpasse de beaucoup l'injustice qui nous est faite, nous protestons, en premier lieu, contre la dure Constitution, qui a pour titre, *la Sainte Religion Catholique*; & marquons la juste amertume que nous cause cette expression inusitée qui s'y trouve: *Nous voulons que la Sainte Religion Catholique Romaine soit remise en fureté de la manière la plus efficace contre les Désunis & les Dissidens;* & cela comme si nous n'étions pas conchoyens, mais étrangers, & ennemis de la Religion Catholique Romaine. Depuis deux siécles que nous nous sommes établis dans cette Patrie, nous ne nous sommes jamais rendus coupables d'aucun attentat contre cette Religion & nous déclarons solemnellement, que nous sommes bien éloignés de pareilles vues, ne souhaitant rien plus que d'être rétablis dans la jouissance & le maintien de nos prérogatives & les libertés originales, qui nous ont été accordées par les Monarques & l'Illustre République de Pologne. Nous protestons aussi contre tout ce qui a été renouvellé & confirmé depuis l'an 1717, comme ne pouvant convenir à notre condition, & subsister avec la conservation des anciennes loix.

Nous protestons encore contre les articles, conçus en termes équivoques, au sujet du libre exercice de la Religion par les Archevêques & Évêques, non-seulement parce qu'ils sont absolument contraires aux Constitutions de nos Églises, telles qu'elles étoient dans les tems antérieurs, mais à cause que, suivant ces articles, la seule tolérance du culte des Dissidens s'y trouve stipulée, comme dépendant uniquement de la volonté des Archevêques & Évêques & non de toute la République, selon le sens des loix; comme aussi parce que les Archives ne renferment qu'une simple copie au lieu de l'original qui en a été tiré pour pouvoir plus facilement en contester l'autenticité; ce qui, par conséquent, a ôté toute sûreté aux Dissidens.

Attendu ces raisons & autres motifs, & afin de nous mettre à couvert de toutes violences, & d'oppression sans bornes, nous demandons, fondés sur les anciennes loix, une nouvelle confirmation & le maintien d'une paix solide, affermie par tant de Constitutions.

[56] ACTE d'Accession des Villes de Thorn, d'Elbingue & de Dantzick, à la Confédération des Dissidens.

Nous, Bourguemaîtres & Conseillers des trois grandes Villes de la Prusse, Thorn, Elbingue & Dantzick, faisons savoir, par le présent acte, que toute la Noblesse Dissidente de cette Province & du Royaume de Pologne, ayant fait à Thorn, sous la protection de Sa Majesté l'Impératrice de toutes les Russies & de Sa Majesté le Roi de Prusse, le vingt Mars de l'année 1767, une confédération pour le maintien & le rétablissement de tous leurs droits spirituels & temporels, & ayant reçu pour Maréchal de cette Confédération, M. George-Guillaume de Goltz, Lieutenant Général des Armées de la Couronne & Starofte de Tuchel; nous avons été invités, par son Excellence, au nom de toute la Noblesse confédérée, par lettres circulaires, à accéder à ladite Confédération. Ayant donc vû, en outre, la déclaration de Sa Majesté Impériale de toutes les Russies, publiée par le Prince Repnin, son

Ambassadeur à Warsovie, par laquelle Sa Majesté assure tous les États & membres du Royaume de Pologne, de sa protection, pour le maintien des droits & immunités respectives de chacun; Nous, Bourguemaîtres & Conseillers des trois grandes Villes, après une mûre délibération, de l'aveu de tous les États respectifs de chaque Ville, considérant les nombreuses infractions de nos droits & priviléges ecclésiastiques & civils (chèrement acquis) contraires aux Constitutions primitives du pays & des Villes, & à la teneur des loix & priviléges; considérant aussi l'obligation dans laquelle nous sommes, eu égard au pays & aux Villes, de veiller au maintien des droits & immunités respectives de la Patrie, nous avons conclu d'accepter, avec le respect le plus profond, la déclaration de Sa Majesté Impériale, en vertu de laquelle elle veut bien s'employer pour le rétablissement de nos droits & de prendre part à cette Confédération, vû qu'elle est tout-à-fait différente des confédérations ordinaires, dans lesquelles les Villes n'ont pas coutume d'entrer; comme en effet, moyennant & en vertu du présent acte, nous accédons & nous prenons part à celle-ci, pour le rétablissement & la conservation de tous nos droits spirituels & temporels. En conséquence nous nous engageons à agir de concert en tout ce qui concerne les droits Ecclésiastiques & politiques de la Province de Prusse, tant de la Noblesse que des Villes, & à employer tout notre pouvoir, nos biens & nos vies pour le rétablissement, la conservation & la défense de ces droits, & à ne nous séparer en aucune façon de cette confédération, jusqu'à ce que sous la puissance de Sa Majesté Impériale & des autres garants de la paix d'Oliva, les droits spirituels & temporels de tous en général & de chacun en particulier, soient entièrement rétablis & ayent repris leurs anciennes forces. Néanmoins nous protestons que nous persévérons inviolablement dans notre devoir & dans la fidélité due & jurée à Sa Majesté le Roi, notre très-gracieux Maître, nous réservant la jouissance parfaite de tous nos droits & immunités. En foi de quoi, nous appolons les Sceaux ordinaires des trois Villes.

[57] *Harangue de M. Paul Ronopnice Grabowsky, Starofte de Czersko, & Député de la Confédération de Thorn. Du 28 Avril 1767.*

Les Diffidens des Provinces de la Pologne, unis par le lien d'une confédération, dont nous fommes les Députés & les Repréfentans, approchent du Trône de Votre Majefté. Ils s'y préfentent avec le plus profond refpect & avec toute la vénération qui lui eft due; ils paroiffent devant vous, Sire, pour mettre à vos pieds les deux boucliers, (fupplication & foumiffion) qui depuis tant d'années, leur ont fervi à fe défendre contre la perfécution & l'infortune. Ces Diffidens font ceux qui compofent la petite partie des fujets de la République; ceux qui fe conforment exactement aux loix civiles; ceux qui, quoiqu'ils n'aient jamais été accufés, ni convaincus d'aucun crime, font néanmoins reconnus pour coupables, exclus des emplois & des charges par voies de fait, fruftrés du bonheur de fervir leur Patrie, livrés à l'oppreffion & à l'injuftice; jufques-là même, que fous le gouvernement de Votre Majefté, lequel conftitue aujourd'hui la félicité de chaque habitant, les Diffidens feuls ne peuvent être heureux. Nos gémissemens, nos requêtes plaintives, portés depuis un demi-siècle dans chaque Diète à autant de personnes que la République a eu de Ministres, ont instruit toute la Pologne de l'excès de douleur que nous ressentons de l'injustice commise envers nous.

Cependant nous avons toujours espéré qu'enfin la République réuniroit, rétabliroit & affermiroit en son lieu, en son rang, chacun des membres des loix fondamentales du Royaume, qui, ou par inadvertance s'étoient écartés du système d'une heureuse forme de gouvernement, ou qui en avoient été arrachés de force, afin que, selon la constitution essentielle de la Nation Polonoise, les concitoyens, comme enfants d'une même mère, vécussent tous en commun avec amitié & dans l'union; qu'ils participassent également aux prospérités de l'Etat & en partageassent entre eux les disgraces. Mais, Sire, quel esclavage opprime les Dissidens parmi un peuple libre! Quelle inégalité entre ceux qui, par leur naissance, ont droit d'être parfaitement de niveau avec les autres! Il est permis aux Dissidens, de même qu'à leurs concitoyens, de reconnoître, dans la personne de Votre Majesté, un Souverain, un sage Monarque, un Seigneur capable de gouverner l'Univers entier. Il leur est permis de comtempler cette lumière, qui, au milieu de l'éclat éblouissant de toutes les vertus & d'éminentes qualités, répand des rayons de justice & de compassion; mais il ne nous appartient pas d'éprouver par une agréable expérience les effets de ces rayons, qui échauffent la plus grande partie des sujets de Votre Majesté. Il nous est permis d'être près de l'abondante source des graces & des faveurs, mais on ne nous permet pas d'y puiser les bienfaits qui en découlent. Il nous est permis de remarquer en notre Monarque des talens extraordinaires; oui, nous pouvons, par cette considération, concevoir de l'amour pour sa personne, sans que nous ayons occasion de lui témoigner par nos services, que non-seulement nous pouvons, mais nous voulons lui vouer notre attachement. Il nous est permis de reclamer les prérogatives de la noblesse & non de jouir des avantages qui y sont attachés. On ne nous défend pas de nous rendre capables de servir la Patrie, mais il nous est défendu de lui être utiles, en prenant place dans un lieu convenable parmi des gens de mérite. Enfin les Dissidens peuvent, autant qu'il est en eux, prendre part aux malheurs du Royaume & à l'impuissance du Pays, mais il ne peuvent profiter des avantages qui résultent de leur condition, de leur naissance & de leur liberté. Nous en appellons au témoignage de la République même, si cette différence, cette exclusion proviennent de notre faute. Notre conscience nous dit que bien loin de nous être rendus coupables d'aucun excès contre les devoirs de bon citoyen, nous brûlons du zèle de remplir ce que la République peut exiger de vertueux habitans, ce que la Patrie peut se promettre de fidèles sujets.

Cependant, sans égard à ces vérités, notre malheur n'a fait qu'accroître à la derniere Diète, par les résultats & les restrictions de chacun de ceux qui nous vouloient du mal. Dès-lors nous fûmes livrés à toutes sortes d'oppressions, malgré les priviléges des Illustres prédécesseurs de Votre Majesté, Souverains héréditaires de ce Royaume, & sur lesquels est fondée la réunion du grand Duché de Lithuanie, avec la Couronne de Pologne. Malgré le serment prêté par nos ancêtres de toutes Religions Chrétiennes, comprises sous le nom de Dissidens; malgré la multitude d'anciennes loix, confirmées par tant de Constitutions & par le serment solemnel des Monarques; malgré les conventions & les traités de paix avec les Puissances voisines; malgré tous ces obstacles, la haine a tellement déployé ses forces contre nous, (sans égard au libre exercice de Religion stipulé par les loix en notre faveur), que je ne sais sur quel principe inconnu de tolérance, nous nous sommes vus exposés à une entière ruine, à l'anéantissement & à des persécutions de toute espèce.

Animés du désir de remettre en vigueur les loix qui nous sont favorables & par amour pour la liberté de conscience, nous nous sommes unis à Thorn, le vingt Mars, & nous avons conféré le Bâton de Maréchal de notre Confédération, d'abord à M. de Goltz, Staroste de Tuchel, Lieutenant Général de l'armée de la Couronne; ensuite, après sa mort, au Général Major Auguste de Goltz, Staroste de Graudentz, uniquement pour maintenir dans leur force, les loix qui nous ont été données & d'obtenir la liberté de conscience pour rendre compte de nos actions au seul Créateur de notre Religion Chrétienne. En vain des personnes ennemies & mal-intentionées s'écrieroient que cette alliance est contraire au bien public, aux loix de la Patrie, à l'intérêt de l'État, ou à la forme de gouvernement du Royaume; en vain, dis-je, elles interpréteroient cette démarche pour un acheminement à la ruine de la Religion Catholique Romaine; loin de-là, nous reconnoissons que le Monarque, qui règne si heureusement sur nous, veille attentivement aux droits de cette Église; nous reconnoissons que la Religion Catholique tient le premier rang en ce Royaume. Oui, nous promettons que nous la regarderons toujours comme telle, lorsqu'elle voudra employer l'autorité & la prééminence que cette préférence lui donne, à protéger ceux qui, par la seule différence en matière de croyance & de culte qu'ils rendent à un seul & même Créateur, sont sujets à de violentes persécutions. Nous déclarons encore devant Dieu, le scrutateur des cœurs, que nous avons pour cette Religion le même respect qu'eurent autrefois nos ancêtres ; qu'ils nous ont transmis une sincère & inviolable fidélité pour nos Rois & pour nos Chefs, & qu'au milieu de cet aveu & des douceurs de votre gouvernement, du moins autant que notre oppression nous permet d'en goûter, nous sommes prêts, Sire, à sacrifier notre sang, nos vies, nos maisons & nos biens à la conservation de la dignité de Votre Majesté.

Permettez-nous donc, Sire, vous qui êtes le meilleur des Rois, permettez-nous de déplorer nos malheurs & daignez, par votre puissante protection, défendre, contre des injustices odieuses, vos enfans, des sujets qui vous sont fidèlement & inviolablement attachés ; qui de bon gré obéissent aux loix; qui servent la Patrie par penchant & qui toujours aspirent à lui être utiles, afin qu'à l'aide des moyens salutaires, la liberté que nous n'avons perdue

perdue par aucun crime, mais qui nous a été arrachée par une force supérieure, nous soit enfin restituée ; que les dissentions, les désordres qui se répandent au loin dans le Royaume, se terminent à l'avantage du bien public par le retour de la paix, & que tout soit tranquille sous votre puissante main, laquelle les Députés vous supplient, Sire, avec le plus profond respect, de vouloir permettre de baiser.

[58] *HARANGUE de M. Adam d'Oppeln Bronikowski, Député de la Confédération de Thorn. Du 28 Avril 1767.*

ENFIN cet heureux jour paroît, & ce moment désiré où il nous est permis d'approcher de Votre Majesté & de vous rendre, Sire, au pied de votre Trône & au nom d'une partie de vos sujets, le profond respect qui est dû à Votre Personne sacrée. Nous devons avec justice célébrer ce jour comme le plus beau de notre vie ; nous avons la liberté d'épancher nos cœurs sur nos plaintes, devant le Souverain juge du Royaume. Nous paroissons, Sire, en votre présence comme ôtages de nos freres, unis de cœur & d'âme pour constater par cette union les sentimens d'une parfaite fidélité, la plus douce inclination pour l'attachement inviolable à Votre Majesté, & de remplir tous les devoirs auxquels de fidèles sujets sont astreints envers elle ; commission dont nous, leurs Députés, sommes chargés de nous acquitter.

La Confédération de Thorn ose se promettre, Sire, de se rendre recommandable par ses services, sans causer de préjudice à personne. Sous le doux gouvernement de Votre Majesté, leurs vœux n'ont d'autre objet, pour le bonheur de la Patrie & les avantages de la paix, afin qu'à l'exemple de nos ancêtres, nous puissions vivre en repos & en sûreté. Considerez & reconnoissez, Sire, combien sont douloureuses les oppressions qui nous accablent, & lorsque vous en aurez pesé le fardeau, daignez, par votre puissante protection, le détourner de nous à l'avenir. Soutenez de votre appui nos forces trop épuisées pour supporter plus long-tems le faix de nos maux. Puisque d'ailleurs les Puissances voisines, soit en vertu des traités, soit par un effet de compassion, veulent bien s'intéresser pour nous, comment nous-mêmes pourrions-nous, Sire, ne pas mettre notre confiance en vous, qui êtes la bonté même.

Votre Majesté témoigne de l'amour pour ses sujets, elle saura nous tirer de l'injustice que l'on commet à notre égard. Il est bien plus glorieux, Sire, de sauver des malheureux, dont les vues pures & sincères, ne tendent qu'à maintenir la vraie liberté, que de les précipiter dans un abyme de malheurs. Tous nos Concitoyens applaudissent à Votre Majesté de ce qu'elle prend part à ce qui les regarde & leur donne des marques de faveur. Prosternés à vos pieds, nous vous supplions très-humblement, Sire, de nous faire éprouver également à nous, qui sommes vos fidèles sujets, les mêmes effets de vos graces.

[59] *Discours de M. Félicien de Relinowa Zoremba, Député de la Confédération du Grand Duché de Lithuanie. Du 28 Avril 1767.*

Nous, Dissidens, égaux à nos Ancêtres par nos mœurs, méprisés néanmoins & rejettés du sein d'une Patrie que nous aimons sans le moindre effet d'un retour réciproque; nous, qui dans nos malheurs insuportables, ne pouvons obtenir les effets de notre soumission & d'obéissance filiale; nous, qui nous voyons obligés de recourir à des moyens que la Providence, touchée de notre malheureux état, nous indique dans les loix de cette même Patrie contre différentes conjonctures, tant anciennes que récentes, nous n'avons pas besoin de faire un long discours, qui pourroit fatiguer l'oreille de Votre Majesté. Non, Sire, il n'est pas nécessaire de vous représenter le malheur dans lequel nous ont précipité & plongé l'infraction des loix, affermies sous le serment de fidélité, d'honneur & de conscience, prêté par les États de la République, au nom de leurs descendans à perpétuité. Il n'est pas besoin de mettre sous vos yeux la contravention aux sermens solemnels de nos Illustres Monarques & aux traités conclus avec les Puissances voisines, qui employent leurs armes pour notre sûreté & le maintien de nos libertés. Toutes les archives de la Pologne & du grand Duché de Lithuanie sont remplies de plaintes qui ont été portées dans nos Requêtes, aux prédécesseurs de Votre Majesté, ainsi qu'à elle-même & aux Illustres États de la République. Les différens Tribunaux, soit ceux auxquels nous n'annonçons pas le tort commis envers nous, ou ceux que nous en avons instruits à grand frais, sont témoins de cette vérité que nous ne pouvons obtenir aucune justice, sur-tout en matière de Religion, quoique les mêmes loix, dont nos concitoyens ont lieu de s'applaudir, se rapportent à nous, & quoique comme eux nous adorions le même Dieu.

Quelle est donc la différence entre des sujets égaux les uns aux autres ? Aucune autre, si-non que nous préférons la liberté de conscience à la liberté du corporel. Vous même, Sire, vous reconnoîtrez, par les lumières de votre sagesse, & à l'exemple du Roi Étienne, votre fameux prédécesseur de glorieuse mémoire, que vous êtes un Monarque qui régnez sur des peuples & non sur des consciences. Aucun de nos concitoyens ne peut avoir une idée vraie de notre oppression. Si son esprit est prévenu, s'il a le cœur ulceré contre nous, ou s'il manque de jugement & de capacité pour distinguer les anciennes loix, en notre faveur, d'avec les nouvelles Constitutions à notre préjudice ; rigueur dont on ne doit pas être étonné, puisqu'elles ont été données dans notre cause sans notre intervention. De sorte que depuis 1717, nos droits furent restreints d'une maniere inouïe à des bornes bien plus étroites encore & auxquelles il fallut nous soumettre. Ceci ne touche point notre Patrie, dont la tendresse naturelle s'est dépouillée de ses sentimens & à qui il a plu de faire un choix d'entre ses enfans de même naissance ; il doit plutôt exciter la compassion du cœur de Votre Majesté, de laquelle nous approchons, en vertu du lieu d'union nécessaire entre nous trois

Deputés, également autorisés à travailler au rétablissement de la Religion. Nous prenons Dieu à témoin, de nos pures intentions ; nous déclarons aussi, en présence de Votre Majesté & devant cette auguste assemblée de Sénateurs & de Magnats, que nous ne demandons que la liberté de conscience & la jouissance de nos anciens droits. Cependant nous vous supplions, Sire, de vouloir bien, par cette dignité prééminente qui vous donne la qualité de pere de ce Royaume, engager la Patrie à nous rendre cette tendresse qu'elle avoit autrefois pour nous, & à changer l'inclination, susceptible d'atteinte, que les Cours voisines ont pour les uns par préférence aux autres, en une affection envers tous vos sujets en général, comme autant d'enfans, qui, d'un zèle égal, aspirent à la félicité de la Patrie.

Si, pour parvenir à ce but, nous sommes appuyés de l'intercession de ces Puissances, personne ne peut en prendre ombrage, pour peu que l'on réfléchisse sur les circonstances passées, & sur les interprétations que les Illustres États firent du sens des traités dans la derniere Diète. Personne, dis-je, ne peut s'offenser, lorsqu'il considérera s'il est extraordinaire que des citoyens, lésés dans leurs droits, ayent recours à des voisins amis pour en être protégés. Je suis persuadé que quiconque pénétré des sentimens de Religion & qui a une connoissance suffisante des volontés de Dieu, ne sera pas assez téméraire pour révoquer en doute cette constante vérité qu'en ce monde tout est dirigé par la Providence. Nous, qui sommes surs de cette vérité & qui en faisons un article de foi, ne saurions assez remercier le Souverain Arbître des destinées, de ce que dans un tems même où nos affaires étoient sans ressource, il a daigné placer sur le Trône de Pologne, un Roi sage, prudent & éclairé ; un Monarque qui connoît le génie de la Nation ; un Prince empressé pour la prospérité du pays & le bonheur d'un peuple que le ciel lui a confié ; un Seigneur plein de justice, en qui sont réunies les plus éminentes vertus. Tout cela n'est-il pas l'ouvrage d'une main toute-Puissante, destinée à affermir le Trône, à accomplir ses volontés & ses decrets, à prolonger le Gouvernement de Votre Majesté pour le bonheur de toute la Nation, sans préjudice de l'égalité entre les sujets ? Et si nous, qui en faisons partie, parvenons à être remis en possession de nos anciennes prérogatives, vous verrez, Sire, répandre sur votre personne d'abondantes bénédictions, tandis qu'avec joie nous sacrifierons, pour Votre Majesté & la Patrie, nos biens, notre santé & nos vies. Déja,

Sire, nous vous en faisons l'offre du plus profond de notre cœur, nous souhaitons & nous espérons un succès heureux dans nos demandes. Nous supplions Votre Majesté de nous accorder l'honneur de lui baiser la main.

[60] *Lettre des Dissidens de Pologne au Roi de Suède.*

SIRE,

LES persécutions que les Dissidens de Pologne & de Lithuanie ont souffertes depuis un demi siécle, se sont tellement multipliées qu'il ne le leur est pas possible de rester plus longtems dans l'inaction, & d'attendre, sans se plaindre, le comble de leur ruine. Aussi la Noblesse Dissidente, en union avec la Prusse Polonoise, s'est vue contrainte d'avoir recours aux moyens qui leur sont prescrits par la forme du Gouvernement de Pologne, afin de maintenir contre les atteintes, leurs droits & prérogatives en se confédérant le vingt Mars à Thorn & à Stuck, à l'exemple de leurs ancêtres. Nous nous présentons donc au pied du Trône de Votre Majesté & la supplions très-humblement, au nom de tous les Dissidens en général, de vouloir bien nous accorder son appui & sa protection, persuadés qu'elle daignera, par sa bonté Royale, nous donner une marque de la grandeur d'âme qui éclate dans toutes ses actions & dans l'administration de ses États. Nous sommes d'autant plus certains, Sire, d'être favorablement écoutés, que notre confédération n'a uniquement pour objet, que le rétablissement dans la jouissance de nos libertés & qu'elle ne tend à rien de contraire à la fidélité que nous devons au Monarque, notre Souverain, ni à l'amour que nous portons à la Patrie.

[60 bis] ACTE d'Union des États de Courlande à la Confédération de Thorn.

Nous, Ernest Jean, Duc de Courlande & de Semigale en Livonie, libre Baron de Wartenberg, Bralin & Goschutz en Silésie, &c. &c. Savoir faisons, que les Dissidens confédérés sous la protection de l'Impératrice de toutes les Russies, nous ont fait adresser par M. Jean de Rapponica Grabowski, leur Maréchal, ainsi qu'à notre chere Illustre Noblesse & aux États du pays, une lettre par laquelle nous sommes invités à consentir à la Confédération, formée pour le maintien de la Religion Protestante, opprimée depuis longtems & pour l'entier rétablissement de leurs anciens droits, libertés & prérogatives. Or, quoique ces Duchés de Courlande & de

Sémigale, relèvent immédiatement de la Couronne & de la République de Pologne, que par conséquent ils n'ayent jamais été invités à accéder, ni à prendre la moindre part aux Confédérations en Pologne & en Lithuanie; néanmoins, attendu les assurances que le Prince Repnin, Ambassadeur de Sa Majesté Impériale, auprès de la Cour de Warsovie, a données de sa part qu'elle appuyeroit de sa protection tous & un chacun, pour le recouvrement de leurs droits & libertés, nous avons jugé à propos, à la sollicitation de Messieurs les Députés, assemblés dans la dernière Diète, de fixer au quatre Mai à délibérer & à prendre en commun avec notre Illustre Noblesse & les États du pays, des mesures suivant l'exigence du cas.

Sur quoi l'Illustre Corps des Nobles & les États ayant comparu en grand nombre, tant personnellement que par plein pouvoir, avons mûrement considéré que nous ne pouvions assez respecter la protection d'une aussi grande & puissante Souveraine; en conséquence, Nous, notre Illustre Noblesse & les États, pour autant que nos obligations de feudataire & leurs devoirs le permettent, avons pu d'autant moins refuser de nous prêter à l'invitation, qu'outre les raisons susdites, M. le Chevalier de Simolin, Conseiller d'Etat actuel & Ministre de Russie, nous a particulièrement assurés, Nous & nos Duchés, de la même protection, lorsque nous accéderions à ladite confédération des Dissidens. D'ailleurs, comme la dignité & les droits qui nous appartiennent en vertu des loix fondamentales & de notre investiture, & ceux qui appartiennent à notre Illustre Noblesse & aux Etats par loix fondamentales & à titre de naissance, ont souffert beaucoup d'atteintes, tant en matière Ecclésiastique que civile ; qu'aussi non-seulement, Nous, mais tous les Nobles Courlandois, domiciliés en Pologne & en Lithuanie, éprouvent la même injustice, griefs que nos Députés, à la prochaine Diète générale, ne manquerons pas d'exposer & de justifier. Nous espérons, fondés sur les assurances de la puissante protection de Sa Majesté Impériale de toutes les Russies, dont Nous, notre Illustre Noblesse & les Etats, demandons très-humblement la continuation, elle voudra bien, par un effet de ses bontés & de sa droiture, conjointement avec l'Illustre République de Pologne, notre Souveraine, nous rétablir, à la prochaine pacification générale, dans tous nos anciens droits & priviléges Ecclésiastiques & civils. De plus, comme on voit suffisamment par les motifs allégués ci-dessus, que notre Illustre Noblesse & les États, n'ont d'autre objet que d'obtenir ce qui nous est dû & ce qui leur appartient à titre de notre investiture, conformément aux loix fondamentales & aux priviléges attachés à leur naissance, en tant que rien ne soit contraire auxdites loix, investitures & prérogatives, nous nous voyons encore obligés non-seulement de déclarer avec notre Illustre Noblesse & les États, de la manière la plus solemnelle, que par notre accession à la confédération, nous ne voulons altérer en quoi que ce soit le lien de fidélité, de soumission, & de connexion qui nous attache inviolablement à l'Illustre République de Pologne, non plus que les droits de la Religion Catholique Romaine. Au contraire, nous conditionnons, par la présente, en termes exprès & formels, que cet acte d'accession ne nous assujettira nullement à la juridiction d'un Maréchal de Confédération, à aucune contribution ou imposition publique, & que dans la suite on ne pourra en déduire aucune conséquence pour nous engager à prendre part à d'autres Confédérations.

[61] *MANIFESTE des Mécontens de Pologne.*

LA dernière Diète, ayant détruit la confédération qui subsistoit ci-devant, a publié des ordonnances également dangereuses & nuisibles aux loix de la Nation, sans s'embarrasser des suffrages des Sénateurs & des Nonces, qui s'opposoient à ces innovations, nous sommes obligés, pour alléger le fardeau de notre oppression, d'employer les derniers efforts, afin de nous en délivrer par des moyens dont se servirent nos ancêtres en pareilles occasions, lorsqu'ils se réunirent pour la conservation de la Patrie ; ainsi à leur imitation, nous nous réunissons & confédérons en effet, puisqu'il ne nous reste aucun autre expédient de détourner les calamités qui menacent notre Patrie, ni d'adoucir la condition de nos freres opprimés, que l'on qualifie expressément dans ce manifeste, de Grecs Dissidens & Désunis.

Nous déclarons solemnellement, qu'excités par de pressans motifs, nous reconnoissons le respect dû à la Majesté du Trône & que nous sommes trop convaincus des sentimens d'amour du Roi, notre Maître, envers la Patrie, pour douter un inſtant que Sa Majeſté ne ſe propoſe le même but de nous rétablir dans nos droits, qui furent de tout tems le principal ſoutien du Trône, la ſureté de la Patrie & le bonheur de chaque citoyen. Qui pourroit être inſenſible aux diſgraces qu'ont éprouvés nos freres dans le ſein même de leur Pays, diſgraces, dont nous voyons un exemple remarquable en la perſonne du Prince Charles de Radziwil.

Nous déclarons encore que dans toute cette entrepriſe, nous n'avons point oublié la principale de nos obligations, c'eſt-à-dire, le maintien inviolable de la Religion dominante, la Catholique Romaine, qui nous eſt garantie par la déclaration de l'Impératrice de Ruſſie & dans laquelle nous voulons vivre & mourir.

[62] *Discours de M. Adam de Bytyn Kurnatowsky, Député des Diſſidens, au Prince Primat. Du 22 Mai 1767.*

La Patience & l'Eſpérance ſont deux vertus néceſſaires pour ſupporter les viciſſitudes de la vie. La premiere nous prête des forces pour ſupporter le poids des malheurs, la ſeconde nous conduit à de meilleures attentes.

Fortifiés par la patience pendant un demi siécle, & soutenus par l'espérance de conjonctures plus favorables, les Dissidens ont attendu l'heureux moment auquel leurs Députés pussent, en leur nom, approcher de votre Altesse Sérénissime avec toute la vénération due au rang qu'elle occupe dans la Patrie. Ces Dissidens sont, Illustre Prince, ceux qui s'unirent à Thorn par confédération du vingt Mars dernier; eux qui, regardés & autrefois chéris comme freres, sont à peine reconnus aujourd'hui pour concitoyens de leur commune Patrie, abreuvés du fiel de la calomnie, affligés mortellement à chaque Diète, tandis que les sources de prospérité commune sont ouvertes au reste de la Nation. Ce sont, dis-je, ces Dissidens, qui ont contracté, avec unanimité de sentimens, un engagement d'union en Pologne & dans le grand Duché de Lithuanie pour ranimer envers eux l'amour de la Patrie, étouffée par l'injustice, la tyrannie & l'oppression: il brille encore & s'enflammeroit à la moindre espérance. Nous, Députés, sommes chargés d'exposer nos motifs aux yeux de Votre Altesse Sérénissime avec les témoignages du dévouement le plus sincère & le plus respectueux.

Au moyen de cet engagement d'union, auquel nous nous sommes volontairement déterminés, nous avons l'honneur d'assurer votre Altesse Sérénissime que notre entreprise n'est point dirigée contre la Religion Catholique Romaine, & que bien loin qu'elle tende à lui porter la moindre atteinte, elle n'a uniquement pour objet, que de remettre en leur vigueur nos anciens droits, confirmés par les Illustres Monarques de Pologne & fondés sur plusieurs Constitutions. Non-seulement la raison, & le désir ordinaire des hommes, nous portent à maintenir ces droits & à rendre meilleure notre condition, mais la Nature même nous excite à rétablir l'égalité entre nous, de manière que les uns ne jouissent pas de plus grands avantages que les autres.

Pourquoi, nous Dissidens, comme membres du corps aristocratique de la Patrie, ne sommes-nous pas estimés égaux au reste des concitoyens? Pourquoi, étant nés libres, n'avons-nous pas la liberté de conscience? Pourquoi cette différence dans l'égalité & l'esclavage? D'où vient sommes-nous privés du libre exercice du culte divin, & pourquoi encore une Religion Chrétienne, que d'anciens usages, des droits, des conventions ont autorisée & affermie, est-elle opprimée par divers obstacles, restreinte par des décrets de Justice? L'équité même ne nous conduit-elle pas au rétablissement de nos anciens droits, tant

ecclésiastiques

ecclésiastiques que civils, & à l'anéantissement des loix nouvelles. Comme cette vertu assigne à chaque concitoyen, par l'égalité de son état, une part égale de dignité & d'honneur, c'est sur ces principes que nous établissons nos demandes, & que nous cherchons dans notre Patrie les avantages communs, dont nos ancêtres ont toujours joui en paix.

Afin de nous acquitter des instructions, qui nous ont été données après la mort de M. Auguste-Stanislas de Goltz, Starofte de Graudentz, premier Maréchal élu de notre Confédération en Pologne & par M. le Général Major Jean de Ropnica Grabowski, Maréchal de la Confédération du grand Duché de Lithuanie; afin de nous acquitter, dis-je, de ces instructions avec un entière satisfaction, nous supplions humblement votre Altesse Sérénissime, en vertu de ce double lien d'union, elle qui a la préséance dans les délibérations de la Patrie, qui a manié, avec tant de sagesse, le timon des affaires pendant le dernier interrègne, & qui le conduit maintenant avec plus de force sous le doux gouvernement de Sa Majesté, notre très-Illustre Roi & Maître, de vouloir bien, par des moyens salutaires, soutenir la Patrie, travailler à son bonheur & concourir à notre prospérité particuliere.

[63] ACTE *de la Confédération générale du Grand Duché de Lithuanie.*

LE changement des loix fondamentales de l'État a été trop manifeste pour n'avoir pas frappé le Public. Les différens genres d'oppression dont on a cherché à affliger la Patrie, ont été trop multipliés pour que nous n'en ayons pas senti tout le poids. L'ambition de nos égaux nous a dévoilé la marche qu'ils suivoient pour aspirer au pouvoir absolu, au renversement de nos loix & à un despotisme intoléra'¿le.

Vivement touchés de ces maux, nous avions concentré notre douleur & nous gardions un profond silence, tandis que l'ambition, prenant son essor & s'élevant au-dessus de l'égalité, fermoit la bouche à quiconque osoit encore s'occuper du bien public & que par mille détours, elle amenoit la Nation au point de n'oser plus même gémir sur ses malheurs, parce qu'on la supposoit menacée par des troupes étrangères, que l'on disoit uniquement destinées à servir & soutenir l'esprit de domination.

Mais la déclaration de l'Impératrice de Russie & la lettre de M. Panin, écrite au Prince Repnin, en nous éclairant sur les intentions salutaires de cette grande Princesse, ont fait succéder à nos craintes les sentimens de la reconnoissance entière dont nous devons être pénétrés par la promesse gracieuse qu'elle nous a faite, de nous secourir & de nous mettre en état de rétablir dans leur ancien lustre, la liberté affoiblie, l'égalité anéantie, l'état des citoyens avili, la tranquillité intérieure détruite. Qui de nous pourroit penser assez mal pour ne pas embrasser des moyens qui concilient avec tant de facilité & nos souhaits & les intentions bienfaisantes de Sa Majesté Impériale, dont la protection peut nous tirer de l'oppression, nous soustraire aux effets dangereux de l'ambition & anéantir le despotisme dont nous sommes menacés ? Une partie de nos concitoyens avoit déja porté les choses au point, que couvrant leur artifice du voile du bien public, ils ne cherchoient qu'à satisfaire leur esprit de domination, en déguisant tout ce qu'ils faisoient dans cet esprit, sous le nom spécieux d'établissemens utiles à la Patrie & en prenant pour prétexte leur zèle pour la Religion, tandis que leur véritable but étoit de troubler cette même Patrie, de semer la division parmi les citoyens, d'éloigner des personnes autorisées à veiller à l'intégrité de nos loix & de notre liberté ; d'allumer le flambeau de la discorde & de profiter de la confusion générale pour établir enfin le despotisme.

C'est par de tels moyens que l'esprit de domination, après avoir aveuglé, à la dernière Diète, une partie des citoyens & découragé l'autre, a fait tous ses efforts pour boulverser nos anciens établissemens & pour anéantir nos loix fondamentales. Peut-être aurions-nous été les victimes innocentes de tous ces artifices, ainsi que des insinuations pratiquées contre nous au-dehors, si la prévoyance & l'étendue des lumières de Sa Majesté Impériale, ne lui eussent fait appercevoir les suites dangereuses qu'auroient de semblables projets. Cette grande Princesse a vu que ceux qui vouloient ainsi accroître leur puissance, fouloient aux pieds les loix sacrées de la République & cherchoient à s'élever sur les débris de la Nation anéantie. Ce n'est plus un simple parti, c'est la République entière qui reclame l'amitié de Sa Majesté Impériale, amitié, que ses Ministres ont eu ordre d'offrir, non à un petit nombre de citoyens, mais à la Nation réunie; c'est à elle que Sa Majesté Impériale daigne envoyer du secours pour prévenir tous les désordres ultérieurs, pour détruire tous les vices & corriger tous les abus, qui se sont glissés dans nos loix; enfin pour ramener à l'égalité les citoyens qui gémissent sous le poids de l'oppression. Nous demeurerions responsables envers la postérité & envers la Patrie de la perte de notre liberté &

nous mériterions les malheurs qu'on nous prépare depuis long-tems, si nous différions davantage à embrasser les moyens qui s'offrent à nous pour conserver avec cette même liberté nos droits & nos prérogatives ; ainsi nous nous unissons, nous lions & nous confédérons, en nous promettant sur notre foi, honneur & probité, de ne point nous séparer jusqu'à ce qu'une Diète extraordinaire, tenue sous la garantie, protection & assistance de Sa Majesté Impériale, laquelle nous demandons & reclamons tous avec instance dès ce moment, nous ait fait recouvrer nos anciennes libertés & prérogatives, & qu'elle ait remis nos loix en vigueur; loix qui sont la base de tous les établissemens de la République; loix sur lesquelles repose la sureté de chaque citoyen ; loix établies au prix du sang de nos ancêtres ; loix enfin qui ont rendu jusqu'à présent la Patrie florissante & l'ont maintenue dans l'opulence, la paix & la félicité.

Nous protestons que bien loin de nous unir contre Sa Majesté le Roi, notre Souverain, notre intention est de défendre & de maintenir le bien public ; nous connoissons la fidélité que la loi, l'honneur & le devoir veulent que chaque citoyen voue à la Majesté du Trône & à ses prérogatives, & nous sommes très-certains que Sa Majesté n'a d'autre but, que le bonheur de la Patrie. Parfaitement convaincus de ses sentimens Patriotiques, nous espérons qu'elle voudra bien joindre ses efforts aux nôtres pour procurer le rétablissement & l'activité de nos anciennes loix, lesquelles ont toujours été le soutien du Trône & du bonheur de chaque citoyen. La seule nécessité de soulager nos confrères opprimés & de procurer le rétablissement de nos loix enfreintes, nous oblige à nous opposer de toutes nos forces, ainsi que nous promettons de le faire, dès ce moment, à toutes les irrégularités contraires aux loix fondamentales, à toutes les usurpations dangereuses pour notre liberté & consignées dans les dernières Constitutions; à tous les vices enfin & à tous les abus qui résultent de l'établissement des commissions militaires & du trésor; établissement fait au mépris des loix & des prérogatives de la Nation. Nous tâcherons de rétablir dans nos anciens droits, tous les citoyens opprimés, & comme leur disgrace demande un prompt soulagement, nous prions nos concitoyens de rendre, sans délai, la justice à ceux qui la demanderont.

Le grand Duché de Lithuanie & tous les citoyens de la République se rapellent avec une douleur inexprimable, la derniere Confédération que ce grand Duché a tenue à l'égard du Prince Charles de Radziwil. Pour complaire aux ennemis de la Maison de ce Prince, la Confédération l'a dépouillé de tous ses biens, a fait exécuter, sans délai, le décret de condamnation, dans lequel elle a compris le Prince Jérôme, quoique mineur. Ces injustices, ont été commises contre la teneur des loix de la Patrie, & en ne suivant que l'esprit de partialité, qui domine le parti qui nous est contraire; le Prince n'a point été écouté & la Confédération a passé les bornes du pouvoir que nous lui avions confié, ainsi que la juste mesure qu' doit regler les punitions.

Scandalisés des injustes rigueurs d'une pareille conduite, nous étant confédérés, nous étant réunis pour corriger généralement tous les défauts & redresser tous les griefs, & regardant celui-ci comme un des plus intolérables dans notre Duché, voulant d'ailleurs prouver à la postérité que si une partie de la Nation se laisse entraîner par la passion, la Nation entière a le pouvoir de la réprimer, nous cassons & annullons le décret donné à Grodno le 16 Août 1764, prononcé par contumace & exécuté contre la teneur des loix; cassons & annullons de même tous les autres décrets, prononcés également par contumace contre ce Prince, & en vertu desquels il a été privé de ses biens, & le rendons, dès ce moment, à sa Patrie. Nous le réintégrons de même dans tous les biens dont il a joui & qu'il a possédés avant ces décrets, lui réservant tout droit d'action par rapport aux dommages qui lui ont été causés, ainsi qu'à son frere, dont il est le tuteur naturel, sauf à ses créanciers légitimes à se pourvoir en règle pour l'acquittement des sommes qui leur sont dues, lesquelles leur seront payées dans des termes fixes & convenus. A l'égard de ceux qui ont été mis en possession des biens dudit Prince par la derniere Confédération & dont les prétentions sont légitimes, nous leur enjoignons de comparoître, dans l'espace de trois mois, à compter depuis la publication du présent acte, pardevant les Tribunaux ordinaires de notre Confédération & d'y justifier leurs prétentions, & sous peine d'en être déclarés déchus, en protestant que l'on n'écoutera, ni la vengeance, ni la partialité, mais que nous aurons toujours la justice pour objet.

Pour ce qui regarde les Grecs Désunis & les Dissidens, de quelque état & condition qu'ils puissent être, tant Gentilhommes que Bourgeois, marchands, ouvriers & paysans, nous ne pouvons nous taire sur leur oppression. Chaque homme, de quelque état & condition qu'il soit, est dans tout l'Univers, protégé par les loix du pays qu'il habite, ce qui doit être d'autant plus exactement observé chez nous, que l'égalité est la base de toutes nos loix. Et comment un Gentilhomme pourra-t-il être Gentilhomme, s'il ne jouit point des prérogatives attachées à son état? Comment un bourgeois sera-t-il bourgeois, s'il ne ressemble à son égal que par les charges & non par les bénéfices? Comment enfin un paysan subsistera-t-il, s'il ne peut posséder ni champs, ni maisons? La Patrie, notre mère commune, mère juste, doit aimer tous ses enfans également, sans égard à leurs foiblesses.

Ce n'est point déroger à la Religion Catholique, que de rendre les droits & les prérogatives à ceux qui n'ont pas la même croyance que nous. Il faut distinguer l'état de la Religion d'avec l'état civil. Le premier point intéresse notre âme, le second est sujet aux loix temporelles. Plusieurs Républiques se sont perdues pour avoir enfreint les loix de l'égalité à l'égard d'un petit nombre de citoyens. Nous nous exposerions aux mêmes inconvéniens, si nous voulions affoiblir cette égalité. C'est pourquoi, nous, États Confédérés, voulant obvier à toutes dissensions, haines, inimitiés & vengeances, qui pourroient résulter de l'infraction de cette même égalité parmi les fils de la même Patrie & les membres du même corps, ayant égard à la puissante intercession de Sa Majesté Impériale & de ses alliés, vu la déclaration de cette Princesse, par laquelle elle nous assure qu'elle ne prétend causer aucun préjudice ni à la Religion Catholique, ni à nos loix & libertés, & voulant en même-tems reconnoître le soin particulier que les Dissidens prennent pour la cause commune, en exposant, comme nous, leur honneur, leurs biens & leur sang pour soutenir nos droits, nos prérogatives & nos libertés, ainsi que le prouvent les actes de confédération de Thorn & de Stuck, lesquelles nous reconnoissons pour légales dès leur commencement; en invitant à députer à leurs membres des représentans pour traiter & convenir avec nous, en bons citoyens & enfans de la même Patrie, sur tous les objets que la loi, la justice & les traités exigent, afin d'être unis, par le nœud de la Confédération, Nous acceptons amicalement leurs demandes & consentons à leur rétablissement, conformément à la prière qu'ils en ont faite à Sa Majesté & aux États pendant la derniere Diète. Nous ordonnons en outre à notre Secrétaire d'insérer ladite supplique dans les actes de la présente Confédération, & nous assurons les Dissidens que nous n'épargnerons rien pour trouver, à la prochaine Diète, le moyen efficace de leur rendre justice, & pour satisfaire par-là à la puissante intercession de Sa Majesté Impériale, & des Cours ses alliées.

Que l'esprit de parti, accoutumé à profiter des troubles, ne cache point, sous le voile prétendu d'un zéle pour la Religion, un artifice inventé pour tromper la bonne-foi de nos concitoyens, en leur faisant entendre que nous voulons porter quelque atteinte à la Religion Catholique, dans laquelle nous souhaitons tous de vivre & de mourir, ainsi qu'aux prérogatives du Clergé, que nous honorerons, estimerons & respecterons toujours. Quand même nous serions assez téméraires pour nous porter à cet excès d'audace, la déclaration seule de Sa Majesté Impériale nous serviroit de frein; déclaration par laquelle cette Princesse, nous assure non-seulement la conservation de nos loix & l'inviolabilité de la Religion Catholique, mais encore nous promet d'être la première ennemie de celui qui, devenu fils dénaturé de la Patrie, voudroit enfreindre nos loix, nos libertés, ou toucher dans le moindre point aux priviléges de la Religion Catholique.

[64] DÉCLARATION *du Roi de Suède en faveur des Diffidens.*

SA MAJESTÉ Suédoise a assez souvent témoigné, tant avant que dans la déclaration même que son Envoyé extraordinaire à la Cour de Russie, a remise au mois de Novembre 1766 au Comte de Rzewski, Envoyé extraordinaire de Pologne en la Cour de Russie, combien Elle étoit touchée des oppressions des Diffidens, & combien elle y étoit sensible, non-seulement par ses soins pour la Religion Protestante, dont elle fait profession, mais aussi par rapport aux traités & sur-tout à la paix d'Oliva de l'an 1660, conclue entre la Suède & la Pologne. L'Impératrice de Russie & les principales Puissances Protestantes ont absolument adopté le sentiment de Sa Majesté à l'égard des Diffidens. Sa Majesté, ainsi unie avec elles, a proposé au Roi de Pologne, dans sa déclaration, les moyens propres à terminer cette affaire & elle s'assuroit d'autant plus d'une heureuse fin, que la proposition se faisoit lorsque la Nation étoit assemblée en Diète, tems & lieu auxquels on auroit dû tâcher de finir les différens & ramener la tranquillité & la paix; mais plus l'attente de Sa Majesté Suédoise étoit fondée, plus elle a été surprise du décret, qui, loin d'adoucir les malheurs des Diffidens, les renvoie aux Constitutions des années 1717 & 1736, desquelles ils se sont plaints & qui ont été précisément la cause qui leur a ravi les droits qu'ils avoient obtenus par les loix & les traités.

La volonté & le sentiment du Roi de Suède n'ont donc pu être aucunement changés par le décret, l'objet constant de Sa Majesté étant que les droits ecclésiastiques & séculiers des Dissidens soient maintenus & rétablis. Comme les déclarations que l'Impératrice de Russie & le Roi de Prusse ont faites au Roi & à la République de Pologne, offrent une occasion favorable de terminer cette affaire, en ce que ces Puissances font la proposition d'agir de concert à la Diète de pacification, pour que cette affaire y soit décidée selon les loix & l'équité, Sa Majesté Suédoise déclare qu'elle consent à la proposition de Sa Majesté l'Impératrice de Russie & de Sa Majesté Prussienne, qui conseillent amicalement à Sa Majesté Polonoise & à la République, de convoquer ladite Diète le plutôt possible. Il n'est pas besoin de répéter ici les raisons d'agir de la sorte, ceci est assuré par ce qui a été rapporté ci-dessus & par la premiere déclaration du Roi. Le sincère amour de Sa Majesté envers le Roi de Pologne & son affection envers la Sérénissime République sont de plus des raisons très-pressantes pour elle, puisque Sa Majesté ne verroit qu'avec la plus grande douleur, les calamités qui résulteroient de la désunion & des troubles intestins. Plus les malheurs sont imminens, plus il est besoin de trouver les moyens de les prévenir & Sa Majesté n'en voit pas de plus convenable que la Diète de pacification qu'on a proposée.

C'est ce moyen qu'elle recommande de nouveau au Roi & à la République de Pologne. Si, contre toute attente, le conseil pacifique de S. M. n'a pas une heureuse issue, elle délibérera avec Sa Majesté Impériale, en conséquence de l'étroite alliance & des traités par lesquels leurs Majestés sont unies, sur les moyens les plus propres dont elles jugeront pouvoir se servir pour conserver la vigueur & l'honneur des traités, qui subsistent entre elles & la République de Pologne.

[65] *MANIFESTE des petites Villes de la Prusse Polonoise. Du 3 Juillet 1767.*

Si l'on compare la situation actuelle & déplorable des petites villes de la Prusse avec leur ancien état, si non brillant, du moins assez considérable ; si l'on approfondit sérieusement les motifs d'une si grande différence, on s'appercevra aisément qu'il ne faut les chercher que dans la violation & la perte totale des droits, dont jouissoient lesdites Villes sans le moindre obstacle. La réalité de ces droits consiste simplement aujourd'hui en écrit dans les archives, & les malheureuses circonstances du tems présent les rendent en plus grande partie infructueux. Plus ces Villes sont déchues de leur ancienne splendeur, & plus elles ont souffert d'atteintes à leurs communes prérogatives, tandis que nos ancêtres, en se les réservant expressément, au lieu d'avoir été réduits sous le joug, par la force des armes, se sont volontairement soumis à l'obéissance & à la protection des Rois de Pologne. Donc, pour ne nous arrêter qu'aux principaux points, quiconque est au fait du droit commun de la province, ne peut ignorer qu'en vertu de leurs priviléges, libertés & usages, non-seulement il appartient aux petites Villes, comme à des États du second rang, d'assister aux Diètes générales de la Prusse, mais qu'elles y ont eu effectivement le droit de voix active & qu'anciennement rien ne pouvoit s'y résoudre sans leur participation. Mais à présent l'expérience nous prouve clairement que les petites Villes, loin d'être admises aux délibérations publiques, en sont absolument exclues de la manière la plus injuste, & qu'il ne leur reste de leurs anciens droits & usages, rien de plus, sinon qu'elles sont convoquées par lettres circulaires du Roi aux Diètes générales; témoin celle qui s'est tenue en dernier lieu sous le présent règne de Sa Majesté. De-là résulte l'état déplorable des petites Villes; de-là les larmes des infortunés concitoyens; de-là les plaintes auxquelles on a eu si peu d'égard.

Entr'autres maux qui les menacent d'une entière ruine, on doit placer les anciens péages & celui nouvellement établi contre les loix fondamentales du pays de Prusse & particulièrement la capitation imposée sur les Villes par résolution de la Diète de 1717. On n'y a point considéré qu'elles ont été foulées plus que les autres & on n'a point fait attention à l'état de ces Villes dans la levée d'une imposition de cette nature, qu'elles durent acquitter, malgré leur résistance, au risque même de leur propre ruine. Il faut encore observer que les anciennes loix fondamentales sur lesquelles on fondoit cette imposition & au moyen de laquelle les bourgeois des Villes étoient autorisés à vivre de leurs professions, à l'exclusion de toute autre, sont enfreintes & quelque fois révoquées en doute; de sorte que ces sortes d'atteintes ne peuvent être réprimées par aucune ordonnance en notre faveur, puisque suivant l'expérience, elle ne produiroit aucun effet contre ces abus, n'y ayant ni droit ni arrêt

pour

pour la mettre en exécution. Le commerce, les achats & les ventes, les métiers & les arts s'exercent dans les bourgs & villages voisins des Villes, dans les Starosties, sur les terres nobles, sur les biens fonds ecclésiastiques; le Clergé lui-même s'en mêle sans aucun droit, fait brasser la bière, distiller l'eau-de-vie au détriment des Villes, & n'hésite pas de permettre l'importation des boissons étrangères, tandis qu'il la défend aux Villes.

Les Juifs, ces ennemis du nom Chrétien, Nation digne de haine & de mépris, sont tolérés & jouissent d'une protection ouverte. On les gratifie d'octrois, on empiète de côté & d'autre sur le territoire des Villes, & les pertes les plus considérables retombent sur nous. Quand à l'administration de la justice, les bourgeois sont renvoyés avant la premiere instance; & en matière d'emplois, les causes s'évoquent aux Tribunaux des Starosties. Sans formalités préalables les commissions s'expédient contre nous; & en général les Cours de Justice, tant Ecclésiastiques que civiles, soit en-dedans ou hors de la Province, & du ressort desquelles nous ne dépendons aucunement, connoissent de nos procès à notre désavantage. Enfin pour ce qui concerne le libre exercice du culte des Dissidens, nous en particulier, qui sommes de la Confession d'Ausbourg, & les autres, dont les droits font facrés, nous gémiffons fous le poids de l'oppreffion de la part du Clergé, malgré la teneur de l'*Article* II, *paragraphe 3, du Traité de paix d'Oliva.*

[66] *Acte d'Acceffion de l'Évêque de Cracovie à la Confédération générale.*

JE fouffigné, me trouvant revêtu de la dignité de Pafteur dans l'Églife, comme de celle de Sénateur dans la République, & obligé, par ce double titre, à défendre les immunités de la faine Religion, l'intégrité des loix & les prérogatives de la Patrie, ayant d'ailleurs fous les yeux l'union générale, qui exifte entre les Provinces de la Couronne & du grand Duché de Lithanie, je ne puis pas refter feul dans une inaction blamable, tandis que toute la Nation travaille à l'exécution d'un ouvrage de la plus grande importance. Cependant je déclare folemnellement, par ma préfente acceffion authentique, que je me joins & donne les mains à tout ce qui concerne la défenfe des loix & des immunités de la Patrie, altérées par les malheurs des tems. En conféquence je ne puis favorifer les prétentions trop étendues des Diffidens, ne pouvant le faire fans compromettre mon caractère, fcandalifer toute la Chrétienté, violer mes devoirs les plus facrés, porter atteinte aux prérogatives de la Religion Catholique Romaine & renverser entièrement tant de loix qui font la sureté de cette Religion. Mais si leurs demandes sont fondées sur l'équité, je m'engage à les proposer & à les soutenir, non-seulement comme Sénateur, mais encore en qualité de Pasteur, dont je dois donner l'exemple à l'Univers, & je me persuade que les concitoyens confédérés n'exigeront pas de moi une accession plus solemnelle & plus reguliere que celle que je viens de faire pour le bien commun de la Patrie.

[67] *Discours de M. Poninski, Maréchal des Confédérés de Weislan.*

HEUREUSEMENT pour la Religion & pour la liberté il s'est encore trouvé des citoyens vertueux & fidèles, que les menaces ni les promesses n'ont pu détourner de leur digne résolution. Ces esprits élevés se déclarent contre les pernicieux artifices qu'employoit l'ambition pour nuire à la liberté; ils opposerent de la résistance à ces calamités générales, qui devoient frayer le chemin à l'orgueil, à la prédomination. Ils ouvrirent les yeux à l'illustre Impératrice de toutes les Russies & parvinrent à justifier auprès d'elle la Nation entière. Cette grande

Princesse, l'ornement du monde entier & des Trônes, dédaigne la vaine réputation fondée sur de sanglantes victoires; & elle en cherche une plus durable, elle répand abondamment ses graces sur tous les hommes. Elle veut, par-tout où le vrai bonheur peut annoncer son grand nom, que la paix règne, accompagnée de toutes sortes de prospérités. Elle se distingue à juste titre de ceux qui cherchent à noircir les louables maximes par l'oppression de toute une Nation. Mais quand à nous, elle tend sa main bienfaisante, dans laquelle réside la puissance. Notre misere, notre servitude prennent fin. Elle nous prête des armes pour le maintien de nos droits & de nos libertés, & lorsqu'elle nous garantit de la vengeance prévue, elle engage nos cœurs à lui vouer une reconnoissance éternelle. Mais vous, Prince Sérénissime, que le culte divin & la liberté appellent pour être leur appui; vous qui, par vos vertus & votre fidélité, vous êtes attiré l'estime des Nations étrangères, & excité, je le dis à regret, leur compassion pour vos infortunes, remplissez votre glorieuse destinée, servez-vous heureusement du rang distingué que vos éminentes qualités vous ont acquis, que la Justice vous a ménagé, & que l'amour vous donne; vous, l'exemple de fidélité envers la Patrie, la victime de la liberté, élevé au-dessus des plus fameuses disgraces, soyez encore élevé au-dessus des plus grands malheurs. Anéantissez, à la honte de vos ennemis, leurs délibérations; faites voir, par votre solide vertu & par votre grandeur d'âme, à l'Univers, au Polonois & à leur postérité, que pour la liberté vous avez tout perdu, & que sans crainte, vous souhaitez encore de sacrifier tout à la conservation de l'exercice du culte Divin, & de la liberté, au rétablissement de l'égalité entre vos concitoyens, & à la gloire de les assurer à jamais contre les entreprises des téméraires & des ambitieux infracteurs des loix.

[68] *Réponse du Roi Pologne au Discours des Députés de la Confédération générale.*

Les confédérations qui se sont formées ont donné occasion au Roi d'en examiner les procédés, & comme Sa Majesté a trouvé qu'elle étoit convaincue de son innocence, Elle se tranquillise, persuadée qu'Elle a affaire à une Nation qui sait accorder les loix avec la liberté & rendre à son Souverain le respect qui lui est dû. Les confédérations réunies ont causé de l'inquiétude au Roi par rapport à l'état du Royaume, mais des membres aussi élevés par eux-mêmes que par les mérites de leurs ancêtres, ont donné lieu d'espérer qu'ils ne permettroient pas que le Royaume

& la Patrie, dont ils sont les Enfans, les Citoyens & les Régens, fussent plongés dans le malheur.

Les déclarations de l'Impératrice de Russie pour le maintien de la prospérité générale ont calmé les soucis de S. M.; non-seulement Elle sait que cette Princesse ne mesure sa puissance ni sur les forces que Dieu lui a confiées, (mais sur le bon usage qu'elle en fait) ni sur l'étendue de ses vastes États, mais qu'elle cherche à immortaliser son nom en faisant le bonheur de ses sujets. La sureté & le repos des citoyens doivent être l'objet des soins d'une bonne administration; néanmoins il y a de la différence entre les formes de Gouvernement. En Pologne, le pouvoir législatif réside seul dans la Diète; aussi les Puissances étrangères ont-elles proposé ce moyen. Le Roi connoit son devoir, & sur ce principe, a convoqué une Diète. Il est juste que cette loi, établie à l'avantage de la Noblesse, ne soit pas restreinte par la Confédération. Les preuves que celle-ci a données à ses dispositions, la modération qu'elle promet dans ses entreprises, peuvent procurer beaucoup de soulagement & contribuer à ce qu'à la prochaine Diète les règles de la Justice soient observées, & que l'amour envers la Patrie, non-seulement appuie le Trône sur la loi, mais que la liberté elle-même n'en soit pas dépourvue. Sa

Majesté prendra en considération les demandes des Confédérés & en accélérera l'accomplissement. Déjà elle a fait connoître par de bons effets à quel degré elle estime leur intercession en faveur du Prince Primat, & pour marque de sa constante bienveillance, elle admet les Députés à l'honneur de lui baiser la main.

(69) ACTE d'Accession du Grand-Maréchal de la Couronne à la Confédération générale.

COMME de tout tems le bien public a été le but de toute ma conduite & de toutes mes opérations dans les affaires de la République, je ressens, dans la situation actuelle, la même douleur que les vrais enfans de la Patrie, en voyant les diverses infractions aux libertés & aux droits, dont quelques-uns sont entièrement renversés & d'autres si ébranlés, qu'ils touchent à leur chûte. D'ailleurs, comme je suis également zélé pour leur rétablissement & leur maintien, & que je me repose sur l'assistance de l'Impératrice de Russie, avec toute la confiance que méritent les déclarations publiques d'une si grande Princesse; que la Religion Catholique Romaine, anciennement fondée dans cette République & à laquelle le Pays & le Royaume sont le plus intéressés, ne souffrira aucun préjudice;

que les loix, les libertés, les priviléges & les prérogatives de tous & de chaque citoyen, en général & en particulier, seront remis sur leur ancien pied, sans aucun changement de l'ancienne forme du Gouvernement & dans la Religion qui y est la dominante; & que l'on rétablira dans leur premiere activité & dans toute la jouissance de leurs prérogatives, les droits des Ministres dans les départemens civils & militaires, spécialement l'autorité des Généraux, que la sagesse & la prudence de nos ancêtres a confirmée par plusieurs anciennes Constitutions, la regardant comme un des principaux droits de la République, mais que la présente malheureuse conjoncture opprime & anéantit: Dans ces sentimens, qui conviennent aux devoirs que j'ai jurés comme Sénateur & comme Général, je souhaite & desire de m'allier aux meilleurs citoyens de la Patrie, nommément les Etats de la République, qui se sont assemblés à Radom le 23 de Juin de l'année courante, sous la direction du Sérénissime Prince Charles Radziwil, élu Maréchal de la Confédération générale, non-seulement en considération des services importans que son ancienne Maison a rendus à la République, mais particulierement eu égard à ses propres actions, dignes d'être proposées comme modèles pour la défense de la liberté ; & enfin la confiance générale que ses sentimens patriotiques lui ont acquise. Comme ma santé chancelante ne me permet pas de le faire en personne, j'accède & me joins pour remplir ces engagemens par le présent acte, à la Confédération générale de la Couronne, protestant devant Dieu, devant la Patrie & devant toute la terre, que quoique, vu mon grand âge & les infirmités qui l'accompagnent, je ne puisse contribuer, ni par mes avis, ni de fait, à cette opération, qui tend toute au bien de la Patrie, & qu'il plaise à Dieu de rendre vraiment salutaire, je souhaite & desire n'en voir d'autres effets que l'affermissement des anciens droits & libertés de la République dans son ancienne constitution, en conformité du serment prêté à cet égard, & que tous les citoyens, de quelque état & religion qu'ils puissent être, obtiennent, suivant le droit des gens & les devoirs du Christianisme, un satisfaction convenable sur leurs griefs & leurs prétentions, laquelle, en les mettant à l'abri de toute infraction, soit fondée sur la justice & nullement contraire aux droits & maximes de l'Église Catholique Romaine. En foi de quoi j'ai signé le présent de ma propre main & l'ai fait enregistrer au Tribunal de Braniki.

[70] *Universal du Roi de Pologne pour la tenue de la prochaine Diète.*

Nous, Stanislas-Auguste, par la grace de Dieu, Roi de Pologne, Grand Duc de Lithuanie, &c. &c. A tous & un chacun à qui il appartiendra, salut.

Amés et Féaux, en conséquence de la résolution du *Senatus Concilium*, assemblé le vingt-cinq Mai, nous reconnoissons la convocation d'une Diète extraordinaire pour l'unique & légal moyen de se concerter d'une manière efficace sur les circonstances actuelles, d'autant plus pressantes qu'elles concernent tout le Pays confié à notre gouvernement, circonstances, qui proviennent des Confédérations conclues à Thorn & à Sluck entre les Dissidens & Désunis le vingt Mars, ainsi que des déclarations faites en leur faveur. C'est pourquoi, dans les inquiétudes de notre cœur paternel, par le mécontentement qui règne dans l'esprit des concitoyens, accablé de douleur, ne trouvant d'autre remède à ces désastres que dans une assemblée des trois Etats de la République, nous convoquons, en vertu du présent Universal, une assemblée extraordinaire à Varsovie pour le cinq Octobre prochain.

Comme chaque citoyen voit que le motif de cette assemblée nationale ne tend qu'à lui procurer sa propre sureté, qu'il souhaite, & à rétablir la tranquillité publique, nous espérons que tous les Palatinats & les Districts nommeront d'entre eux à cette Diète extraordinaire des Nonces dont les sentimens & la conduite n'auront pour regle que le bonheur de la Patrie, lesquels travailleront sincèrement & soigneusement avec nous à détourner de notre chère & commune Patrie tous les fâcheux accidens qui pourroient survenir. Que le Saint-Esprit daigne, dans cette Diète générale, accorder à chaque Palatinat, Pays & Cercle, à vous, Amis & Féaux, la sagesse & l'entendement, afin que nos délibérations soient couronnées d'un heureux succès.

Au reste, nous vous souhaitons beaucoup de santé & de prospérité, en vous recommandant de faire afficher notre présent Universal à tous les Grods, Cours de Justice, Paroisses & lieux ordinaires.

(71) *UNIVERSAL du Prince Radziwil, Maréchal de la Confédération générale pour l'élection des Nonces à la Diète.*

Nous, Charles-Stanislas de Radziwil, Prince d'Oliska, &c. Maréchal de la Confédération générale des États assemblés, conjointement avec le Conseil séant, les Maréchaux & Conseillers des Palatinats, Districts & Cercles de la Couronne de Pologne, qui nous sont adjoints en qualité de Conseillers, sçavoir faisons : Que comme nous avons hérité de nos ancêtres de l'attachement & de l'amour public pour la Patrie, dont ils ont été de tout tems des enfans zélés ; que ces sentimens nous sont imprimés dès l'instant de notre vie ; qu'ils se sont conservés lors de notre bas âge, & augmentés dans la suite ; le premier objet de nos fonctions exige, (sur-tout que le tems approche où les Diétines doivent précéder la tenue de la Diète extraordinaire, fixée par les Universaux du Roi, notre Maître, au 5 Octobre prochain, Nous & le Conseil des États Confédérés actuellement ici assemblés) que nous tâchions, dans la prochaine Diète, d'opérer la délivrance de la Patrie par une unanimité de suffrages. Or vu que la vraie & parfaite uniformité d'opinions consiste en ce que par les liens de notre union nous nous appliquions à rendre heu-

à la République & qu'au contraire nous opposions de la résistance aux entreprises de ceux qui, n'ayant pris aucune part à notre Confédération, pourroient susciter des difficultés à l'exécution de nos desseins équitables & patriotiques : C'est pourquoi nous notifions & déclarons, par ce présent Universal, que les personnes, qui n'ont point souscrit aux actes de confédération des Palatinats, Districts & Cercles de la Couronne, & qui ne se sont pas confédérées par accession, ne pourront en aucune manière, ni sous aucun prétexte, remplir la charge de Nonces aux prochaines Diétines, antérieures à la tenue de la Diète extraordinaire, & que s'il arrivoit que ces personnes fussent élues en cette qualité, leur élection ne sera d'aucune valeur.

(72.) *Mémoire du Prince Repnin, Ambassadeur de Russie, adressé à toutes les Diétines de Pologne & de Lithuanie. Du 10 Août 1767.*

La part que prend Sa Majesté Impériale de toutes les Russies, ma gracieuse Souveraine, à la liberté & aux droits de l'illustre Nation Polonoise, ainsi qu'à l'égalité de rang parmi Elle, l'a engagée à déclarer publiquement que ses vues salutaires, dignes de la grandeur de son âme & dénuées de tout intérêt privé, ont été solemnellement reconnues, tant aux Confédérations particulieres que générales de la Couronne & du grand Duché de Lithuanie, avec remerciment pour cette marque de bonté, & prieres à Sa Majesté de continuer sa protection à la République. Je prends de-là occasion de vous envoyer, Messieurs, le présent mémoire.

Il n'est nullement douteux que les sentimens & la conduite des citoyens, assemblés dans les Diétines, n'aient l'amour de la Patrie pour regle de conduite. Aussi j'ai lieu d'esperer, Messieurs, que le secours & la protection promis par mon auguste Souveraine, excitera en vous non-seulement une sincère reconnoissance, mais une attention réelle à tous ses desirs, relativement aux prérogatives des Désunis & des Dissidens, ainsi que vos Seigneuries l'ont déjà témoigné par leurs justes dispositions & par le respect pour son intercession, dont elles ont donné des marques dans leurs actes de Confédération. Vous y avez exposé les sentimens de votre cœur patriotique, votre zèle pour le maintien des loix & des libertés, pour la conservation de la forme du Gouvernement & la réformation des abus, en sollicitant la garantie de Sa Majesté Impériale, qui les mette pour toujours à couvert de toute atteinte.

Le cœur de S. M. ne cherche que le bonheur du Genre Humain. Elle ne renoncera en aucune mamière à la résolution d'accroître la prospérité de la République & de prendre sa défense pour le maintien de la liberté. Or comme elle souhaite maintenant de lui rendre sa parfaite valeur, elle désire aussi, fondée sur les obligations de son Trône, le rétablissement des Grecs Désunis & des Dissidens dans tous les droits qui leur appartiennent chacun proportionellement à son état & à sa dignité ; ce qui ne tend absolument à porter aucun préjudice à la Religion Catholique. Sa Majesté Impériale est bien éloignée de lui nuire en quoique ce soit, témoin ses déclarations expresses, vû sur-tout, que cette affaire est purement politique ; Elle se raporte aux engagemens que la République a pris sur elle & Elle ne touche aucunement à la Religion.

L'égalité est le seul & l'essentiel fondement de la liberté, bien précieux, que Sa Majesté Impériale veut, Messieurs, vous conserver malgré l'ambition qui vous le dispute. Faites adopter ce principe à tous ceux qui ont l'honneur gravé dans le cœur & qui se glorifient d'être nés Nobles Polonois ; ils rendront, par-là, ce droit encore plus sacré pour eux-mêmes.

Suivant sa façon de penser, l'Impératrice, cette Souveraine invincible, aspire à voir la Pologne dans un état de prospérité durable & commun à tous les citoyens du Royaume ; de sorte qu'ils soient parfaitement heureux & que la Religion (de laquelle il n'appartient qu'à Dieu seul de connoître) n'apporte aucun obstacle à la tranquillité publique & au droit d'égalité que la Nature, ou les Législateurs ont donné à la Noblesse.

C'est sur cette équité, gravée de la main du Tout-Puissant dans le cœur de l'homme, que Sa Majesté Impériale, ma gracieuse Souveraine, fait consister la renommée de son Trône & l'immortalité de son nom ; persuadée qu'elle ne peut employer avec plus de gloire les forces que Dieu lui a confiées, qu'au maintien de cette équité, & avec d'autant plus de justice qu'elle s'y est obligée, comme on peut le voir dans sa déclaration.

C'est pourquoi je vous supplie, Messieurs, d'accomplir, à l'avantage de la Patrie, vos propres vues & celles de ma Souveraine, lesquelles tendent aux mêmes fins : de choisir pour la prochaine Diète des Nonces vraiment patriotes, & de les charger d'instructions relatives au zèle que vous avez témoigné dans vos actes de confédération. Au reste, j'ai l'honneur de vous donner, Messieurs, les assurances les plus positives de la protection efficace de ma
Souveraine,

Souveraine, ainsi que de la plus grande sûreté, tant pour la liberté, que pour vos personnes.

Signé, NICOLAS, PRINCE REPNIN, Ambassadeur.

(73) *EXTRAIT du Bref du Pape adressé aux Evêques de Pologne au sujet des Dissidens. Du 28 Juillet 1767.*

NOUS, Clément XIII, Pape; à nos dignes Frères, salut & bénédiction apostolique. Dès le dix-huit Avril dernier, nous avons suffisamment témoigné, par notre Bref, expédié au feu Archevêque de Gnesne, les inquiétudes & les soucis que nous causoient les entreprises des Dissidens contre la Religion Catholique en ce Royaume. Dans un autre Bref, du douze Juin, nous avons fait connoître au même Archevêque la douleur dont nous étions pénétrés, en apprenant que sous prétexte de zèle & d'attention pour le bien être commun, plusieurs Catholiques avoient déja accédé à la confédération des Dissidens & que les autres se préparoient à suivre cet exemple. Vous aurez facilement pû remarquer, par le Bref, que nous avons ordonné de vous faire parvenir, quelles étoient nos idées sur ce point & quelles étoient nos exhortations pour exciter la piété du feu Prélat. Maintenant un bruit, qui nous saisit de frayeur, se répand & nous oblige à vous écrire sur cette affaire, qui regarde immédiatement l'Église Catholique, consacrée par le sang de Jésus-Christ. Nous avons appris que ce mal intérieur, qui d'abord s'étoit secrettement répandu en plusieurs endroits, en différents Cercles & Districts de ce Royaume, avoit percé les ténèbres pour paroitre au jour; qu'il se commettoit d'horribles parjures & que l'on en étoit déja venu au point que les Catholiques, unis par engagement, mais sur un principe d'injustice, formoient tous, avec les Dissidens, une confédération générale; que ces sortes d'unions, que l'on couvroit du voile de l'équité en faveur des Dissidens, prétendus opprimés, ne tendoient qu'à obtenir le libre exercice de leur culte, & cela, parmi une Nation, qui jusqu'ici a eu la réputation d'être animée d'une vraie piété & de zèle pour le maintien & l'avancement de sa Religion, & qui, par un vif attachement à sa doctrine, a statué des loix salutaires pour se la conserver & n'a jamais manqué de vigilance pour la garantir de toute atteinte.

Après plusieurs autres plaintes, d'une semblable espèce, Sa Sainteté propose aux Évêques, que si la douceur ne peut rien sur les esprits, d'avoir recours aux censures, aux menaces & aux punitions.

(74) *Déclaration du Prince Repnin, Ambassadeur de Russie, à l'occasion de l'enlèvement de l'Evêque de Cracovie & de quelques Membres de la Diète. Du 14 Octobre 1767.*

LES troupes de Sa Majesté Impériale, ma Souveraine, lesquelles sont amies & alliées de la République confédérée, ont arrêté les Évêques de Cracovie & de Kiovie, le Vaivode de Cracovie & le Staroste de Dolin, pour avoir manqué, par leur conduite, à la dignité de Sa Majesté Impériale, en attaquant la pureté de ses intentions, désintéressées & salutaires à la République. Comme la confédération générale de la Couronne de Pologne & du grand Duché de Lithuanie est sous la protection de Sa Majesté Impériale, le soussigné lui donne connoissance de cet enlèvement, en l'assurant, de la manière la plus expresse & la plus forte, qu'elle continuera de jouir de sa protection, ainsi que du secours & de l'appui de Sa Majesté; assurances sur lesquelles la confédération générale réunie peut se reposer, tant pour la conservation & le maintien des loix & des libertés de la Pologne, que pour le redressement de tous les abus, qui se sont glissés dans la forme du gouvernement au préjudice des loix fondamentales. Sa Majesté ne veut que la prospérité du Royaume & ne discontinuera point d'employer ses forces pour atteindre ce but, sans autre récompense que la sureté, le bonheur & la liberté de la Nation Polonoise, ainsi qu'elle s'en est déja clairement expliquée par les déclarations les plus positives, non-seulement à l'égard des possessions réelles des sujets en général, mais aussi par rapport à leurs loix, à la forme du gouvernement & aux prérogatives de chacun d'eux en particulier.

Signé. NICOLAS, PRINCE REPNIN.

(75) *Pleins-pouvoirs donnés aux Commissaires dénommés par le Roi de Pologne.*

Les États Confédérés de la République, assemblés pour le 5 Octobre, terme par nous fixé pour la Diète : Nous nous sommes placés sur le Trône, &, après que le Prince Charles Radziwil, d'abord Maréchal du Palatinat de Podlachie & ensuite de la Confédération générale de la Couronne, eut levé le bâton de la Confédération & en même tems de la Diète, Nous avons procédé, du consentement de tous les États, à la nomination des personnes pour traiter avec le Prince Nicolas Repnin, Ambassadeur extraordinaire & Plénipotentiaire de Sa Majesté l'Impératrice de toutes les Russies. Ayant désigné & spécifié par leurs noms ces Commissaires, Nous leur donnons plein pouvoir & les autorisons à entrer dans toutes les circonstances, représentations & explications, arrangemens & négociations avec ledit Ambassadeur, ou avec ceux qui seront nommés & autorisés pour le même objet par Sa Majesté Impériale. En conséquence Nous permettons d'arranger, statuer, conclure & signer tout ce qu'ils jugeront être le plus avantageux & le plus convenable aux vrais intérêts des États que Dieu nous a confiés, nommément à la conservation & à la sureté des immunités, des libertés, & de nos frontières, ainsi qu'à la prospérité de la République dans les droits, établissemens & dignités convenables. Lesdits nos Plénipotentiaires auront en outre pleine autorité de faire & statuer toutes choses, comme si elles étoient faites & statuées par Nous-mêmes ; promettant & déclarant, sur notre parole royale, avec le consentement de tous les États, que non-seulement Nous nous obligeons à recevoir & à ratifier comme valable, mais aussi à effectuer tout ce que lesdits Plénipotentiaires auront fait & statué.

Fin du premier Volume.

TABLE

Des Livres & Pièces Justificatives contenus dans ce premier Volume.

INTRODUCTION. Page 5

LIVRE PREMIER.
DE L'INTERREGNE, 35

LIVRE SECOND.
DE L'ÉLECTION DE STANISLAS-AUGUSTE II, ET DE SON COURONNEMENT. 93

LIVRE TROISIÈME.
DES DISSIDENS. 135

PIÈCES JUSTIFICATIVES.

N°.   Pages.

1. LETTRE de l'Impératrice de Russie au Primat du Royaume de Pologne. Du 8 Novembre 1763. 215

2. DISCOURS du Comte Keyserling au Prince Primat de Pologne. Du 10 Novembre 1763. 217

3. RÉPONSE du Prince Primat à l'Ambassadeur de Russie. 218

4. ORDONNANCE du Roi de Prusse pour défendre à ses Sujets d'importuner les Polonois pendant l'interregne. Du 25 Novembre 1763. 219

TABLE.

N°.   Pages.

5 LETTRE de l'Ambassadeur de Russie à la République de Pologne, au sujet d'une Lettre du Grand-Seigneur. Du 3 Janvier 1764.   220

6 DÉCLARATION de l'Impératrice Reine de Hongrie & de Bohême, sur l'interregne de Pologne.   221

7 DÉCLARATION du Roi de France, sur la prochaine élection d'un Roi de Pologne.   223

8 LETTRE du Roi de Prusse au Comte Poniatowski, Grand-Panetier de Lithuanie.   226

9 MANIFESTE des Seigneurs assemblés à Graudentz. Du 27 Mars 1764.   227

10 NOTE remise au Comte de Keyserling, Ambassadeur de Russie, de la part du Prince Primat. Du 16 Avril 1764.   229

11 RÉPONSE des Ministres de Russie à la Note ci-dessus. Du 17 Avril 1764.   231

12 MANIFESTE du Palatin de Podolie, au sujet de la rupture de la Diète de Graudentz.   233

13 LETTRE du Grand-Visir au Prince Primat sur la future élection d'un Roi de Pologne.   234

14 MANIFESTE du Général-Major Kommotow.   236

15 DÉCLARATION de l'Ambassadeur & du Plénipotentiaire de Russie, au sujet des nouvelles Troupes Russes qui entroient continuellement dans la Pologne. Du 4 Mai 1764.   240

16 MANIFESTE de l'Évêque de Cracovie sur la naissance de sa Patrie. Du 10 Mai 1764.   242

TABLE.

N°.		Pages.
17	DISCOURS du Prince Primat, prononcé à la Diète générale de Convocation.	245
18	MÉMOIRE de la Confédération de Lithuanie, adressé à l'Impératrice de Russie.	263
19	ACTE de la Confédération Générale du Grand Duché de Lithuanie. Du 8 Avril 1764.	267
20	UNIVERSAUX publiés par la Diète de Relation. Du 26 Juin 1764.	280
21	MANIFESTE du Prince Radziwil. Du 16 Juin 1764.	285
22	LETTRE du Roi de Prusse au Prince Radziwill, Vaivode de Wilna. Du 3 Juillet 1764.	287
23	LETTRE de Monsieur le Duc de Praslin, à M. Hennin, Résident de France auprès de la République de Pologne. Datée de Compiegne. Du 20 Juin 1764.	289
24	BILLET de M. Hennin, Résident de France à Warsovie, à M. le Prince Primat. Du 16 Juillet 1764.	294
25	DISCOURS du Comte Poniatowski, à la Diète de Relation de Warsovie.	ibid.
26	LETTRE du Roi de Prusse au Prince Primat en remerciement de ce que la République l'avoit reconnu Roi. Du 24 Juillet 1764.	302
27	MÉMOIRE de la Russie, en faveur des Dissidens de Pologne. Du 14 Septembre 1764.	304
27 bis.	MÉMOIRE du Roi de Prusse en faveur des Dissidens.	306

Nº		Pages.
28	LETTRE du Roi de Prusse au Prince Primat, sur l'élection d'un nouveau Roi de Pologne. Du 14 Septembre 1764.	309
28 bis.	LETTRE de Sa Majesté Impériale de Russie, au Prince Primat, sur l'élection du Roi de Pologne. Du 30 Septembre 1764.	310
29	UNIVERSAUX pour les Diettines antérieures à la Diette du Couronnement. Du 10 Septembre 1764.	312
30	DISCOURS du Roi de Pologne, lors de son serment sur la Capitulation Royale. Du 13 Octobre 1764.	315
31	HARANGUE du Roi de Pologne aux États de la République, lors de l'ouverture de la Diette de Couronnement. Du 4 Décembre 1764.	319
32	LETTRE du Prince Primat au Grand-Visir, sur l'élection du Roi.	322
33	MÉMOIRE remis à la Cour de Pologne par le Résident de Prusse, au sujet de la taxe que les États avoient imposée sur les Provinces Polonoises.	324
34	DISCOURS du Comte Zamoyski, Grand-Chancelier de la Couronne, à l'ouverture des Tribunaux Assesoriaux. Du 22 Mai 1765.	328
35	DISCOURS de Georges Konisky, Évêque Grec de la Russie-Blanche, au Roi. Du ...	33.
36	ÉDIT du Roi de Pologne aux Commissaires de la Trésorerie. Du 14 Juillet 1765.	339

TABLE.

Nº.		Pages.
37	RÉPONSE des Commissaires de la Trésorerie au Rescrit ci-dessus.	340
38	REQUÊTE de la Noblesse Dissidente de Pologne, pour être admise aux emplois de la République.	342
39	UNIVERSAUX pour la tenue de la Diète & des Diétines.	344
40	MÉMOIRE du Roi de Prusse en faveur des Dissidens.	347
41	DÉCLARATION de l'Impératrice de Russie, remise aux États de Pologne, & Discours du Prince Repnin, en faveur des Dissidens de ce Royaume.	351
42	DISCOURS du Chancelier de la Couronne, en réponse au Discours du Prince Repnin en faveur des Dissidens.	363
43	DISCOURS du Ministre de Berlin, adressé au Roi & aux États de Pologne en faveur des Dissidens. Du 10 Octobre 1766.	365
44	RÉPONSE du Grand-Chancelier de la Couronne au discours du Ministre Plénipotentiaire du Roi de Prusse, prononcé en présence du Roi & des États assemblés.	368
45	DÉCLARATION du Roi de la Grande Bretagne, remise au Roi & aux États de la République de Pologne, par M. Wroughton, Ministre de la Cour de Londres. Du 4 Novembre 1766.	370
46	SUPPLIQUE de la Noblesse Dissidente de Pologne, présentée au Roi & aux États	

TABLE.

Pages.

de Pologne assemblés en Diète, dans laquelle ils exposent leurs griefs. 373

47 DÉCLARATION du Roi de Dannemarck, remise au Roi de Pologne & aux États par M. Saphorin, son Ministre en cette Cour. Du 4 Novembre 1766. 379

48 DÉCLARATION des Ministres de Russie & de Prusse. Du 11 Novembre 1766. 383

49 MÉMOIRE du Ministère de Pologne au Prince Repnin, au sujet des troupes Russes qui étoient toujours dans le Royaume. 385

50 RÉSOLUTION du Sénat à l'occasion des Déclarations des Cours de Pétersbourg, de Copenhague, de Londres & de Berlin, en faveur des Dissidens. 386

51 EXPOSITION des droits des Dissidens, joints à ceux des Puissances intéressées à les maintenir. 387

52 MANIFESTE des Dissidens de la grande & petite Pologne, en conséquence de leur Confédération. 421

53 DÉCLARATION du Roi de Prusse en faveur des Dissidens. 428

53 bis DÉCLARATION de l'Impératrice de Russie en faveur des Dissidens. 431

54 LETTRE de M. Panin, Conseiller intime de l'Impératrice de Russie, au Prince Repnin, en lui envoyant la déclaration ci-dessus. 446

TABLE.

N°.

55 MANIFESTE des Confédérés de Thorn. Du 24 Mars 1767. — 453

56 ACTE d'Accession des Villes de Thorn, d'Elbing & de Dantzick, à la Confédération des Diffidens. — 456

57 HARANGUE de M. Paul Ronopnice Grabowski, Starofte de Czersko, & Député de la Confédération de Thorn. Du 28 Avril 1767. — 459

58 HARANGUE de M. Adam d'Oppeln Bronikowski, Député de la Confédération de Thorn. Du 28 Avril 1767. — 465

59 DISCOURS de M. Felicien de Relinowa Zoremba, Député de la Confédération du Grand Duché de Lithuanie. Du 28 Avril 1767. — 467

60 LETTRE des Diffidens de Pologne au Roi de Suède. — 472

60 bis. ACTE d'Union des Etats de Courlande à la Confédération de Thorn. — 473

61 MANIFESTE des Mécontens de Pologne. 477

62 DISCOURS de M. Adam de Bytyn Kurnatowsky, Député des Diffidens, au Prince Primat. Du 22 Mai 1767. — 478

36 ACTE de la Confédération générale du Grand Duché de Lithanie. — 482

64 DÉCLARATION du Roi de Suède en faveur des Diffidens. — 492

65 MANIFESTE des petites Villes de la Pruffe Polonoife. Du 3 Juillet 1767. — 494

TABLE

N.°		Pages.
66	ACTE d'Accession de l'Evêque de Cracovie à la Confédération générale.	498
67	DISCOURS de M. Poninski, Maréchal des Confédérés de Weillan.	499
68	RÉPONSE du Roi de Pologne au discours des Députés de la Confédération générale.	501
69	ACTE d'Accession du Grand-Maréchal de la Couronne à la Confédération générale.	503
70	UNIVERSAL du Roi de Pologne pour l'ouverture de la prochaine Diète.	506
71	UNIVERSAL du Prince Radziwil, Maréchal de la Confédération générale pour l'élection des Nonces à la Diète.	508
72	MÉMOIRE du Prince Repnin, Ambassadeur de Russie, adressé aux Diétines de Pologne. Du 10 Août 1767.	509
73	EXTRAIT du Bref du Pape adressé aux Evêques de Pologne au sujet des Dissidens. Du 28 Juillet 1767.	513
74	DÉCLARATION du Prince Repnin, Ambassadeur de Russie, à l'occasion de l'enlèvement de l'Evêque de Cracovie & de quelques Membres de la Diète. Du 14 Octobre 1767.	515
75	PLEINS-POUVOIRS donnés aux Commissaires désignés par le Roi de Pologne.	517

Fin de la Table des Livres & Pièces Justificatives du premier volume.

FAUTES A CORRIGER.

Dans le premier Volume.

Page 17, ligne 6, dans le quatrième siécle, *lisez* dans le quatorzième siécle.

Page 38, lig. 11, né, *lis.* n'en.

Ibid, lig. 22, par lesquelles, *lis.* par lesquels.

Page 44, lig. 14, & que, *supprimez* que.

Page 57, lig. 18, paroissent, *lis.* paroissent.

Page 76, lig. 6, vengés, *lis.* rongés.

Page 107, lig. 22, & que, *supprimez* &.

Page 115, après le mot traité, *ajoûtez* de.

Page 120, lig. 23, après le mot Souverain, *mettez un point en place de la virgule*.

Ibid, lig. 25, après le mot Peuple, *mettez une virgule en place du point*.

Page 150, lig. 21, auroient, *lis.* avoient.

Page 154, lig. 10, nos, *lis.* vos.

Ibid, lig. 21, à l'instant, *lis.* à l'instar.

Page 185, lig. 7, revêtus, *lis.* revêtues.

Page 162, lig. 2, pioient, *lis.* prioient.

Page 297, lig. 20, de Pétrikow, *lis.* à Pétrikow.

Page 335, lig. 14, loix humaines, *lis.* divines.

Page 369, lig. 3, après le mot pouvoir *supprimez la virgule*.

Page 371, lig. 24, qu'ils, *lis.* qu'elles.

Pag. 373, lig. 2, permettre, *lis.* promettre.

Page 387, lig. 12, de la Métrique, *lis.* de la Métropole.

Page 406, lig. 8, qu'à présent, *lis.* qu'alors.

Page 433, lig. 25, à la fin de cette ligne, *ajoûtez* leur.

Page 469, lig. 27, lieu, *lis.* lien.

Page 475, lig. 9, par loix, *lis.* par les loix.

Ibid., lig. 16, manquerons, *lis.* manqueront.

www.ingramcontent.com/pod-product-compliance
Lightning Source LLC
Chambersburg PA
CBHW070946240426
43669CB00036B/1879